LE PEINTRE-GRAVEUR FRANÇAIS.

PARIS. — IMPRIMERIE DE MADAME VEUVE BOUCHARD-HUZARD,
RUE DE L'ÉPERON, 5.

LE PEINTRE-GRAVEUR

FRANÇAIS,

OU

CATALOGUE RAISONNÉ DES ESTAMPES

GRAVÉES

PAR LES PEINTRES ET LES DESSINATEURS

DE L'ÉCOLE FRANÇAISE

OUVRAGE FAISANT SUITE AU PEINTRE-GRAVEUR DE M. BARTSCH,

PAR A. P. F. ROBERT-DUMESNIL.

TOME ONZIÈME ET DERNIER.

Supplément aux dix volumes du Peintre-Graveur français,

PAR GEORGES DUPLESSIS.

PARIS,

Mme Ve BOUCHARD-HUZARD, LIBRAIRE, RUE DE L'ÉPERON, 5;
RAPILLY, LIBRAIRE ET MARCHAND D'ESTAMPES, QUAI MALAQUAIS, 5;
ET A LEIPZIG, CHEZ RUDOLPH WEIGEL.

1871

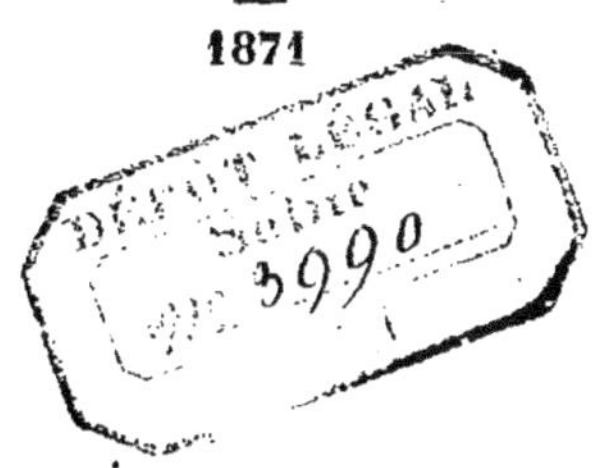

Ce onzième volume termine définitivement *le Peintre-Graveur français*. Voulant uniquement nous occuper des artistes que M. Robert-Dumesnil avait jugés dignes d'être étudiés isolément, nous n'avons pas cru pouvoir choisir, à notre gré, quelques nouveaux maîtres sur lesquels ses études ne s'étaient pas portées, ou sur lesquels son attention n'avait pas été appelée. En agissant ainsi, nous avons cru nous conformer absolument au désir exprimé par M. Robert-Dumesnil. Notre unique souci a été de terminer de notre mieux un ouvrage dont la réputation est faite et dont l'utilité est reconnue par tous les gens qui s'occupent de l'histoire de la gravure.

Dans ce nouveau volume, nous avons décrit les pièces qui avaient échappé aux recherches de M. Robert-Dumesnil que nous avons pu rencontrer, et, pour ce travail, l'exemplaire du *Peintre-Graveur français* que l'auteur s'était réservé et qu'il avait toujours à côté de lui nous a été d'une grande utilité. Sur cet exemplaire, en effet, M. Robert-Dumesnil, toujours désireux de rendre son ouvrage meilleur, consignait les pièces nouvelles qu'il rencontrait, les *états* nouveaux que le hasard lui faisait découvrir, et corrigeait sans cesse ces catalogues dans lesquels les amateurs les plus difficiles avaient peine à trouver quelques imperfections. Le jour où la tâche honorable de compléter et de terminer le livre de notre maître nous incomba, nous nous substituâmes en son lieu et place, et nous fîmes, la plume en main, nos notes personnelles à côté de nous, la révision générale de tous les catalogues dressés par M. Robert-Dumesnil. Nous n'hésitons pas à le dire, ces travaux, que nous trouvions déjà excellents avant cette révision attentive et presque inquisitoriale, nous parurent alors bien supérieurs à l'idée que nous nous en faisions, et tout à fait dignes de l'estime qui les entourait. Nous constations bien certaines omissions et quelquefois des descriptions incomplètes ou même imparfaites, mais le nombre en était si restreint, l'importance des pièces non décrites si minime, que plus nous avancions dans notre examen, plus nous avions à louer la conscience et le savoir qui avaient présidé à la confection de ce livre, véritable manuel que doit consulter tout amateur désireux de s'instruire et que doit imiter tout historien curieux de se livrer à la tâche ingrate, mais bien utile, de rédacteur de catalogues raisonnés.

Trop habitué, que l'on est, à voir ce qui manque à un livre, plutôt que de constater ce qui s'y trouve, le jour où le hasard a mis sous les yeux une pièce inconnue à ses devanciers, on est de suite porté à crier à la découverte et à dénigrer les travaux d'autrui, pour donner aux siens une importance qu'ils n'ont pas en réalité ; de là certaines critiques mal fondées et quelquefois injustes qui ont frappé, sans les atteindre, les volumes de M. Robert-Dumesnil. Nous avons examiné avec attention les travaux destinés à compléter *le Peintre-Graveur français*, et nous pouvons affirmer qu'aucun des auteurs qui ont pris à tâche de rectifier les erreurs ou de compléter les catalogues de M. Robert-Dumesnil n'a produit une pièce de premier ordre et n'a signalé une attribution sérieusement erronée. Ils ont donc, jusqu'à un certain point, prouvé que le *Peintre-Graveur* était un ouvrage excellent, puisque, prenant à parti, après M. Robert-Dumesnil, l'œuvre d'un artiste dont celui-ci s'était occupé, ils ont pu révéler quelques pièces nouvelles, mentionner quelques différences non constatées, mais ils n'ont jamais, en somme, dénoncé un chef-d'œuvre inconnu, et ils ont été forcés de reconnaître que le travail de leur prédécesseur avait été la source la plus féconde à laquelle ils avaient puisé.

Ceci dit, nous livrons ce onzième volume à la publicité ; on verra qu'avec l'aide d'un collaborateur bienveillant nous avons rédigé un nouveau catalogue de l'œuvre de Claude Gellée dit le Lorrain, que nous avons donné à l'œuvre de Perrissin et de Tortorel une étendue que nous avons refusée à d'autres graveurs d'un mérite plus grand, parce que nos recherches ont été, en ce qui concerne ces artistes, plus heureuses ou mieux dirigées; enfin, ce que nous désirons avant tout, c'est que l'on constate que nous avons rempli avec conscience la tâche que la bienveillance de l'homme le plus compétent en ces matières nous avait imposée, et que l'on accorde à ces volumes, mis au jour avec notre collaboration, une estime égale à celle que l'on accorde aux huit premiers volumes du *Peintre-Graveur français*.

GEORGES DUPLESSIS.

LE PEINTRE-GRAVEUR

FRANÇAIS.

ADDITIONS ET CORRECTIONS.

ALIX (Jean). Tome IV, p. 19.

3. *Portrait du pape Alexandre VII.*

M. Robert-Dumesnil enlève cette pièce à l'œuvre de J. Alix et l'attribue à Zacharie Heince. (Voir ce nom.)

6. *Portrait de Robert de Sorbon.*

On rencontre des épreuves de ce portrait en tête d'une notice consacrée à ce chapelain : PIÆ MEMORIÆ ROBERTI DE SORBON. Ces épreuves sont retouchées partout, et les retouches apparaissent principalement dans la tête du personnage qui a été reprise entièrement.

PIÈCES NON DÉCRITES.

1. *Le Sauveur.*

Vu de face, à mi-corps, sa tête est environnée d'une auréole. Il regarde au ciel et lève la main droite; l'autre main est appuyée sur le globe du monde. Dans la marge : *Omnia per Ipsum facta sunt : et sine ipso factum est nihil. Champaigne Pin. I. Alix scul. et ex. Herman Weyen exc. Cum priuil. Re.*
H. 0,433. L. 0,306.

2. *La Vierge lisant, d'après Ph. de Champagne.*

3. *Le Christ en croix, d'après Ch. Lebrun.*

Ces deux pièces sont mentionnées dans le Catalogue de la vente de M. R. D. (11 mars 1856), p. 3, n° 1, comme devant être classées dans l'œuvre de J. Alix.

Nous avons vu ces deux estampes, qui ont été acquises à la vente de M. Robert-Dumesnil par M. de Baudicour, et elles ne nous paraissent ni l'une ni l'autre pouvoir être attribuées à Jean Alix. L'une d'elles, *le Christ en croix*, serait, selon nous, l'œuvre de Nicolas Bazin.

ALLEGRAIN (Étienne). Tome VIII, p. 276.

PIÈCE NON DÉCRITE.

Paysage avec temple et obélisque.

Estampe citée dans le catalogue de la vente de M. R. D. (11 mars 1856), p. 3, n° 3.

AUDRAN (Gérard). Tome IX, p. 237.

36. *Le Martyre de saint Protais.*

On connaît deux états de cette planche :
1. Avant toutes lettres.
2. L'état décrit.

70. *Le R. P. Benoit Laugeois.*

On connaît deux états de cette planche :
1. L'état décrit.

2. Un graveur malhabile a mis sous les pieds du moine un petit démon qu'il semble écraser.

PIÈCE NON DÉCRITE.

Sacrifice de Manué, père de Samson.

Un ange, les ailes déployées, plane au-dessus d'un bûcher enflammé ; devant l'autel du sacrifice se voient deux figures agenouillées, Manué, vieillard s'appuyant sur un bâton, et sa femme. Dans le fond, à gauche, un paysage sur le devant duquel est un monument d'architecture.

H. 0,406? L. 0,274.

La seule épreuve que nous ayons vue de cette planche étant rognée, il nous est impossible de rapporter ici le texte gravé dans la marge ; une inscription manuscrite, d'une ancienne écriture, indiquait que cette estampe était gravée par Gérard Audran d'après Louis Chéron.

BAILLY (Jacques). Tome II, p. 89.

1-12. *Bouquets de fleurs.*

On connaît deux états de cette suite.
1. Avant l'adresse de Poilly sur la première planche.
2. L'état décrit.

BARRAS (Sébastien). Tome IV, p. 231.

1. *La Vierge, l'enfant Jésus et le petit saint Jean.*

Cette pièce est gravée d'après François Romanelli, si l'on

en juge par les mots : *F. Romanel inuenit*, qui se lisent au bas d'une dédicace en huit lignes, contenue dans une planche auxiliaire de 0^m,040, imprimée au bas de quelques épreuves.

14. *Entrevue de Jacob et de Rachel.*

On connaît deux états de cette planche.
1. Avant toutes lettres.
2. L'état décrit.

15. *Les noces de Rachel et de Jacob.*

On connaît deux états de cette planche.
1. Avant toutes lettres.
2. L'état décrit.

34. *Portrait de Lazare Maharkysus.*

On connaît deux états de cette planche.
1. Avant toutes lettres.
2. L'état décrit.

PIÈCES NON DÉCRITES.

1. *Tête de Vierge.*

La Vierge de douleurs est vue en buste, de trois quarts dirigée à droite; elle a les yeux levés et la tête couverte d'un voile. Planche anonyme.

H. 0,177. L. 0,154.

Cette même peinture de Séb. Barras a été gravée par J. Coëlemans en 1696.

2. *La chaste Suzanne d'après Rubens.*

Suzanne, assise devant une fontaine, et tournée vers la gauche, est surprise par les deux vieillards; l'un d'eux, qui se voit à droite, enlève la draperie qui la recouvre. Planche anonyme.

H. 0,283. L. 0,211.

3. *Diane et Actéon, d'après Otto Vœnius.*

Actéon se voit au milieu du fond. Au premier plan, trois femmes nues, et à droite un carquois rempli de flèches. Planche anonyme gravée au burin.

H. 0,253. L. 0,276.

Coëlemans a gravé ce même tableau avec beaucoup plus d'habileté.

4. *Portrait de Jean-Jacques d'Obeilh, évêque d'Orange.*

En demi-corps, décoré de la croix pastorale, dirigé à la droite du devant, il regarde de face; dans une bordure ovale armoriée au bas et sur laquelle on lit : D. IOANNES IACOBVS D'OBEILH. EPISCOPVS. ARAVSICANVS ABBAS S[TI] IACOBI MONTISFORTIS, etc., sur la console de support, aux côtés de l'écusson : BARRAS FECIT. 1696 (1). Les angles sont teintés.

H. 0,388. L. 0,302.

5. Portrait d'homme inconnu. A mi-corps, de face et un peu tourné vers la droite, il porte une fraise. Dans une bordure ovale tronquée des quatre côtés. Pièce anonyme.

H. 0,140. L. 0,108.

Pièce citée par Ch. Leblanc. (*Manuel de l'amateur d'estampes*, tom. I, p. 153.)

---

(1) Cette date retarde au moins d'une année l'époque de la mort de Séb. Barras.

BARRIÈRE (Dominique). Tome III, p. 42.

Voir sur cet artiste une notice de M. Léon Lagrange publiée à Marseille dans la *Gazette du Midi*, numéro du vendredi 18 juillet 1862.

PIÈCES NON DÉCRITES.

1. Belle composition où se voit en mer une riche galère et au premier plan un grand nombre de figures, deux éléphants et à gauche un arc de triomphe. Dans le haut la Renommée porte un écusson aux armes du Cardinal Barberini. On lit au-dessous de l'arc de triomphe : *Dominicus Barrière Marsilien delin. et sculp.*

L. 0,601. H. 0,376.

2. Le passage de la mer Rouge, grande estampe dédiée au pape Innocent X ; elle est cintrée par le haut. Au milieu on voit dans une Gloire un ostensoir rayonnant. On lit au haut de la planche : DISEGNO DEL TEATRO FATTO AL GIESV NELLA QUINQUAGESIMA SOTTO GL. AUSPICII DI PAPA INNOCENTIO X QVEST' ANNO M.DC.XLVI. On lit dans l'estampe même au bas : B. C. *delin.* D B. *incid.*

H. 0,733. L. 0,461.

3. Vue du jardin d'une villa de Rome, qui se voit à gauche ; au premier plan une table sur laquelle est un renard, à gauche des armes, à droite *D. Barrière fecit.* Ce sujet est entouré d'une bordure.

L. 0,245. H. 0,184.

4. Fleur de citronnier. On lit au bas, sur une banderole : CITRI FLORIS, et sur la tige D B et à la droite du bas : *H* 2.

H. 0,301. L. 0,205.

Ces planches sont mentionnées dans le Catalogue de la

vente de M. R. D. (Robert-Dumesnil). (4 déc. 1854), p. 6, nos 25-25 *bis*.

5. *Feu d'artifice donné à l'occasion de la naissance du Dauphin par les administrateurs de l'église de Saint-Louis des Français au mois de janvier* 1662.

Au haut d'un monticule couvert de figures allégoriques et, entre autres, de l'Abondance assise au milieu, se trouve un dauphin couronné, emblème du nouveau-né, placé sous un baldaquin dont le sommet est formé par la couronne royale. On lit au bas, sur un des trois supports de l'édifice : *D. Barrière F.;* sur une planche additionnelle, on lit des vers en l'honneur du jeune dauphin.

H. 0,468. L. 0,336.

6. *Le Bien et le Mal.*

Dans le haut la gloire céleste, *omne Bonvm;* dans le bas, l'enfer, *omne Malvm.* Au centre la vie; à gauche la bonne, à droite la mauvaise. Deux anges supportent une banderole sur laquelle on lit : EX HIS ITVR AD ALTER VTRVM, et au bas dans la marge : *Dominique Barrière delin. et sculp.*

H. 0,194. L. 0,133.

7. Fontaine des jardins du prince Lodovisi à Frascati. On voit vers le milieu une femme s'avançant vers le spectateur portant un pot dans chaque main. On lit au bas de la planche : *Teatro della Fontana Maggiore del Giardino del Prencipe Lodouisio in Frascati.* Planche anonyme.

L. 0,324. H. 0,215.

8. Vue de fontaines et cascades embrassant toute la largeur de l'estampe. Reproduction presque identique de l'estampe décrite sous le n° 149. La dimension est moindre et la voiture qui s'avance à gauche est attelée de quatre che-

vaux. On lit au haut de la planche : TEATRO DELLE FONTANE IN BELVEDERE A FRASCATI et au bas : *Teatro delle fontane auanti il Palazzo....... cadendo in giro.* Planche anonyme.

L. 0,361. H. 0,192.

9. Portique placé à l'entrée d'un parc et flanqué de deux piédestaux surmontés de statues. Sur le haut du portique, on lit sur un cartouche : LVDOV. | MAGNO | VICINAR | GENTIV | DOMITOR. | . Sur le devant on voit un renard pourchassant un oiseau. Pièce anonyme tout à fait dans le goût de Dominique Barrière.

H. 0,218. L. 0,168.

10. *Veduta della citta di Frascati colle sue ville circonvicine.* Pièce citée par Leblanc (*Manuel de l'amateur d'estampes*, I, p. 157, n° 58), d'après le Catalogue de la chalcographie romaine, 1797.

BEATRIZET (Nicolas). Tome IX, p. 131.

46. *Jean de Valverda.*

Il existe de cette estampe une copie assez trompeuse, quoique gravée avec une certaine dureté. Cette copie se reconnaît matériellement en ce que les tailles qui recouvrent les pilastres auxquels sont adossés les squelettes sont horizontales dans l'original et obliquent dans la copie.

BÉCHON DE ROCHEBRUNE. Tome III, p. 227.

PIÈCE NON DÉCRITE.

Site mamelonné peuplé d'arbres; le plus haut d'entre eux

s'élève vers le milieu du devant et l'une de ses branches est tronquée par le bord supérieur de la planche. Une rivière coulant au pied de cet arbre se perd à la gauche du devant ; au delà de cette rivière, on remarque un pêcheur à la ligne. On lit dans le ciel, à droite : *I. Bechon de Rochebrune in fe. et ex. cum priuilegio.*

L. 0, 190. H. 0,112.

BELLANGE (Jacques). Tome V, p. 81.

1. *L'Annonciation.*

On connaît deux états de cette planche :

1. Avant le nom de l'artiste et avant les traits échappés au-dessus de la tête de l'ange.
2. L'état décrit.

2. *L'Adoration des Mages.*

On connaît trois états de cette planche :

1. L'état décrit.
2. On lit à la droite du bas : *A Paris, chez van Merle, rue Saint-Jacques, à la ville d'Anvers, auec priuil. du Roy.*
3. Retouché partout par un artiste peu habile. L'adresse de van Merle a été enlevée.

3. *La Vierge et l'enfant Jésus.*

On connaît deux états de cette planche :

1. Avant l'adresse ci-après.
2. On lit au milieu du bas : *le Blond excud.*

4. *La Vierge et l'enfant Jésus.*

Au lieu de *morceau sans nom*, par où finit la description

de cette planche, mettre : On lit à gauche dans la marge : *Bellange fecit.*

H. 0,212, dont 0,015 de marge. L. 0,141.

On connaît deux états de cette planche :

1. L'état décrit.
2. On lit dans la marge à droite : *le Blond excud.*

6. *La Résurrection de Lazare.*

On connaît deux états de cette planche :

1. L'état décrit.
2. Une longue raie droite se voit à la gauche de l'estampe et en traverse, de haut en bas, la plus grande partie.

10. *La Vierge et l'enfant Jésus avec un saint et deux saintes.*

On connaît deux états de cette planche :

1. Avant la lettre.
2. On lit vers le milieu du bas : *le Blond excud.*

14. *La Décollation de saint Jean-Baptiste.*

On connaît quatre états de cette planche :

1. Avant les lettres *L. A. L. E.* à la gauche du bas.
2. Avec les lettres *L. A. L. E.* mais avant l'adresse de Quesnel.
3. Le premier état décrit.
4. Le deuxième état décrit.

15. *Le Martyre de sainte Lucie.*

On connaît deux états de cette planche :

1. Avant le trait échappé à la gauche du haut derrière la statue de Diane chasseresse.
2. Avec ce trait.

33. *Melchior, roi de Nubie.*

On connaît deux états de cette planche :
1. L'état décrit.
2. On lit à la droite du bas : *le blond excud.*

34. *Gaspard, roi de Tarse.*

On connaît deux états de cette planche :
1. L'état décrit.
2. On lit vers le milieu du bas : *le blond excud.*

35. *Balthazar, roi de Saba.*

On connaît deux états de cette planche :
1. L'état décrit.
2. On lit à la gauche du bas : *le blond excud.*

36. *Diane et Orion.*

On connaît trois états de cette planche :
1. A l'eau-forte pure et avant beaucoup de travaux, et avant le nom de Bellange.
2. L'état décrit par M. Robert-Dumesnil comme étant le premier.
3. L'état décrit comme étant le second.

37. L'estampe décrite sous ce numéro par M. Robert-Dumesnil pourrait bien représenter : *Judith avec sa servante dans le camp d'Holopherne sous les murs de la ville de Béthulie.*

PIÈCES NON DÉCRITES.

1. *L'Annonciation.*

Un ange s'approche avec respect de la sainte Vierge, assise à droite à son prie-Dieu, ayant près d'elle un panier à ouvrage. Un rayon céleste, où se voient le Saint-Esprit sous la forme d'une colombe, et trois chérubins, éclaire ce sujet. Morceau anonyme.

H. 0,160. L. 0,155.

2. *La Vierge et l'enfant Jésus.*

La Vierge assise occupe la droite de l'estampe, elle tient l'enfant Jésus sur ses genoux ; le divin enfant regarde en face de lui et la Vierge a les yeux baissés. Pièce anonyme.

H. 0,133. L. 0,101.

3. *Le Mariage mystique de sainte Catherine.*

Représenté dans l'intérieur d'une chapelle où la Vierge est assise en avant d'une niche; elle porte sur ses genoux son divin fils, bénissant sainte Catherine, en présence du jeune saint Jean tenant son mouton, et d'un vieillard en prière. Sur la base d'une colonne tronquée, à gauche, on voit le monogramme formé des lettres D. P. surmontant le millésime 1617 imprimé à rebours.

H. 0,114. L. 0,115.

4. *Le Mariage mystique de sainte Catherine.*

La Vierge, accompagnée de différents saints, parmi lesquels on remarque saint Joseph et saint Jean, porte sur son giron l'enfant Jésus qui sourit à sainte Catherine, vue en partie, à gauche, s'appuyant sur l'instrument de son martyre sur lequel se lit le nom de l'artiste.

H. 0,262. L. 0,182.

(Les pièces décrites ci-dessus, sous les numéros 1, 3 et 4, sont mentionnées dans le Catalogue de M. R. D., vente des 12 et 13 avril 1858, n°s 43-45, p. 14.)

BELLY (Jacques). Tome IV, p. 2.

1. — 31. *La galerie du palais Farnèse, peinte par Annibal et Augustin Carrache.*

Nous avons constaté chez M. Prosper de Baudicour un état de toutes les estampes de cette suite antérieur aux deux états décrits par M. Robert-Dumesnil. Toutes les planches qui forment cette suite sont à l'eau-forte pure ; elles ne portent pas la mention du privilége ; comme elles étaient très-faiblement mordues, elles ont été reprises plus tard au burin par l'artiste lui-même, qui a corrigé les imperfections des planches après la première morsure.

BERNARD (Samuel). Tome VI, p. 243.

PIÈCES NON DÉCRITES.

1. *Portrait de Léopold Guillaume, marquis de Bade.*

Il est à cheval, galopant à droite, tête nue et l'épée à la main, sur un sol pierreux garni de quelques plantes parasites, à droite d'une colonne de cavalerie se dirigeant du même côté ; dans le fond, on voit une ville fortifiée. On lit dans la marge, en deux lignes : LEOPOLDVS GVILIELMVS MARCHIO BADENSIS ET HOCHBERGENSIS, SAC^Æ CÆS^Æ MAI^{TIS} FERDINANDI III | GENERALIS ASTRORVM ET SVPREMVS PRAETORIAE COHORTIS EQVESTRIS PRAEFECTVS. Anno 1657. *Bernard P. et f.*

H. 0,386 dont 0,030 de marge. L. 0,324.

Cette pièce ainsi que celle que nous décrivons plus bas sous le n° 3, indiquée par M. Robert-Dumesnil dans la notice qui précède le Catalogue de l'œuvre de Samuel Bernard, nous paraissent être gravées incontestablement par l'artiste en question ; aussi, n'hésitons-nous pas à les décrire ici.

2. *Robert, prince palatin du Rhin.*

Il est vu à mi-corps, dirigé vers la droite, tenant dans la main droite le bâton de commandement et appuyant la main gauche sur la tête d'un enfant placé devant lui à droite de l'estampe. On lit au bas de la planche : *Rupertus Princeps Palatinus Rheni Dux Bavariæ etc* | *Nobilissimi ordinis Periscelidis aureæ Eques, etc. — S. Bernard sculpsit.*

H. 0,305. L. 0,254.

3. *Charles-Louis, comte palatin du Rhin.*

Il est debout, cuirassé, tenant de la main droite son bâton de commandement et appuyant son bras sur un casque, la main gauche sur la hanche tenant la garde de son épée ; il est dirigé vers la gauche et regarde de face. On lit au bas de la planche : *Carolus Ludovicus Dei gratia Comes Palatinus Rheni, S. Rom : Imperij* | *Archi. Thesaurarius et elector Dux Bauariæ etc :* | *Antonius Vandyke Eques ad viuum depinxit Londini. Anno* 1641. *Aqua forti celauit anno* 1657 *Bernard.*

H. 0,318. L. 0,257.

BIARD (Pierre) le fils. Tome V, p. 98.

8. *Pièce allégorique sur la statuaire.*

On connaît trois états de cette planche :

1. On lit à droite, dans le cartouche placé sur le pilastre du portique : *All Ecc^{ma} Sig^{ra} Duchessa d'Ornano.*

2. L'état décrit par M. Robert-Dumesnil comme étant le premier.

3. L'état décrit comme étant le second.

21. *Vénus servie par les Amours.*

On connaît deux états de cette planche.

1. Avant beaucoup de travaux dans les têtes et avant que l'espèce de monticule qui se voit au milieu du bas soit couvert de tailles.

2. L'état décrit. L'estampe est terminée.

PIÈCES NON DÉCRITES.

1. Huit satyres et satyresses, la plupart nus, semblent terminer un repas. Le fond est blanc. On lit sur la partie blanche d'une pierre, au milieu du bas, à côté de plusieurs vases : *P. Biard.*

L. 0,225. H. 0,132.

2. Orphée, agenouillé et jouant de la lyre, vient demander aux divinités infernales de lui rendre Eurydice, que l'on voit, à gauche de l'estampe, debout, absolument nue. On lit à la droite du bas : *P. Biard f.*

L. 0,154. H. 0,109.

BLANCHET (Thomas). Tome VI, p. 252.

Les armes de la ville de Lyon portées par dix petits Génies.

On connaît deux états de cette planche :

1. L'état décrit. La planche est à l'eau-forte pure; elle ne porte pas le nom de Th. Blanchet.

2. La planche a été entièrement reprise et est couverte de travaux au burin. On lit à la gauche du bas : *T. Blanchet in.*

PIÈCE NON DÉCRITE.

Portrait de l'artiste.

En buste, de trois quarts à gauche, dans une bordure ovale posée sur une tablette. Cette tablette est blanche, et on lit, dans la seule épreuve que nous avons vue et qui est conservée à la bibliothèque impériale de Paris, d'une écriture fort ancienne : *Portrait de monsieur tomas Blanchet très excellent peintre graué par luy mesme* 1680. Pièce anonyme.

H. de la planche : 0,128. L. 0,088.

BOBRUN (Louis). Tome VI, p. 147.

2. *Entrée de Marie de Médicis, de Louis XIII et de l'infante Anne d'Autriche, à Paris.*

Marie de Médicis, ayant à ses côtés le jeune roi Louis XIII et l'infante Anne d'Autriche, est assise dans un char traîné par deux chevaux que conduit le Temps ; le prévôt des marchands, suivi des échevins de la ville de Paris, vient au devant du char royal. Le fond représente une vue de la ville de Paris. On lit au haut de la planche, aux deux côtés d'un écusson contenant les armoiries de Paris : *Dessein du tableau mis sur la porte St-Jacques pour la réception du très chrestien Roy Loys XIIIe au retour de son uoyage de Bordeaux le* 16e *iour de may l'an* 1616 : *dédié à M^rs le Preuost des marchans et Escheuins de la uille de Paris par loys Bobrun peinctre*. Puis au bas : ATTVLIT ET NOBIS, ALIQVANDO OPTANTIBVS, ÆTAS, AVXILIVM, ADVENTVMQVE DEVM. *Auec priuilège du Roy*. Trois devises sur des banderoles et sur un rayon lumineux se voient dans l'estampe même.

H. 0,366. L. 0,325.

BOISSART (Michel J.). Tome IV, p. 25.

PIÈCES NON DÉCRITES.

1. Opéra d'enfer. Pièce historique contre les accapareurs de blés et de farines, en 1694.

Cette estampe, vendue le 3 novembre 1856 par M. Vignères, est citée par M. Defer. (*Catalogue général des ventes publiques de tableaux et estampes.* — Tome 1er. Estampes, p. 336.)

2. Allégorie. Un homme agenouillé devant la Justice assise sur un trône à gauche; dans le haut de la droite, Minerve et trois Amours tenant des écussons armoriés. *Jean Boissard in et fe.* 1685.

L. 0,160. H. 0,140.

Cette estampe, décrite par Leblanc, *Manuel de l'amateur d'estampes*, I, p. 412, pourrait bien être de l'artiste auquel M. Robert-Dumesnil a consacré une notice.

BOULOGNE (Bon de). Tome II, p. 144.

1. *Saint Jean dans le désert.*

On connaît deux états de cette planche :

1. Avant les mèches de cheveux ajoutées dans toute la coiffure, et avant l'ombre portée de la tête sur le montant de la croix à la hauteur de l'épaule.

2. L'état décrit.

2. *Saint Bruno.*

On connaît trois états de cette planche :

1. Avant les contre-tailles verticales ajoutées au-dessus de

l'angle du rocher sur lequel repose la tête de mort, et plus loin, à droite, et avant les ombres renforcées sur le devant de la butte sur laquelle le saint est agenouillé.

2. Avant les contre-tailles verticales derrière la butte, à droite, au-dessus du chardon.

3. Avec ces contre-tailles. C'est l'état décrit.

BOULOGNE (L. de) le père. Tome I, p. 111.

9. *La flagellation de saint André, d'après Titien.*

3e état. On lit à droite, dans la marge : *P. Mariette excu.*

PIÈCE NON DÉCRITE.

Saint Luc est en buste, les deux mains appuyées sur un livre. On aperçoit à droite, derrière un socle, la tête d'un bœuf, et on lit au bas, dans la marge : *sup. per.* Pièce anonyme.

H. de la planche : 0,145. L. 0,128.

BOULOGNE (Louis de) le fils. Tome III, p. 282.

PIÈCE NON DÉCRITE.

Saint Paul guérissant un possédé au pied de la statue de Jupiter. Belle composition, qui nous paraît être de Louis de Boulogne le père (*Catalogue de la vente de M. R. D.*, 11 mars 1856, p. 5, n° 23).

BOURDON (Sébastien). Tome I, 131.

1. *Le Retour de Jacob.*

On connaît quatre états de cette planche :

1. Avant toutes lettres et avant les noms de Séb. Bourdon et de L. Boissevin.
2. Le premier état décrit.
3. Le deuxième état décrit.
4. Le troisième état décrit.

Nos 2 à 8. *Les OEuvres de miséricorde.*

On connaît trois états de ces planches :

1. L'état décrit.
2. L'état décrit.
3. L'adresse de P. Mariette a été effacée.

Nos 33-44. *Suite de douze paysages non numérotés.*

Ces douze paysages forment trois suites distinctes qui parurent isolément. 1re suite, *sujets champêtres,* quatre pièces ; 2e, *Histoire du bon Samaritain*, quatre pièces ; 3e, *sujets du Nouveau Testament*, quatre pièces. L'adresse de l'auteur se trouve sur la première pièce de chaque suite.

BOUYS (André). Tome IV, p. 224.

7. *Charles Hérault.*

On connaît deux états de cette planche :

1. Avant toutes lettres.
2. L'état décrit.

12. *François de Troy.*

On connaît deux états de cette planche :
1. Avant toutes lettres.
2. L'état décrit.

BOYER D'AGUILLES. Tome IV, p. 213.

12. *Paysage, d'après Brécourt.*

On connaît deux états de cette planche :
1. Avant la lettre.
2. L'état décrit.

13. *Portrait de la maîtresse d'Alexandre Véronèse.*

On connaît trois états de cette planche :
1. L'état décrit.
2. L'état décrit.
3. On lit dans l'angle droit du bas le nº 11.

18. *La Madeleine, d'après Romanelli.*

On connaît trois états de cette planche.
1. L'état décrit.
2. L'état décrit.
3. On lit à l'angle droit du bas le nº 36.

19. *L'Adoration des Mages.*

On connaît deux états de cette planche :
1. L'état décrit.
2. On lit dans l'angle droit du bas le nº 113.

PIÈCES NON DÉCRITES.

1. *Le Repos en Egypte, d'après Nicolas Loir.*

La Vierge, assise, soutient l'enfant Jésus debout, et cause avec saint Joseph debout derrière elle. A gauche un paysage avec fabriques. On voit au bas, dans la marge, l'étoile, marque ordinaire de Boyer d'Aguilles.

Dim. de la planche : L. 0,222. H. 0,187.

Cette planche existe encore, et on en rencontre des épreuves modernes. Coëlemans a gravé le même tableau en contre-partie.

2. *Tête de Christ.*

Le Christ est vu de trois quarts, dirigé à droite, avec les cheveux longs pendant sur le cou. Planche anonyme.

Dim. de la planche : H. 0,095. L. 0,091.

3. La Madeleine est vue de trois quarts, dirigée vers la droite. On lit au bas : *La Magdelaine d'après le tableau de André Vaccari.* Planche anonyme.

Dim. de la planche : H. 0,192. L. 0,150.

Ce tableau a été également gravé par Jacq. Coëlemans.

4. *Saint Barthélemy.*

Le saint est vu de profil, dirigé à droite; il tient de la main gauche un coutelas, instrument de son martyre. Planche anonyme.

Dim. de la planche : H. 0,268. L. 0,194.

Ce tableau a été également gravé par Jacq. Coëlemans.

5. *Saint Barthélemy.*

Le saint est étendu au milieu de ses bourreaux. Planche anonyme gravée d'après Sébastien Bourdon.

Dim. de la planche : H. 0,292. L. 0,224.

Ce tableau a été également gravé par Jacq. Coëlemans.

6. Deux petits chérubins s'embrassant. Pièce anonyme.

Dim. de la planche : L. 0,077. H. 0,069.

7. Composition de cinq figures assises et semblant converser ; l'une d'elles, celle qui se voit à gauche, fait un signe de la main droite. Planche anonyme.

Dim. de la planche : H. 0,205. L. 0,180.

8. Tête de jeune homme appuyé sur sa main gauche ; elle est vue de trois quarts. Planche anonyme.

Dim. de la planche : H. 0,112. L. 0,075.

Cette estampe pourrait bien être celle que M. Robert-Dumesnil indique, sans l'avoir vue, d'après l'*Idée générale d'une collection d'estampes, par le baron de Heineken.*

9. Un faune vu de dos; il tient dans ses bras un enfant dont on ne voit que le sommet de la tête et une main. On lit au bas, dans la marge : UN FAUNE *de Veirier, sculpteur à Aix*, 1677. Planche anonyme.

Dim. de la planche : H. 0,199. L. 0,084.

10. Paysage. A gauche, un berger conduit un bœuf et un troupeau de moutons. Paysage dans un rond au bas duquel se voient les armoiries de M. Boyer d'Aguilles. Planche anonyme.

H. 0,229. L. 0,181.

11. Paysage sur le devant duquel, à gauche, on voit deux saules ; l'un d'eux est absolument privé de branches et de feuilles. Planche anonyme.

Dim. de la planche : L. 0,143. H. 0,059.

12. Paysage au milieu duquel se voit un rocher couvert de quelques végétations, et à la droite duquel on aperçoit un chemin tournant. On lit au bas de la planche, dans la marge : *Illust° D. D. J. L. Desparra primicerio Pinacensis ecl^{æ} bona-*

rum artium cultori meritissimo ruralem hunc amici prospectum dat dic^e humil^s seruus Iac. Coelemans.

Dim. de la planche : L. 0,125. H. 0,103.

Dans le lot important qui contenait ces estampes inconnues de Boyer d'Aguilles, — lot acquis et possédé encore aujourd'hui par M. Prosper de Baudicour, — se trouvait une autre planche que nous allons décrire à ce nom, quoiqu'elle porte les initiales *I. C.* qui semblent se rapporter à Jacques Coëlemans. Si nous en faisons mention, c'est qu'Heineken l'attribue à Boyer d'Aguilles et que M. Robert-Dumesnil l'indique dans la notice qui précède le catalogue de l'œuvre de cet artiste amateur.

Deux sujets de la vie de Jésus-Christ enfant, sur la même planche.

A gauche, Jésus, enfant, entouré de chérubins, tient la croix entre ses mains et la considère. On lit au bas, sur l'encadrement : *I. C.*, et au-dessous, dans la marge : O CRVX SPES VNICA. A droite, le petit Jésus embrasse saint Jean. On lit au bas de celle-ci : ECCE QVEM DILIGIT ANIMA MEA.

Dim. de la planche : L. 0,170. H. 0,129.

On connaît deux états de cette planche.

1. L'état décrit.

2. La planche a été coupée en deux, et on lit au-dessous de la première : *Chez Reinaud, graveur à Aix.*

BOYVIN (René). Tome VIII, p. 11.

77. *Un porte-torche.*

On connaît deux états de cette planche :

1. L'état décrit.

2. On lit au bas de la planche cette adresse : *F. L. D. Ciartres excud.*

119-134. *Panneaux d'ornements.*

M. Robert-Dumesnil a écrit en marge de son exemplaire, à côté de la description de ces panneaux d'ornements : Manque à cette suite la description de *Neptune* que j'ai, mais quel rang lui donner ? L'épreuve qui m'est arrivée depuis que ceci a été imprimé n'a pas de numéro. L'inscription du bas est : *Obruitur tumidis Neptunus sæpe procell.....*

PIÈCES NON DÉCRITES.

1. *Les amours de Jupiter et Léda, d'après Michel-Ange.*

Sur la gauche de l'estampe Léda est couchée sur une draperie attachée au haut d'un tronc d'arbre contre lequel elle s'appuie ; sa main gauche est étendue à terre et l'autre est sur le cou du cygne. Vers le bas de la droite on lit : *Michaelany inventor.*

L. 0,316. H. 0,232.

Cat. de M. R. D., vente du 26 mars 1862, p. 23, nº 188.

2. Feuilles d'acanthe. Ornement tiré de l'église de Saint-Silvestre à Rome. On lit au bas de la planche : ROMÆ IN ECL. S. SILVEST. B. R.

H. 0,163. L. 0,120.

3. Dessins pour des bracelets, des chaînes et des colliers. Six dessins sur la même planche. On lit au bas : *Paul^s de la Houue excud.* Planche anonyme.

H. 0,090. L. 0,133.

4. Trois femmes masquées. Pièce citée par M. Defer I, *estampes* 426), d'après le Catalogue de la vente Delbecq, de Gand (IIIe partie; p. 67).

BRIOT (J.). Tome X, p. 198.

PIÈCE NON DÉCRITE.

On lit sur un cartouche placé au centre de la composition : DE LA GROSSESSE ET ACCOVCHEMENT DES FEMMES. *Du gouuernement d'icelles et moyen de suruenir aux accidents qui leur arriuent ensemble de la nourriture des enfans; PAR feu Jacques Guillemeau, chirurgien ordinaire du ROY. Reueu et augmenté de figures en taille douce et de plusieurs maladies secrettes. Auec un traitté de l'Impuissance, PAR Charles Guillemeau, chirurgien ordinaire du ROY.* Puis au bas, dans un autre cartouche : A PARIS, *chez* ABRAHAM PACARD, *Ruë S*[t] *Jacques au sacrifice d'Abraham.* M. D. C. XXI. A gauche, sur la base d'un pilier : *Auec priuilege du Roy*, et à droite : *J. Briot fecit.*

H. 0,151. L. 0,092.

Nous avons indiqué en note (tome X, page 199) quelques pièces gravées par Nicolas Briot. A la nomenclature très-courte que nous avons donnée, il faut ajouter les cinquante-cinq planches qui composent les deux ouvrages dont nous transcrivons les titres ci-dessous ; un certain nombre de ces estampes portent les lettres N. B. assemblées, monogramme de Nicolas Briot; d'autres contiennent la mention : *Thomas de Leu excudit.* Mais, à la façon dont elles sont gravées, on ne reconnaît aucunement la manière de Thomas de Leu, tandis que le travail rappelle bien plutôt le burin assez lourd de Nicolas Briot. Voici les titres de ces deux ouvrages, que l'on trouve généralement réunis ensemble :

SOLITVDO SIVE VITÆ PATRVM EREMICOLARVM *per antiquissimum Patrem D. Hieronimum corundem primarium olim con-*

scripta iam vero primum æneis laminis. 1606. *Thomas de Leu excudit.*

L. 0,200. H. 0,152.

Ce premier ouvrage se compose de 30 planches numérotées de 1 à 29, plus le titre.

SOLITVDO SIVE VITÆ FOEMINARVM, ANACHOBITARVM *Thomas de Leu excudit.* 1606.

L. 0,200. H. 0,152.

Ce second ouvrage contient 25 planches numérotées de 1 à 24, plus le titre.

BULLANT (Jean). Tome VI, p. 39.

PIÈCES NON DÉCRITES.

1. Vase à deux anses formées par des serpents entrelacés. De forme ovoïdale, il est orné d'un bas-relief représentant un homme à barbe, nu et placé entre deux jeunes femmes à moitié vêtues, dont les bras passent dans ceux de l'homme. Sur les deux faces latérales sont deux figures de femmes entièrement nues : un groupe de trois Chimères, à bustes de femmes avec des griffes de lion, sert de pied au vase, au-dessous duquel on lit l'inscription manuscrite suivante :

A moy donné par mon
cousin Jehan Bullant. 1546.

H. 0,182. L. 0,110.

M. His de Lassalle, qui possédait cette estampe, devenue aujourd'hui la propriété de M. de Baudicour, accompagna la description ci-dessus de cette notice (voir le *Catalogue de la collection d'estampes anciennes provenant du cabinet de M. H. de L.*, 21 avril 1856, p. 150, n° 924) : « M. Robert-Dumesnil, qui n'a pu rencontrer qu'une seule pièce gravée sur cuivre par Jean Bullant (deux chapiteaux sur la même planche), dit, en parlant d'elle : « Exécutée d'une pointe timide, elle est plus curieuse que satisfaisante. » Notre vase, au contraire, indépendamment des qualités de style qu'on y remarquera, est exécuté avec la puissance et la facilité d'un maître qui n'en est pas à son coup d'essai. Bien qu'il ait été donné par J. Bullant à son cousin, il pourrait cependant n'être pas de la main de ce grand artiste. Mais, alors, de qui peut-il être? Ses contemporains, E. Delaune, R. Boyvin, ont une manière de graver si connue, qu'il n'est guère possible de se tromper, quand leurs ouvrages tombent sous les yeux, et nous ne voyons pas d'autres graveurs auxquels on puisse penser, quand on regarde le vase... »

2. *Deux chapiteaux de colonnes à Écouen.*

Ces deux pièces, ainsi mentionnées dans le catalogue de la vente de l'architecte Vivenel, font probablement double emploi avec cette planche unique sur laquelle sont gravés deux chapiteaux, planche qui se trouve à la fin de : *Règle générale d'architecture des cinq ordres de colonnes. Paris,* 1564. *In-f°.*

CHAPRON (Nicolas). Tome VI, p. 212.

1—54. *Les peintures des loges du Vatican, d'après Raphaël.*

Outre les indications données par M. Robert-Dumesnil pour aider à reconnaître les différents états de cette suite, états qui ne peuvent être distingués que lorsque l'on a sous les yeux les deux premières planches, on peut reconnaître isolément chaque planche en ayant égard au papier sur lequel elles sont imprimées : le premier tirage (1er état) a été fait à Rome sur un papier fort, dont les vergeures sont espacées de $0^m,03$ environ, portant, comme filagramme, une ancre placée au milieu d'un rond surmonté d'une étoile à six pointes ; le deuxième tirage (toujours 1er état) a été fait sur papier mince et les vergeures sont espacées seulement de $0^m,02$. Un écusson formé de deux branches de laurier forme la marque du papetier.

On note encore, dans certaines planches de cette suite, quelques états que nous allons mentionner.

8. *Adam et Ève cueillant du fruit défendu.*

On connaît deux états de cette planche :

1. L'état décrit.

2. Une grande raie verticale traverse la droite de la planche près du trait carré.

15. *Melchisédech offrant du pain et du vin à Abraham.*

On connaît deux états de cette planche :

1. L'état décrit.

2. Une raie verticale descend sur la tête d'Abraham et une autre sur les arbres entre les maisons qui sont à droite.

22. *Isaac accorde aux instances d'Ésaü une seconde bénédiction.*

On connaît deux états de cette planche :

1. L'état décrit.

2. Une raie diagonale se voit sur le bâton d'Esaü.

24. *Jacob rencontrant Rachel près de la fontaine où elle faisait abreuver ses troupeaux.*

On connaît deux états de cette planche :

1. L'état décrit.
2. Une raie diagonale se voit sur la cuisse droite de Rachel.

25. *Jacob se plaint à Laban de ce qu'il lui a donné Lia au lieu de Rachel.*

On connaît deux états de cette planche :

1. L'état décrit.
2. Deux petites raies verticales se voient sur le ciel entre Jacob et Lia.

28. *Joseph vendu par ses frères à des marchands ismaélites.*

On connaît deux états de cette planche :

1. L'état décrit.
2. Une raie verticale se voit sur le ciel entre le chameau et l'arbre.

55. *Les suivants de Silène.*

On connaît quatre états de cette planche :

1. Avant l'adresse *F. L. D. Ciartres excud.* à la gauche du bas.
2. L'état décrit par M. Robert-Dumesnil comme étant le premier.
3. Le second état.
4. Le troisième état.

PIÈCE NON DÉCRITE.

La Vierge et l'enfant Jésus.

La sainte Vierge, assise à gauche et tournée du côté opposé, tient sur elle l'enfant Jésus à qui elle vient de donner le sein et qu'elle regarde avec tendresse; une draperie orne le fond. On voit, à droite, une table sur laquelle est posée une corbeille. On lit dans la marge :

Diuinæ qualis pandit se gloria frontes
Humano tantus mânat abore lepos.

Tisian pinxit. huar excudit cum priuilegio Regis.

H. 0,200, dont 0,029 de marge. L. 0,153.

Mariette, qui avait vu cette pièce, dit, dans ses notes manuscrites à l'article Titien : « Cette pièce est de l'invention et de la graveure à l'eau forte de Nicolas Chapron, et n'est point certainement d'après le Titien, ainsy que le porte l'inscription qui est au bas; elle n'y a apparemment été mise par celuy à qui appartenoit cette planche que pour en avoir plus de débit. — M. de Tallard en avoit un dessein qu'on a vendu sous le nom supposé de Schedone. »

Cette note de Mariette aurait certainement modifié l'opinion de M. Robert-Dumesnil, qui, dans la notice placée en tête du catalogue de Nicolas Chapron, avait mentionné cette pièce sans oser la décrire.

CHARTIER (Jean). Tome V, p. 50.

PIÈCES NON DÉCRITES.

1. *La Vierge, l'enfant Jésus et saint Jean.*

La Vierge, assise sur une butte au milieu de l'estampe et tournée à gauche, approche de son divin fils, le précurseur, qui l'embrasse. Quatre saintes femmes et une sainte environnent le groupe principal. On lit à la droite du bas : *pinci. Orléans*, 1557. *I. Chartier.*

H. 0,218. L. 0,172.

Cette pièce à l'eau-forte est beaucoup meilleure que toutes les autres du même maître. Elle fait partie de la riche collection de M. de Baudicour.

2. *Pièce allégorique.*

Divinité demi-nue et debout au milieu, vers le bas de l'estampe, environnée de quadrupèdes, dont un lion et un loup, qu'elle tient enchaînés de ses deux mains et qui paraissent vouloir se dégager, tandis qu'un bœuf et un agneau semblent implorer sa protection; un renard, non loin de là, vers la gauche du bas, cherche à prendre la fuite. Un chasseur, suivi de son chien, donne du cor à mi-hauteur du même côté et court au fond de la droite où, dans la clairière d'un bois, on remarque une biche et deux cerfs. Morceau anonyme.

H. 0,150. L. 0,095.

Cette pièce a été acquise par M. de Baudicour (Cat. de la vente R. D., 17 et 18 déc. 1856, n° 28).

3. *Portrait de l'artiste.*

Jean Chartier s'est représenté ici, non dans sa librairie et debout, mais dans son atelier et assis, environné de onze enfants, les uns debout, les autres assis. Il tient un album ouvert sur ses genoux et semble donner une leçon à son auditoire en faisant une indication de la main gauche, élevée vers un planisphère tendu au milieu du fond, environné, à gauche, d'une tablette supportant quatre volumes posés à plat; un portrait de femme est appendu à cette tablette, et, à droite d'un trophée de divers instruments, le sol est jonché de feuillages et de fruits. Dans l'angle bas de la droite, se voit une sphère armillaire, et on lit à la gauche du bas : *I. Chartier excudebat Aurelia.*

H. 0,185. L. 0,142.

(Cat. de la vente de M. R. D., 12 et 13 avril 1858, n° 78.)

4. *Ballet d'après le Primatice.*

Un ballet où l'on voit, sur le devant, d'un côté, deux jeunes gens qui attachent des grelots à leurs jambes, et, de l'autre, un groupe d'autres jeunes gens nus; le premier porte un flambeau. Pièce anonyme, qui, suivant l'opinion de M. Robert-Dumesnil, est bien de Jean Chartier.

H. 0,272. L. 0,305.

Cat. de la vente de M. R. D. (26 mars 1862), p. 24, n° 188 *bis*.

5. Une femme peigne du lin au premier plan à gauche; à la droite de l'estampe un homme assis est occupé à lire, et, dans le fond, l'Envie, personnifiée par une femme tenant, dans chaque main, des serpents, étend les bras. On lit au haut de l'estampe dans un cartel :

Dentibus a stupa linum secernit acutis
Hæc anus, ut molli stamine membra tegat
A falso cupiet quisquis secernere verum
Dentibus invidiæ sic lacerandus erit.

puis au bas, vers la gauche : *Jo. Chartier excudebat Orelia*, 1557.

H. 0,222. L. 0,186.

On connaît deux états de cette planche :

1. L'état décrit.

2. Avec une grande raie diagonale passant sur le bras droit de l'Envie et venant aboutir sur son ventre.

6. *Ulysse reconnu par son chien.*

Grande pièce en largeur marquée : *Franc. Bologna invent. Io Chartier excudebat*. Au bas des vers latins. Une épreuve de cette estampe, qui rappelle l'école de Fontainebleau, se trouve au cabinet de Dresde. Cette estampe est citée par M. Defer (II, p. 125), d'après M. Jules Renouvier. (Types et manières des maîtres graveurs, IIe partie, p. 210.)

CHÉRON (Élisabeth-Sophie). Tome III, p. 239.

1. *Portrait de l'artiste.*

On connaît quatre états de cette planche :

1. Avant la lettre.

2. La marge accrue en hauteur au moyen d'un cuivre soudé. Le quatrième mot du premier vers est écrit *franco* et non *Franco*.

3. Cette faute corrigée.

4. L'état décrit par M, Robert-Dumesnil comme étant le troisième.

5. *La Flore antique.*

On connaît deux états de cette planche :

1. L'état décrit.

2. On lit à droite près du socle de la statue : *Eliz. Chéron L. H. sculp. C. P. R.*

PIÈCES NON DÉCRITES.

24-59. Quinze pièces non décrites qui font partie du volume mentionné sous ces numéros par M. Robert-Dumesnil, qui n'a pas eu l'occasion de rencontrer l'ouvrage complet. Il existe de ces nouvelles planches, comme des estampes décrites dans le t. III du *Peintre-graveur français*, deux états, l'un avant les numéros, l'autre avec les numéros.

1. Profil de femme les cheveux relevés et nattés ; elle est tournée à gauche et regarde de ce côté.

Dim. de la planche : H. 0,320. L. 0,273.

2 (4). Tête d'enfant dirigée à droite et vue de trois quarts.

Dim. de la planche : H. 0,284. L. 0,232.

3 (14). Buste d'homme vu de face, la tête de profil et coiffée d'un mouchoir noué sur le devant.

Dim. de la planche : H. 0,313. L. 0,277.

4 (19). Tête de soldat vue de trois quarts, dirigée vers la droite ; elle est coiffée d'un casque recouvert par une peau de lion.

Dim. de la planche : H. 0,314. L. 0,282.

5 (20). Buste de femme vue de profil dirigé à gauche.

Dim. de la planche : H. 0,232. L. 0,180.

6 (24). Buste de femme vue de profil dirigé vers la droite, sa main est élevée et se voit au-dessous de son menton.

Dim. de la planche : H. 0,246. L. 0,173.

7 (26). Deux têtes d'enfants sur la même planche ; l'un, nu-tête, semble dormir, l'autre a la tête couverte d'un bonnet.

Dim. de la planche : L. 0,371. H. 0,211.

8 (28). Tête d'homme vue de trois quarts et riant, elle est dirigée à droite.

Dim. de la planche : H. 0,223. L. 0,283.

9 (29). Tête d'ange vue de face, le corps de profil, l'avant-bras droit est indiqué sommairement.

Dim. de la planche : H. 0,298. L. 0,194.

10 (1). Études de deux pieds et d'une main tenant une règle.

Dim. de la planche : H. 0,301. L. 0,240.

11 (2). Études de deux mains, l'une d'elles tient une draperie.

Dim. de la planche : L. 0,254. H. 0,215.

12 (3). Deux études de pieds séparés par un trait.

Dim. de la planche : H. 0,272. L. 0,204.

13 (4). Une étude de pieds et une étude de main appuyée sur un cercle.

Dim. de la planche : L. 0,255. H. 0,151.

14 (5). Étude de pied vu en dessous et étude de main.

Dim. de la planche : L. 0,385. H. 0,244.

15 (6). Buste d'enfant ; la tête vue de trois quarts dirigée à droite ; il tient à la main une règle.

Dim. de la planche : L. 0,391. H. 0,266.

CHÉRON (Louis). Tome III, p. 285.

22. *Cantique de Zacharie.*

On connaît trois états de cette planche :

1. Avant toutes lettres.
2. L'état décrit par M. Robert-Dumesnil comme étant le premier
3. L'état décrit comme étant le second.

PIÈCES NON DÉCRITES.

1. Un prophète porté sur des nuages par deux anges se voit à gauche ; à droite un sanglier foule et saccage des vignes. On lit, dans l'estampe même, au bas : *Lud. Chéron in. et sc.*, et au-dessous du trait carré, dans la marge : *Un prophète, captif et pénétré de douleur, représente à Dieu que son peuple, cette vigne chérie qu'il avoit lui-même plantée dans la terre de Chanaam, vient d'être ravagée par Nabuchonosor, comme par un cruel sanglier.*

H. 0,132. L. 0,108.

2. Un jeune homme, debout, suivi de deux femmes et d'un soldat, semble adresser une harangue à un empereur assis à droite sur un trône entre deux soldats armés. On lit, au bas de la planche, à droite : *Lud. Chéron inv. et sculp.*

H. 0,131. L. 0,108.

3. Un jeune homme, debout, adresse la parole à un vieillard qui sort d'une maison et qui vient au-devant de lui en lui tendant les bras. Composition de neuf figures. Planche anonyme.

H. 0,130. L. 0,109.

4. *Hercule tuant le sanglier.*

Hercule, debout à droite, appuie son genou sur le corps du sanglier et presse la tête de ses deux mains. On lit au bas : *L. Chéron inv. et æri incidere cæpit. — G. Vander Gucht perfecit.*

Mox Erymantheum vis tertia perculit aprum.

Dim. de la planche : H. 0,303. L. 0,241.

5. *Hercule et les Amazones.*

Hercule, vu de dos, se trouve au milieu de la composition, entouré des Amazones; l'une d'elles, morte, est étendue au premier plan. On lit au bas, dans la marge : *L. Chéron inv. et œri incidere cœpit. — C. du Bosce perfecit.*

Threiciam Sexto spoliavit amazona Baltheo.

Dim. de la planche : H. 0,308. L. 0,245.

6. *Alexandre et Diogène.*

Pièce mentionnée dans le catalogue de la vente de Charles Leblanc. 1er mai 1866, n° 283.

CORNEILLE (J. B.). Tome VI, p. 320.

1. *Histoire de Bethsabée. Frontispice.*

On connaît quatre états de cette planche :

1. L'état décrit par M. Robert-Dumesnil.

2. La planche est encore à l'eau-forte pure, et le seul changement qui existe consiste dans les armoiries, qui ont été gravées sur l'écusson qui contenait trois aiglons.

3. La planche a été entièrement reprise. C'est l'état décrit par M. Robert-Dumesnil comme étant le deuxième.

4. L'état décrit par M. Robert-Dumesnil comme étant le troisième.

9. *Jésus-Christ apparaissant à sainte Thérèse et à saint Jean de la croix.*

On connaît trois états de cette planche :

1. Avant toutes lettres, à l'eau-forte pure.

2. L'état décrit par M. Robert-Dumesnil comme étant le premier, c'est-à-dire avant l'inscription dans les angles supérieurs, mais beaucoup de travaux ont été ajoutés par l'artiste.

3. L'état décrit par M. Robert-Dumesnil comme étant le second.

16. *Combat de quatre cavaliers.*

On connaît deux états de cette planche :

1. L'état décrit.

* 2. On lit dans la marge à gauche : *Giulio Romano*, et à droite : *Si Vendono in Roma da N. Billy vicino la chiesa Nuoua.*

CORNEILLE (M. A.). Tome VI, p. 285.

2. *Abraham quitte son pays et va en Chanaan.*

On connaît quatre états de cette planche :

1. Avant la lettre et avant le trait prolongé.
2. L'état décrit par M. Robert-Dumesnil, comme étant le premier.
3. Le deuxième état.
4. Le troisième état.

11. *L'Adoration des Bergers.*

On connaît deux états de cette planche :

1. L'état décrit.
2. La planche coupée tout autour, et on lit, à la gauche, sur un fragment de chapiteau : *à St Landry.* Cette estampe est sans aucune valeur dans cette condition.

14. *La sainte Vierge offrant l'enfant Jésus à l'adoration du petit saint Jean.*

On connaît cinq états de cette planche :

1. Avant toutes lettres, à l'eau-forte pure; avant beaucoup de travaux dans toute la planche.

Les quatre autres états de cette planche sont décrits par M. Robert-Dumesnil.

20. *Le Martyre de saint André.*

On connaît cinq états de cette planche :

1. L'état décrit par M. Robert-Dumesnil comme étant le premier.

2. La planche terminée par l'artiste, mais encore avant la lettre.

Les trois états suivants sont ceux que décrit M. Robert-Dumesnil comme étant les deuxième, troisième et quatrième.

21. *Saint Antoine de Padoue.*

On connaît deux états de cette planche :

1. L'état décrit.

2. On lit à la gauche du bas : *Mariette excud.*; l'adresse de l'auteur est effacée.

29. *Serment de fidélité des Madécasses au roi de France.*

La note relative à cette pièce doit être remplacée par celle-ci : Cette marque se rapporte à la pagination du livre intitulé : *Histoire de la grande Isle de Madasgascar, composée par le Sr de Flacourt..... avec une relation de ce qui s'est passé*, etc. *Troyes.* Nicolas Oudot, et *Paris.* Gervais Clousier. M.DC.LXI. In-4°. Cet ouvrage est orné du portrait de l'auteur, décrit sous le n° 28, de la pièce qui nous occupe et de maintes autres gravures qui ne sont pas de Michel-Ange Corneille.

PIÈCE NON DÉCRITE.

L'étable de Bethléem, d'après Raphaël.

La sainte Vierge est agenouillée à droite, en face de saint Joseph, qui lève un pan de la draperie qui recouvrait l'enfant Jésus, entouré de quatre bergers, dont les offrandes se voient à la gauche du bas. Le bœuf et l'âne sont au fond; deux anges volent en haut et l'étoile brille au-dessus de la composition. Les lettres *R. V.* sont gravées sur une pierre à la droite du bas. On lit du côté opposé, près du trait carré : *Raphaël Vrbain, pinxit.* et, dans la marge en une seule ligne, *Venerunt pastores et inuenerunt Mariam et Joseph et infantem jacentem in præsepi. Luc 2.*

H. 0,292, dont 0,010 de marge. L. 0,200.

COTELLE (Jean) le père. Tome V, p. 128.

PIÈCES NON DÉCRITES.

Chenets. Suite de six planches.

Dim. de la planche : H. 0,236. L. 0,160.

1. Sur la base, un enfant assis tient deux guirlandes de fleurs. On lit au bas de la planche : *Nouueaux liure de chenest et autre ouurage d'orfeuerie, inuentez et graué par I. Cotelle, ce vende à Paris, chez de Poilly rue S*[t] *Iacques à l'image S*[t] *Benoist, auec priuil. du Roy.* Puis à droite le chiffre 1.

2. Deux enfants se voient sur la base de ce chenet au-dessus de deux cornes d'abondance. On lit à la gauche du bas : *de Poilly ex. c. p. r.*, et à la droite le chiffre 2.

3. Deux Chimères, formant la base du chenet, supportent Atlas surmonté du soleil. On lit au bas : *De Poilly ex. c. p. r.* — 3.

4. Deux figures, se terminant en rinceaux, supportent une troisième figure, que l'on voit absolument de face. On lit au bas : *De Poilly ex. c. p. r.* — 4.

5. Deux Chimères, à têtes d'aigles, supportent un vase enflammé. On lit au bas : *De Poilly ex. c. p. r.* — 5.

6. Deux lions forment le support du chenet; un bûcher sur lequel se voit un pélican dans les flammes en forme le sommet. On lit à la gauche du bas : *De Poilly ex. c. p. r.*— 6.

M. Defer (I, p. 201, en note) cite, comme l'ayant vu mentionné dans le catalogue de la vente Huquier, faite en 1772, un recueil de divers panneaux inventés et gravés par Cotelle.

COURTOIS (Guillaume). Tome I, p. 213.

1. *La Peste ou l'ensevelissement des Morts.*

On connaît trois états de cette planche :

1. On lit, pour toute inscription, dans la marge : *Guil^mo Cortese pinxit.* Une tache blanche, occasionnée par un défaut de morsure de l'eau-forte, se remarque entre la tête de l'homme, debout à gauche, et l'arcade du fond; d'ailleurs, les cheveux du personnage sont confondus avec le nuage s'élevant au-dessus de lui.

2. La tache en question a été couverte de travaux et les cheveux ont été retouchés, ce qui fait mieux ressortir la tête; l'inscription *Guil^mo Cortese pinxit* est suivie des mots : *et sculp.;* les paroles d'Ézéchiel : *Heu ad omnes*, etc., s'y voient, et l'adresse, *Arnoldus van W. formis*, s'y trouve également. C'est l'état décrit par M. Robert-Dumesnil.

3. Cette adresse a été remplacée par celle-ci : *Vincentius Billy formis Romæ.*

PIÈCE NON DÉCRITE.

Le Mariage mystique de sainte Catherine,
d'après Paul Véronèse.

A gauche, la Vierge assise tient sur ses genoux l'enfant

Jésus; sainte Catherine, vue de dos, se trouve également à gauche. Sainte Élisabeth, placée au centre, près du petit saint Jean, s'appuie sur le berceau. On lit au haut à gauche : PAVLO CALIARI INVENTOR. Pièce anonyme. On lit, d'une ancienne écriture, sur le berceau, dans l'épreuve que possède M. de Baudicour : *Guglielmo Cortese fecit.*

L. 0,416. H. 0,296.

COURTOIS (Jean-Baptiste). Tome I, p. 217.

Le peintre dans son atelier.

M. Robert-Dumesnil avait lui-même renoncé à cette attribution, et nous avons décrit cette même pièce à l'œuvre de Gérard Audran. Tome IX, p. 288, nº 70.

COYPEL (Ant.). Tome II, p. 160.

4. *Le Baptême de Notre-Seigneur.*

On connaît quatre états de cette planche :

1. Avant le nuage, derrière les têtes d'anges à droite et avant les tailles croisées sur tous les plis du manteau de Jésus-Christ qui sont dans la lumière.
2. Avant que le pied de saint Jean ne se reflète dans l'eau.
3. L'état décrit.
4. Retouché dans toutes les parties et poussé au noir.

5. *L'Ecce Homo.*

On connaît trois états de cette planche :

1. Le premier était décrit par M. Robert-Dumesnil.

2. Terminé, mais avant le millésime 1692 et avant l'adresse : *Se vend chez Guillaume Desprez à l'image St Prosper.*

3. L'état décrit comme étant le second.

9. *Bacchus et Ariane.*

On connaît trois états de cette planche :

1. A l'eau-forte pure.

2. L'état décrit par M. Robert-Dumesnil comme étant le premier.

3. L'état décrit comme étant le second.

10. *Pan vaincu par les Amours.*

On connaît trois états de cette planche :

1. Avant toutes lettres.

2. L'état décrit par M. Robert-Dumesnil comme étant le premier.

3. L'état décrit comme étant le second.

12. *Le Portrait de Démocrite.*

On connaît quatre états de cette planche :

1. Le premier état décrit par M. Robert-Dumesnil.

2. Non terminé, mais avec la première inscription.

3. L'état décrit par M. Robert-Dumesnil comme étant le second.

4. L'état décrit comme étant le troisième.

13. *Le grand portrait de La Voisin.*

On connaît trois états de cette planche :

1. Le premier état décrit par M. Robert-Dumesnil.

2. *Destruisoit* est encore écrit avec un *t*, mais on a ajouté un *s* au mot *détestable.*

3. Cette faute corrigée. C'est l'état décrit par M. Robert-Dumesnil comme étant le second.

14. *Le petit portrait de La Voisin.*

On connaît deux états de cette planche :

1. Avant les mots : LE PORTRAIT DE LA VOISIN, et avant l'inscription dans la marge.

2. L'état décrit.

COYPEL (Charles). Tome II, p. 223.

21. *La Diseuse de Bonne Aventure.*

On connaît trois états de cette planche :

1. L'état décrit.

2. Dans la marge au-dessous du trait carré à gauche : *C. A. Coipel in. et fecit* 1706 et au milieu : DÉDIÉ A M. BIDAVD *par son très humbles seruiteur C. A. Cojpel et neueu.*

3. On lit dans la marge six vers français.

23. *Portrait de N. Aymon.*

On connaît quatre états de cette planche :

1. Le premier état de M. Robert-Dumesnil.

2. Les papillons n'ont pas bien mordu et le trait de l'ovale du côté gauche n'est pas gravé.

3. L'état décrit par M. Robert-Dumesnil comme étant le second.

4. L'état décrit comme étant le troisième.

PIÈCE NON DÉCRITE.

Une femme, élégamment vêtue, se voit debout au milieu d'un cartouche, au bas duquel sont deux Amours couchés; quatre petits médaillons sont suspendus aux côtés de ce cartouche. On lit au bas de cette planche, qui rappelle tout à fait le travail de Charles Coypel : *Modes de* 1730. Planche anonyme.

L. 0,242. H. 0,150.

COYPEL (Noël). Tome II, p. 85.

PIÈCE NON DÉCRITE.

Sainte Famille.

La Vierge, assise et de profil, embrasse l'enfant Jésus qui la presse entre ses bras; à droite, saint Joseph se voit, appuyé sur un bâton. Estampe ovale sans aucun nom.

H. 0,168. L. 0,126.

COYPEL (Noël-Nicolas). Tome II, p. 221.

PIÈCES NON DÉCRITES.

1. *Femme caressant un pigeon.*

Une femme, vue de profil, dirigée à droite, caresse de ses deux mains un pigeon placé sur son sein. On lit au bas de la planche : *N. N. Coypel Inv. et sculp. aqua forti. — Terminé au burin par N. Edelinck.*

Jeune Iris, si vous êtes sage
Chassez ce Tourtereau, cest le perfide Amour
De l'oiseau de sa mère il a pris le plumage.
Il va vous blesser sans retour.

à Paris chez Beauvais rue St *Jacques à S*[t] *Nicolas.*

Dim. de la planche : H. 0,211. L. 0,152.

On connaît deux états de cette planche :

1. A l'eau-forte pure. On lit seulement au bas, tracé à la pointe : *N. N. Coypel pinxit et sculpsit aqua forti.*

2. L'état décrit.

2. *Un Satyre et une Nymphe.*

Satyre découvrant une nymphe endormie; à gauche, à côté de la nymphe, se voit l'Amour qui veille. Pièce dans un rond. On lit au bas : *N. N. Coypel pinxit et fecit aqua forty. — A Tronchon seulpsit ;* puis cinq vers français.

H. 0,267. L. 0,262.

On connaît trois états de cette planche :

1. Eau-forte pure.

2. La planche terminée par A. Tronchon ; elle est avec la lettre : *Qu'il est doux d'admirer l'éclat de la beauté.......* et l'adresse de Duchange. C'est l'état décrit.

3. L'adresse de Duchange a été remplacée par celle d'Odieuvre.

3. Galatée peinte et gravée par N. N. Coypel, terminée par Tronchon.

4. Trois Amours et un chien, pièce à l'eau-forte, attribuée par M. Robert-Dumesnil à N. N. Coypel.

Catalogue de la vente de M. R. D. (11 mars 1856), p. 12, n°s 75-78.

CRETEY (J.). Tome IV, p. 223.

PIÈCE NON DÉCRITE.

Un bœuf, une chèvre et six moutons sont serrés les uns contre les autres; à la gauche du haut, sur un mur, on lit : *Cretey Romanus fe.*

L. 0,245. H. 0,195.

CROZIER (J. P.). Tome II, p. 82.

Brulliot (*Dictionnaire des monogrammes*, t. Ier, n° 171) cite, comme portant le nom de J. P. Crozier, une pièce d'après Annibal Carrache, représentant *Hercule au berceau étouffant deux serpents*. — Mariette, dans les notes manuscrites qui accompagnent l'*Abecedario* du père Orlandi, cite aussi ce morceau en indiquant qu'il porte, outre les noms du graveur, le chiffre CA suivi d'*inventor*, qui se rapporte au nom d'Annibal Carrache comme inventeur.

Ne serait-ce pas un pendant à cette pièce que M. Robert-Dumesnil aurait vue chez M. de Baudicour et qu'il décrit ainsi :

1. *Bacchanale.*

Joli paysage dans lequel deux enfants assujettissent une chèvre couchée que l'un d'eux entoure d'une guirlande. Un troisième enfant, vu au fond et tourné à gauche, sonne de la trompe. On lit dans la marge, vers le milieu : *J. P. Crozier in.*

L. 0,119. H. 0,092, dont 0,002 de marge.

2. La Vierge et l'enfant Jésus ; dans le haut, deux anges soutenant une banderole sur laquelle on lit : *Virgo pariet filium.*

H. 0,206. L. 0,165.

Pièce citée par Ch. Leblanc (t. II, p. 71). Cet historien prétend que l'estampe décrite par M. Robert-Dumesnil, tome VIII, p. 223, comme étant l'œuvre de J. J. Crozier, est du même auteur que les pièces ci-dessus mentionnées.

DARET (J.). Tome I, p. 227.

« J. B. Daret est né à Bruxelles vers 1613 et est mort à Aix en Provence, en 1668, où il s'était fixé et marié. »

M. Robert-Dumesnil, qui a eu l'occasion de voir l'estampe décrite par Heineken, *Loth et ses filles*, ne paraît pas disposé à l'attribuer à J. B. Daret ; il se contente de dire à ce sujet : « Sur Loth et ses filles, » d'après Rubens. Le nom de Daret s'y voit comme éditeur. Le nom de Daret enlevé et remplacé par *F. Ricœur excu.* Après ce dernier mot on voit encore *excudit*, du premier état.

1-9. *Les Vertus.*

On connaît deux états de ces planches :
1. Avant les numéros.
2. Avec les numéros.

PIÈCES NON DÉCRITES.

1. Grande estampe représentant une campagne au bord de la mer. On voit au centre la figure de Diane debout sur un piédestal entouré de bûchers sur lesquels les Amours étendent les victimes de la chasse pour les lui offrir en holocauste. Apollon, sur son char, plane au milieu du haut. Au milieu du bas sont assises les figures de Bellone et de Neptune aux côtés d'un cartouche armorié. Un écusson d'armes se voit à gauche. On lit au bas, à gauche : *Jean^s Daret fecit. An^o* 1642.

L. 0,490 ? H. 0,385 ?

2. *Saint Pierre.*

En demi-figure et vu presque de face; il pose la main gauche sur sa poitrine et l'autre sur un livre placé à côté de ses deux clefs. Il regarde à la gauche du haut, où, au fond, on remarque le coq qui chante. Vers le bas de ce même côté est écrit : *Joan' Daret In pinx. et sculp.* 1639.

H. 0,120. L. 0,106.

3. La tête de saint Jean-Baptiste posée sur un plat entre deux flambeaux allumés. On lit au bas de la planche : *Ora pro nobis et pro pauperibus consecratis Sti Joannes Baptistæ Decolati et pro benefactoribus eorum.* Pièce anonyme.

H. 0,126. L. 0,079.

4. *Satyre blessé d'une flèche par Diane, d'après Titien.*

Cette planche, non décrite, est attribuée à Jean Daret par M. Robert-Dumesnil. (Cat. de la vente des 11, 12 et 13 mars 1856, nº 80.) Une épreuve est mentionnée dans le catalogue de la vente de M. H. de L. (His de Lassalle). Paris, 21 avril 1856, nº 944.

5. Un titre de livre : *Poésies galantes.* Cette planche, également non décrite, est mentionnée au nom de J. Daret, dans le catalogue de la vente de M. R. D. (11, 12 et 13 mars 1856), nº 80.

DASSONVILLE (J.). Tome I, p. 167.

1. *Le Flûteur.*

On connaît deux états de cette planche :

1. L'état décrit.

2. La planche a été entièrement reprise au burin et l'ovale a été enfermé dans une bordure carrée au haut de laquelle on lit à gauche le nº 99 et dans la marge inférieure : *Tenier Pinx.* DU CABINET DE MR POULAIN.

24. *La Fricasseuse.*

On connaît deux états de cette planche :

1. L'état décrit.

2. On lit dans la marge à la droite du bas : *Martinus Vanden Enden excud.*

PIÈCES NON DÉCRITES.

Planches en hauteur.

1. Un homme assis dans la campagne sur le bord d'un chemin cause avec une femme placée à côté de lui ; celle-ci tient dans la main droite un verre ; derrière ce couple se trouve un homme debout. On lit en haut vers la gauche : *I. Dassonncuille f.*

H. 0,083. L. 0,051.

2. Un homme assis devant un billot sur lequel est une sorte de chaufferette allume sa pipe avec un tison qu'il tient de la main droite ; derrière lui se trouve une femme debout qui coupe du pain à deux enfants assis à côté d'elle. Pièce anonyme.

H. 0,064. L. 0,064.

3. Un homme fort déguenillé, assis sur un petit banc, se voit sur le devant ; il tient de la main droite sa pipe et de la main gauche un pot de bière. Au fond se trouvent un homme et une femme qui crient et un autre homme qui semble méditer. Pièce anonyme.

H. 0,087. L. 0,074.

4. Composition de huit personnages. Sur le devant un homme assis avec un enfant entre ses jambes s'apprête à boire un verre de bière qu'il vient de se verser ; derrière lui un homme assis sur un baquet renversé regarde monter la fumée de sa pipe ; plus loin deux couples paraissent s'entretenir de propos galants ; dans le coin, à la droite du haut, un homme regarde par une fenêtre ce qui se passe au-dessous de lui. On lit au bas dans la marge : *Jacque dassonneuille in. f.*

H. 0,125. L. 0,109.

5. Une vieille femme assise tient de la main gauche un verre qu'elle vient de remplir avec une cruche qu'elle porte de la main droite; derrière elle se voient deux hommes : l'un fume, l'autre lit. Pièce anonyme.

H. 0,093. L. 0,077.

6. Une femme assise devant un tonneau sur lequel se voit un pot tient dans la main gauche un papier de musique et semble chanter ; à côté d'elle un homme assis fumant une pipe et une femme qui semble écouter ; dans le fond à gauche, trois personnages devant une cheminée. Pièce ronde anonyme.

Diamètre : 0,068.

7. Un vieillard vu à mi-corps passe la main sous le menton d'une femme dont on voit uniquement la tête. Pièce ronde anonyme.

Diamètre : 0,070.

8. Un jeune homme assis est appuyé contre un mur et paraît ivre; il tient de la main gauche un chapeau ; au fond à gauche, se voient trois hommes; l'un boit dans une coupe, l'autre tient un pot à la main, et le troisième semble dormir sur le dos de son voisin. Pièce anonyme.

H. 0,094. L. 0,075.

9. Un vieillard coiffé d'un bonnet retroussé est assis et allume sa pipe avec une allumette ; à côté de lui se voit un homme qui lit, et derrière lui un autre homme approche une coupe de ses lèvres. Pièce anonyme.

H. 0,091. L. 0,072.

10. Un homme jeune, assis, vu à mi-corps et nu-tête, passe sa main gauche dans son gilet, et regarde vers la droite. Pièce anonyme.

H. 0,100. L. 0,075.

11. *Le Mendiant avec deux béquilles.*

Composition qui rappelle beaucoup celle que décrit M. Robert-Dumesnil sous le nº 9, avec cette différence qu'ici, à la droite du mendiant debout, au lieu du petit garçon il y a une vieille femme assise et vue de dos. Pièce anonyme.

H. 0,086. L. 0,056.

12. Un joueur de flûte est assis sur un tertre ; à gauche deux enfants écoutent la musique. Pièce anonyme.

H. 0,085. L. 0,056.

13. Un homme assis sur un petit tertre tient d'une main un pot de bière et présente de l'autre main un verre à une femme qui est à sa gauche ; devant ce groupe se voient trois enfants. Composition de neuf personnages. On lit sur la pierre sur laquelle est assis le buveur : *J. Dassonneville f.*

H. 0,132. L. 0,110.

14. Un homme assis de face tient une pipe dans sa bouche ; à côté de lui se voit une femme qui coupe un fromage. Pièce anonyme.

H. 0,088. L. 0,065.

15. Deux gueux ; l'un d'eux est assis, l'autre debout boit dans une coupe ; au premier plan à droite, on voit une outre. Pièce anonyme.

H. 0,084. L. 0,055.

16. Buste d'homme vu de profil et coiffé d'un bonnet retroussé ; il est occupé à lire une feuille qu'il tient de la main gauche. Pièce anonyme.

H. 0,070. L. 0,058.

17. Le buveur, assis sur un tertre, tenant de ses deux

mains une cruche et un verre. Derrière lui un fumeur debout. Pièce anonyme.

H. 0,089. L. 0,059.

PLANCHES EN LARGEUR.

18. Composition de onze personnages. Celui que l'on voit au milieu sur le devant joue de la flûte ; dans le fond à droite, un enfant monté sur un tonneau joue du triangle ; à gauche, un homme assis fait crier un chat auquel il tire la queue. On lit au bas dans la marge : *J. Dassonuille. in. f.*

L. 0,082. H. 0,073.

19. Composition de douze personnages. Un homme assis sur une chaise et ayant autour de lui trois enfants joue du violon ; à droite, un homme vu de dos pisse contre le mur ; un autre regarde par une fenêtre. On lit au bas dans la marge : *J. Dassonuille f.*

L. 0,081. H. 0,069.

20. Composition de sept personnages. Quatre hommes sont assis autour d'un tonneau sur lequel se voit un pot ; l'un joue du violon, l'autre du flageolet, et un troisième tient à la main un papier et paraît chanter ; dans le fond on voit un autre homme jouant de la cornemuse. Pièce anonyme au bas de laquelle on lit l'adresse suivante dans la marge : *Martinus Vanden Enden excud.*

L. 0,081. H. 0,070.

21. Composition de six personnages. Un homme assis sur un escabeau boit à même une cruche ; une femme fait manger la soupe à un petit enfant, et un autre enfant se tient, les bras croisés, assis sur un petit banc. On lit au bas dans la marge : *J. dassonuille f.*

L. 0,079. H. 0,068.

22. Composition de huit personnages. Une vieille femme assise sur un baquet renversé lit ou chante, au milieu d'une chambre ; un homme assis devant elle fume une pipe ; un autre est appuyé contre la cheminée, et à droite trois petits enfants jouent. On lit au bas dans la marge : *J. Dassonuille in. f.*

L. 0,105. H. 0,087.

23. Composition de quinze personnages. Au centre un homme joue de la cornemuse et chante en même temps ; autour de lui sont d'autres hommes jouant du violon, du triangle ou chantant ; à gauche une femme tient un verre de la main gauche, et un enfant a un chat sur les genoux. Au fond, sur une espèce d'estrade à laquelle on arrive par une échelle, se voient un homme, une femme et un enfant. Pièce anonyme au bas de laquelle on lit l'adresse suivante : *Mart. Vanden Enden excudit.*

L. 0,127. H. 0,088.

24. Composition de onze personnages. Sur le devant d'un cabaret se voient attablés des hommes et des femmes qui boivent, mangent et fument ; au milieu un vieillard assis tient sur ses genoux une cruche qu'il cherche à approcher de ses lèvres. A gauche, au premier plan, se voit un homme couché sur un petit talus qui borde le chemin. Pièce anonyme.

L. 0,149. H. 0,098.

25. *Le Joueur de cornemuse au cabaret.*

Composition de quatorze figures ; le joueur de cornemuse est assis devant une table, et de l'autre côté de cette table se voit un vieillard passant sa main sous le menton d'une femme. On lit au bas de la planche : *I. Dassonuille in. et fecit.*

L. 0,104. H. 0,087.

On connaît deux états de cette planche :

1. L'état décrit.
2. Avec l'adresse de *Martin Vanden Enden*.

26. Une femme assise à droite tient sur ses genoux un enfant, derrière elle se voit un homme et devant elle deux enfants; l'un d'eux boit dans une coupe, l'autre s'apprête à boire dans le pot même. Pièce anonyme.

L. 0,085. H. 0,077.

27. Un homme assis à gauche tient d'une main un pot et de l'autre une pipe allumée; devant lui se voient un homme et un enfant. On lit à la droite du haut : *J. Dassonuille fecit* 1663.

L. 0,089. H. 0,077.

28. Femme prenant un verre de la main d'un homme qu'on voit assis à gauche, un pot sur son genou droit; plusieurs autres figures complètent cette composition. Au-dessus de l'homme assis on lit : *dassonneuille f.*

29. Buveur assis, vu de face; derrière lui, un fumeur près de deux hommes et de deux femmes. Dans la marge du bas, à gauche : *Jacques dassonneuille in. f.*

Ces deux pièces (nos 28 et 29) sont mentionnées dans le catalogue de la vente de M. le chevalier J. Camberlyn, 1865, 1re partie, p. 76, no 670.

DAUPHIN (Olivier). Tome VIII, p. 253.

PIÈCES NON DÉCRITES.

1. *La Vendange.*

A gauche on voit des hommes qui, debout dans des cuves,

foulent le raisin ; à droite, au premier plan, un autre homme se suspend à une grosse branche d'arbre. On lit au bas de l'ovale : *J. Boulanger pinxit. — Ol. Dauphin sculp.*

L. 0,309. H. 0,216.

2. *Baptême du roi Midas.*

Midas dans l'eau jusqu'à la ceinture reçoit sur le dos l'eau que verse d'un pot un homme placé à gauche ; derrière celui-ci on en voit un autre qui tient la couronne du roi. On lit au bas de l'ovale : *J. Boulanger pinxit. — Ol. Dauphin sculp.*

L. 0,310. H. 0,216.

3. *Triomphe d'Ariane.*

Le char qui porte Ariane est traîné par deux tigres ; il s'avance de droite à gauche ; derrière le char, à la droite de l'estampe, se voient trois hommes dansant. On lit au bas de l'ovale : *J. Boulanger pinxit. — Ol. Dauphin sculp.*

L. 0,311. H. 0,216.

4. Un vaisseau se voit à la droite de l'estampe ; les hommes qui se précipitent à l'eau sont changés en dauphins ; à la gauche un homme nu, assis, tient une grande ligne. On lit au bas de l'ovale : *J. Boulanger pinxit. — Ol. Dauphin sculp.*

L. 0,312. H. 0,216.

5. Trois femmes : l'une d'elles, celle qui est à gauche, est assise devant un métier et est occupée à tisser ; la femme que l'on voit au milieu et qui a un dévidoir devant elle a le haut du corps transformé en chauve-souris ; celle de droite est vue de dos, les bras étendus. On lit au bas de l'ovale : *J. Boulanger pinxit. — Ol. Dauphin sculp.*

L. 0,310. H. 0,216.

6. Deux femmes, l'une assise, l'autre debout, se trouvent à droite, sous le péristyle d'un temple ; dans le haut, à gauche, se voit le char de Junon. On lit au bas de l'ovale : *J. Boulanger pinxit. — Ol. Dauphin sculp.*

L. 0,307. H. 0,213.

7. Un homme renversé est frappé par deux bacchantes et par un homme couronné de pampres ; à la gauche une ville fortifiée sous les murs de laquelle on voit des danses en l'honneur de Bacchus. On lit au bas de l'ovale : *J. Boulanger pinxit. — Ol. Dauphin sculp.*

L. 0,308. H. 0,216.

8. *Naissance de Bacchus.*

Sémélé, couchée dans un lit et complétement nue, se voit à la droite de l'estampe. Jupiter debout à ses côtés met dans sa cuisse le jeune Bacchus. N'ayant pas vu d'épreuve complète de cette estampe, il nous est impossible d'en donner les dimensions exactes, mais par sa forme et par le genre de la gravure il n'est pas douteux pour nous qu'elle fait partie de la suite précédente et qu'elle est gravée par Oliv. Dauphin, d'après J. Boulanger.

DELAUNE (Étienne), Tome IX, p. 16.

1. *Judith.*

Cette pièce n'est pas ovale comme nous l'avons dit, les angles sont aigus, et Judith se dirige à droite et non à gauche. Quant aux dimensions, elles sont exactes.

DERUET (Claude). Tome V, p. 73.

Nous avons emprunté au travail que M. Édouard Meaume a consacré à Claude Deruet les modifications et additions suivantes:

1. *Portrait de Charles IV, duc de Lorraine.*

On connaît six états de cette planche :

1. A l'eau-forte pure. Le prince, très-jeune, les moustaches naissantes, est vêtu de son armure, tête nue, et regarde de face en tournant la tête vers la gauche. Il est monté sur son cheval de bataille qui galope vers la droite, et tient de sa main droite, étendue vers la gauche, son bâton de commandement. Le fond, traité très-légèrement, représente le profil de Nancy. Sur le ciel, qui est blanc, on lit en haut de la droite : CHARLES IIII, DVC DE LORRAINE ET DE BAR. Au milieu du bas on voit les armes de Lorraine entourées d'un trophée d'armes parmi lesquelles se trouve, à gauche, un canon sur la volée duquel est écrit, près de la gueule : *Dc. Deruet fecit*. De chaque côté est un cartouche contenant les vers ci-après accouplés deux par deux. M. Robert-Dumesnil y a reconnu avec raison l'écriture de Callot, ce qui peut faire supposer qu'ils sont de sa composition :

Le Jourdain uit fleurir sur le bort de son onde
Les palmes a foison de tes braues ayeux
Le ciel a reserué a ton bras glorieux
Celle quon doit porter ayant uaincu le monde.

En cet état la pièce est sans date.

2. En avant du nom de l'artiste on lit la particule *de*. Du reste, on ne remarque encore aucun autre changement ou addition.

3. Avec un palmier à gauche, mais sans le Génie ailé dont il va être parlé dans le quatrième état.

4. La planche a été retouchée. Le prince paraît plus âgé que dans les états précédents. Un Génie ailé, à gauche, au-dessus du palmier, présente un casque au duc, qui tient de la main droite une masse d'armes au lieu d'un bâton de commandement. Le nom du prince, au haut de la droite, est enfermé dans une banderole. Les vers sont les mêmes que dans les états précédents, mais sous le mot *monde* du dernier vers à droite, on lit la date de 1628.

5. Nombreux et importants changements. Le prince paraît encore plus âgé et est tout autrement coiffé; la forme de sa perruque est celle qui était de mode vers l'année 1660. La date de 1628 a été enlevée ainsi que la particule *de* en avant du nom de Deruet, mais non sans laisser des traces très-lisibles. Enfin des changements assez considérables ont eu lieu dans l'écriture des vers qui se lisent ainsi :

Le Jourdain uit fleurir sur le bord de son onde
Les palmes quil receut de tes braues ayeux
L'Europe a ueu cueillir a ton bras glorieux
Celles' que ton renom repand par tout le monde.

6. Cet état diffère du précédent en ce qu'on aperçoit, dans le nuage et sous le casque, une tache provenant d'un accident arrivé à la planche qui paraît avoir été frottée, en cet endroit, de manière à produire une série d'éraillures. Cet état est celui de la planche retrouvée en 1847, et dont il a été tiré des épreuves en 1848.

3. *Vue de la Carrière ou rue Neuve de Nancy.*

On connaît deux états de cette planche :

1. L'état décrit.

2. Les deux extrémités inférieures du cartouche entouré de trophées ont disparu ; il manque environ 3 millimètres

par le bas, ce qui devient sensible lorsqu'on remarque que le trait horizontal qui termine le cartouche, dans le premier état, est enlevé dans le second état, ainsi que l'extrémité inférieure de la lettre *g* du mot *Bague*. Cet état est celui dans lequel la planche a été retrouvée en 1847.

PIÈCES NON DÉCRITES.

1. *Jeanne d'Arc accompagnée d'un chevalier.*

L'héroïne est vue de profil, à cheval, vêtue en guerrière romaine et dirigée à gauche. Elle est coiffée d'un casque, ses bras sont nus jusqu'au-dessus du coude; elle tient de la main droite une longue pique dont la hampe repose sur l'étrier gauche; elle porte la main gauche derrière son dos et paraît chercher à retenir son cheval. De ses jambes on ne voit que la gauche, laquelle est couverte d'un brodequin jusqu'à la naissance du mollet; le surplus de la jambe est nu jusqu'au-dessus du genou. Derrière la jeune guerrière on aperçoit un chevalier, déjà âgé, dont le cheval est lancé au galop. Vêtu également à la romaine, ce chevalier porte cependant un casque orné de plumes; il se retourne pour parler à Jeanne et fait un geste de la main droite, dont l'index, porté en avant, paraît désigner un objet qu'on n'aperçoit pas; de sa main gauche, qui est cachée, il tient une pique au fer de laquelle est attachée une banderole. On lit au bas de la planche: *ɔc de deruet fe.*

H. 0,183. L. 0,121.

2. *L'ancien palais ducal de Nancy.*

Le haut de la planche est occupé par une espèce de draperie parsemée d'emblèmes tirés des armoiries de Lorraine, et retenue de trois côtés par des cordons garnis de glands.

Au milieu se trouvent les armoiries elles-mêmes, entourées de deux branches de lauriers dont les extrémités se réunissent dans le bec d'un aigle aux ailes déployées, qui tient dans ses serres une banderole sur laquelle on lit : LE PALAIS DVCAL. Le surplus de la planche représente l'antique résidence des ducs de Lorraine, détruite en grande partie au XVIIIe siècle, et où, cent ans auparavant, Louis XIV, avec sa cour et celle de sa mère Anne d'Autriche, se trouvait plus commodément qu'au Louvre. L'artiste a représenté à vol d'oiseau, comme pour la Carrière, et en plaçant le spectateur dans la même position : 1° le palais proprement dit avec ses cours et ses jardins qui s'étendaient jusque sur le bastion des Dames; 2° la collégiale Saint-Georges, attenante au palais; 3° l'église, le couvent et les jardins des Cordeliers. Au centre du bas on lit, dans un petit cartouche, en caractères gravés : A SON ALTESSE. Au-dessous de la planche on a imprimé, en caractères mobiles et italiques, en tout semblables à ceux des poésies qui se trouvent dans le triomphe de Charles IV, les vers suivants disposés sur trois colonnes, et qui ont été évidemment composés par Philippe Bardin, à l'occasion de la rentrée du prince dans ses États :

GRAND PRINCE, *cest asséz soubs un ciel étranger,*
Faire toüjours d'un camp, une demeure errante.
Reuenés, cest assés loger
Soubs le Pauillon et la Tente:
Il faut vous reposer de vos trauaux gueriers
A l'ombrage de vos LAVRIERS.
Ce superbe PALAIS, *ce pompeux logement*
Où regnaient la Iustice et la Magnificence,
Reprendra tout son ornement
De l'éclat de votre PRÉSENCE,
Lorsque du haut du trône, auecque Maiesté,
Vous protégeres L'ÉQUITÉ.
Faites y donc reuoir le Temple de THÉMIS :

Faites que l'on reuere cette grande Deesse,
Que vos sujets lui soient soûmis,
Cest la gloire de vôtre Altesse,
Qui ne peut rien monstrer plus digne de son cœur,
Que sa IVSTICE ET SA VALEUR.

Le cartouche du milieu, dans lequel on lit les mots *A Son Altesse*, paraissait descendre originairement plus bas; la planche semble avoir été rognée, afin que ces mots, qui sont gravés, pussent servir de titre aux dix-huit vers que nous venons de rapporter et qui se groupent, six par six, au bas de l'estampe. Il est vraisemblable que l'impression de ces vers a eu lieu avant le tirage de la planche.

Cette pièce est sans nom, d'où Jombert (Cat. de l'œuvre de Séb. Leclerc, t. Ier, p. 71) a conclu qu'il pouvait en attribuer la gravure à Sébastien Leclerc. Il suffit cependant de jeter les yeux sur cette planche et de la comparer aux autres pièces de Deruet pour reconnaître sa manière. Nous croyons, d'ailleurs, que la pièce était signée dans l'origine, et que la signature a disparu lors de la réduction dont nous avons parlé; une épreuve avec le nom de l'artiste et avant la réduction de la planche constituerait un état antérieur à ceux que nous décrivons.

L. 0,373. H. 0,250.

On connaît deux états de cette planche :

1. L'état décrit.

2. Les dix-huit vers imprimés au bas de la gravure ont disparu.

3. *Le Christ presque nu, assis sur un rocher et appuyé sur sa croix*. Dans le lointain on voit les saintes femmes. *Claude Deruet fecit.*

Pièce citée par J. Renouvier, *Types et manières des maîtres graveurs*, XVIe et XVIIe siècles, 2e partie, p. 80.

4. *Mars et Minerve.*

Pièce citée par M. Defer, *Estampes*, t. II, p. 300, d'après le catalogue de la vente Hawkins faite à Londres le 29 avril 1850.

M. Ed. Meaume, à l'ouvrage duquel nous renvoyons le lecteur désireux de lire un travail complet sur Claude Deruet, mentionne encore une pièce qu'il n'a pas rencontrée et qu'il décrit ainsi en appendice :

Amazone à cheval.

Cette pièce, que nous n'avons pas vue, ne devrait être indiquée par nous que comme très-douteuse, si nous ne pouvions le faire que d'après Gersaint (Catalogue de Quentin de Lorangère, p. 96) et le baron de Heincken (*Dictionnaire des artistes*, t. IV, p. 605), qui la désignent sous le nom de *Pallas à cheval.* Ces auteurs ne doivent être consultés qu'avec la plus grande circonspection, si l'on veut éviter de tomber dans les erreurs dont leurs ouvrages fourmillent. Mais nous avons, en faveur de l'existence de cette pièce, une autorité irrécusable ; c'est celle du savant Mariette, qui l'a décrite ainsi : « Une petite pièce de grandeur in-8°, en hauteur, représentant une amazone à cheval, armée d'une massue et d'un bouclier. Elle est gravée à l'eau-forte avec plus de liberté qu'il n'appartient à un simple peintre, et précisément dans le même goût et la même manière que cette pièce du duc de Lorraine à cheval (Charles IV). Cependant cette pièce représentant une amazone est de Claude Deruet. On y lit, au bas, gravé sur la planche et fort distinctement, *oc de Deruet F.* »

DESBOIS (Martial). Tome IV, p. 199.

1. *Portrait de l'artiste.*

Il est en buste, dirigé à gauche; la tête est de trois quarts; il tient à la main un crayon. Pièce anonyme en manière noire.

H. 0,092. L. 0,062.

6. *Les Noces de Cana, d'après Alex. Varotari.*

On connaît deux états de cette planche :

1. Avec une dédicace à Cornelio, procurateur de Venise, avec les armes et avec la date 1680.

2. L'état décrit. Les armes, la dédicace et la date ont été supprimées et remplacées par le titre : *Christus manifestavit...*

9. *Portrait de la sœur Anne Collet.*

On connaît deux états de cette planche :

1. L'état décrit ; les cœurs dans les angles n'ont pas de monogrammes.

2. Les cœurs dans les angles sont chargés de monogrammes pieux. Dans les vers on lit : *recueillie* au lieu de *reueillée.*

10. *Portrait de Louis Contarini.*

On connaît deux états de cette planche :

1. Avant les mots *M. Desbois Gall : effigiem fecit,* à droite de l'écusson.

2. L'état décrit.

23. *Adrien San Giuliano.*

On connaît deux états de cette planche :

1. Les armoiries ne sont pas gravées et le monogramme de Martial Desbois ne s'y trouve pas encore.

2. L'état décrit.

24. *Alexandre Borromée.*

On connaît deux états de cette planche :

1. Avant toutes lettres sur la bordure et avant le nom de l'artiste.
2. L'état décrit.

25. *Hermenegilde Peri.*

On connaît deux états de cette planche :

1. Avant toutes lettres et avant le nom de l'artiste ; les armoiries sont uniquement tracées.
2. L'état décrit.

43. *Louis Sassonia.*

On connaît deux états de cette planche :

1. Avant le nom de Mart. Desbois sur la tablette.
2. L'état décrit.

PIÈCES NON DÉCRITES.

1. La figure de la Religion, foulant aux pieds l'Hérésie, s'élève au milieu de l'estampe, tenant de la main gauche un médaillon dans lequel on imprimait un buste quelconque. De chaque côté s'élèvent les statues de la Force et de la Prudence, dont les socles sont enrichis, chacun, d'un médaillon emblématique avec devise. Sujet de décoration de thèse. On lit dans la marge, à gauche : *J. Le Pautre jnuen. M. Desbois sculp. et ex. auec priuil. du Roy.* et à droite : *se vend à Paris rue St. Jacques à l'ima St. Maur.* (Ces trois derniers mots en remplacent d'autres qui sont illisibles.)

L. 0,462. H. 0,388 dont 0,006 de marge.

2. Un guerrier (Enée ?) se voit à gauche, à côté d'une

femme qui lui montre une flotte à droite ; dans le haut les armoiries d'un évêque portées par deux Génies. On lit à la droite du bas : *M. Desbois Gall. fe.*

H. 0,224. L. 0,154.

3. Figure de femme casquée qui pourrait bien être Venise personnifiée. Assise sur les nuages à côté d'un lion, tenant d'une main une hampe et de l'autre un grand livre dans lequel elle semble lire. Elle est tournée à gauche et un Génie lui pose sur la tête une couronne formée de six étoiles. Dans la marge, à gauche : *C. Cignanus delin.* et à droite : *M. Desbois sculp.*

H. 0,250 dont 0,003 de marge. L. 0,170.

4. Armoiries d'un cardinal posées sur un socle aux deux côtés duquel se voient deux Génies, l'un portant la tiare, l'autre la double croix. On lit au bas, vers la droite : *M. Desbois fecit.*

L. 0,179. H. 0,075.

5. *Titre de livre.* Trois Muses, l'une jouant du violon, l'autre tressant une couronne, sont assises à gauche en avant du Temps. Une troisième, debout à droite, arrête la faux du Temps en tenant une plume. Un écusson, surmonté du bonnet ducal de Venise, est porté par deux Génies, à la droite du haut ; sur une montagne, à la gauche du fond, on lit : I CAPRICCI SERII DELLE MVSE. Et sur une banderole qui voltige au-dessous : NEC ENIM MORIEMVR INVLTI. Au bas vers la gauche : *M. Desbois Gall. f.*

H. 0,128. L. 0,062.

6. *Plan de la ville de Troyes.*

On lit à la gauche du haut : PLAN DE LA VILLE, FAUXBOURGS ET DEPENDANCES DE TROYES, CAPITALLE DE CHAMPAGNE, DÉDIÉ

A M. DE MEGRIGNY..... *par son très humble et très obéissant serviteur* PARIZOT *de Nismes.* Au bas, à gauche : *noms des principaux édifices etc..... à Troyes chez l'auteur près l'aud^{re} de la preuosté auec priuilège* 1697. A la droite du haut : *noms des Eglises etc. qui sont dans la ville*, et à la droite du bas . ANTIQVITEZ... *Martial Desbois sculp.*

L. 0,633. H. 0,546.

7. *Vue à vol d'oiseau d'un château avec ses dépendances.*

On lit au bas de la planche, au-dessous du trait carré et aux deux côtés d'un écusson armorié : *Veue et perspectiue du chasteau et comté de* SAINCTE ANNE *appartenant à monseigneur* ANGE MOROSINI, *cheualier et Proc. de St Marc, Basty par le commandement de son Exc^{ce} Dessigné et Releué en plan par N. Cochin et grauée à Venize par son très humble très obeissant et très obligé seruiteur Martial Desbois.* M.D.CLXXXIII.

L. 0,750. H. 0,601.

8. Décorations ou scènes de théâtre d'après Bibiena.

Pièces citées par M. Defer, Estampes, t. II, p. 301. (Vente faite par M. Vignères, 16 novembre 1857.)

9. *Le Doge de Venise.*

Il est en pied et se dirige vers la droite ; dans le fond se voit l'escalier intérieur du palais ducal. Il porte le manteau et le chapeau. On lit au bas, à droite : *M. Desbois f.*, et dans la marge : IL DOGE DI VENETIA.

H. 0,115. L. 0,083.

10. *Barisanus* (*Bartholomæus*).

Pièce citée par Leblanc. *Manuel de l'amateur d'estampes*, t. II, p. 114.

11. *Bernardinus Christianus.*

Pièce citée par Leblanc, t. II, p. 114.

12. *Casimir, secrétaire des doges de Venise.*

Pièce in-folio à la manière noire, mentionnée dans le catalogue de la vente faite par M. Rochoux le 19 février 1866.

13. *Castachini (Co. Lud.).*

Pièce citée par Ch. Leblanc, t. II, p. 114.

14. *Chassebras, seigneur de Cramailles.*

En pied, vêtu d'un grand manteau garni de fourrure. Il est coiffé d'une longue perruque et est vu de face ; il se dirige vers la gauche. Dans une bordure carrée, sur la partie inférieure de laquelle est une banderole sans inscription à l'extrémité de laquelle se trouve la signature *M. Desbois.*

H. 0,213. L. 0,149.

15. *Colbert (Michel).*

En buste de 3/4 à droite, dans une bordure formée de feuilles de palmiers et armoriée au bas. On lit sur la tablette qui supporte l'ovale : MICHAEL COLBERT ABB. PRÆMONSTRATENSIS ET GENERALIS ÆT. 37. M. DESBOIS AD VIVVM SCVL.

H. 0,097. L. 0,070.

16. *Collet (sœur Anne).*

Elle est représentée comme dans le portrait décrit sous le n° 9, dans une bordure ovale sur laquelle on lit : SOEVR ANNE. COLLET. DV. TIERS. ORDRE. DE. LA. S[e] TRINITE. DECEDEE. A. LISIEVX L'AN 25 DE SON AAGE

LE VENDREDY. 5e. OCT. 1668. Les angles sont teintés et chargés, chacun, d'un cœur enflammé. On lit dans ceux du bas : *M. Desbois sculpsit* et au-dessous, sur une banderole :

Si tu veux l'abrégé des plaisirs de Marie,
Et consoler ton cœur fut-il mesme endurcy
Regarde ce portraict aussi bien que la vie
De celle qu'il faut veoir s'en est le Racourcy.

H. 0,105. L. 0,074.

17. *Coronelli* (*Vinc.*).

Pièce citée par Leblanc, t. II, p. 114.

18. *Desmarest* (*Jean*), *surintendant des finances.*

(Portrait cité dans le Catalogue de la vente de R. D., 11, 12 et 13 mars 1856, nº 82.)

19. *Feramusca* (*César*).

En buste, de trois quarts à droite, dans une bordure ovale sur laquelle on lit : CÆSAR FERAMVSCA PATRITIVS VENETVS ÆTATIS SVÆ 64. Sur le dessus d'une console armoriée on lit : *Martis Desbois gallus fe. Ven.* 1680.

H. 0,170. L. 0,116.

20. *Fontana* (*Charles-Joseph*).

En buste, de trois quarts, dirigé vers la droite, dans un cartouche ovale. On lit au-dessus, sur une banderole : CELSVM RESPICIT IMA, et au bas, sur une autre banderole : CARLO GIVSEPPE FONTANA MILANESE ; puis dans la marge : *Thomas Fontana del. — Martial Desbois sculp.*

H. 0,122. L. 0,069.

On connaît deux états de cette planche :

1. Avant les noms des artistes.
2. L'état décrit.

21. *Foscareni (Louis)*.

En buste, de trois quarts, dirigé à gauche, dans une bordure ovale supportée par un cheval ailé. On lit sur la bordure : ALOYSIVS FOSCARENVS MAGNVS BERGOMENSIS VRBIS PRÆFECTVS ; sur des banderoles flottant autour de l'ovale : SVBLIMIA SCOPVS. — *Illustris^{mo} et Excellentis^{mo} D. D. Aloysio Foscareno, Joannes Paulus Bordonia. — Titulis omnibus — isto incitari.* Puis au-dessous, dans un grand cartouche, les positions d'une thèse philosophique : *Cesar a flore delin. — M Desbois Gall. sculp.*

H. 0,509. L. 0,385.

22. *Gambara (Alamanno)*.

En buste, de trois quarts, dirigé à gauche, dans une bordure ovale au-dessous de laquelle on lit dans un cartouche : *Alamanno Gambara Conte di Pralboino etc.* Sur la tablette qui contient ce cartouche on lit : *M. Desbois fecit ve.*

H. 0,112. L. 0,068.

23. *Giustachini (Louis)*.

En buste, de trois quarts, dirigé à gauche, dans une bordure ovale sur laquelle on lit : CO. LVDOVICVS IVSTACHINI PATAVIN. IVR. CIV. PROF., puis au-dessous, sur la tablette : *M. Desbois Gall. effigiem.*

L'épreuve de cette estampe, d'après laquelle nous avons fait notre description, étant très-rognée, nous n'en pouvons donner les dimensions ni assurer que nous avons transcrit toutes les inscriptions.

24. *Giustiniani (Marc-Antoine).*

En buste, de trois quarts, dirigé vers la droite ; il porte le costume de doge. Dans une bordure ovale sur laquelle on lit : MARCVS ANTO^VS IVSTINIANVS D. G. DVX VENETIARVM ETC. ; puis au-dessous, aux deux côtés d'un écusson armorié : *Soror Elisabeth Picina S. Cruci venetirum sc. MDesbois Gall. effigiem fecit.*

H. 0,200. L. 0,139.

25. *Giustiniani (Sébastien).*

A mi-corps, de 3/4, à gauche, en costume de doge. A la gauche du haut on lit sur une banderole : MARCVS ANTS IVSTINIANVS VENETIARV. DVX 1683. et dans un cartouche au bas : ILL.° AC EXCELL.° D. D. PATRONO COL^MO D. SEBASTIANO IUSTINIANO EIUSDEM SER^MI PNCIPIS NEPOTI. *Deu^mus Oblig^mus Famulus Petrus Cupilli Ciuis Venetus.* M. D.

H. 0,176. L. 0,122.

26. *Grimaldi (Barthélemi Barisanus).*

En buste, cuirassé, de trois quarts à gauche, dans une bordure ovale sur laquelle on lit : F. BARTHOLOMEVS BARISANVS GRIMALDVS IN DALMATIA ATQVE EPIRO VENETORVM MILITVM PRÆFECTVS. Sur la console armoriée qui supporte l'ovale on lit : *M. Desbois gallus ad viuum delineauit et sculps. Venet* 1676.

H. 0,206. L. 0,137.

27. *Inurea (François), doge de Gênes.*

A mi-corps, assis dans un fauteuil, il est vu de face et

regarde le spectateur ; la tête couverte de la couronne ducale et le corps couvert d'un manteau à collet d'hermines ; dans une bordure ovale sur laquelle on lit : FRANCISCVS INVREA REIPVBLICÆ GENVENSIS DVX. Deux Génies placés au haut de l'ovale portent une banderole sur laquelle on lit : NON VNA SVFFICIT VNI. Au bas se voient dans un écusson les armoiries du doge et on lit au-dessous : *Greg. Ferrarius jnuentor M. Desbois Gall. sculp. gen.*

H. 0,353. L. 0,234.

On connaît deux états de cette planche :

1. Avant les noms de G. Ferrarius et de M. Desbois aux côtes de l'écusson.

2. L'état décrit.

28. *Inurea (François).*

Le même personnage est vu en buste, également couronné et vêtu d'un manteau d'hermines, dans une bordure ovale soutenue par deux Génies qui se trouvent placés à côté de son écusson armorié. On lit à l'angle gauche du bas M. D.

H. 0,130. L. 0,075.

On connaît deux états de cette planche :

1. Avant le monogramme de l'artiste; le fond sur lequel se détache l'écusson armorié du doge est absolument blanc, tandis qu'il est couvert de petits points dans le second état.

2. L'état décrit.

29. *Mantoue (Charles-Ferdinand, Isabelle-Claire et Anne-Isabelle, duc et duchesses de).*

Aux branches d'un arbre sont suspendus des médaillons dans lesquels se voient de nombreux portraits et entre autres les trois portraits mentionnés plus haut. Celui d'Isabelle-Claire occupe la gauche et on lit autour de son buste : ISAB.

CLARA ARCHID AVSTR. ET DVC. MANT. MDCL. OB. M.DCLXXXV ; celui de Charles-Ferdinand occupe le centre et on lit autour : CAROLVS FERD. MANT. DVX X MDCLXV ; enfin celui d'Anne Isabelle occupe la droite et on lit à l'intérieur de l'ovale : ANNA ISABELLA DVCISS. MANT. MDCLXXI. A la droite de cet arbre on voit une femme personnifiant la lumière qui touche à une pancarte que supportent deux Génies et sur laquelle on lit : PHILOSOPHIA NATVRALIS *cc. in assertiones Compendio digesta; et serenissimis* CAROLO FERDINANDO *atque* ANNÆ ISABELLÆ *Mantuæ ducibus Montisferati etc. Dedicata ab Aloysio Cocastello comite montilii P.P. Soc. Jesu in Mant. Acad. Auditore.* On lit au bas de la planche, à gauche : *L. Dorigni del.* et à droite *M. Desbois Gall. fe.*

H. 0,305. L. 0,210.

30. *Marie-Thérèse d'Autriche, reine de France.*

En demi-figure et dirigée à gauche, la Reine regarde de face dans une bordure ovale formée de palmes et posée contre une draperie; sur la console de support, dont la face est garnie d'une espèce de cartouche destiné à recevoir une inscription, on lit : *M. Desbois fecit.*

H. 3 p. 6 l. L. 2 p. 3 l.

31. *Mauroceni (Angelo), procurateur de saint Marc.*

En buste, de trois quarts, à droite, dans une bordure ovale armoriée sur laquelle on lit : ANGELVS MAVROCENVS D. MARCI PROCVRATOR. Sur la console qui supporte cet ovale on lit à gauche : *Seb. Bonbel pinx.* et à droite *M. Desbois Gall. sculp.*

H. 0,207. L. 0,151.

32. *Mauroceni (François).*

En buste, de 3/4 à droite, dans une bordure ovale posée

sur un trophée d'armes à la droite duquel on lit : *M. Desbois fe.* et dans la marge inférieure : FRANCISCVS MAVROCENVS ÆQVES ET DIVI MARCI SVPRA NVMERVM PROCVRATOR ADVERSVS TVRCAS IMPERATOR ANNO M.DCLXXXIV. puis au-dessous du trait carré : *Si vende a S. Polo da Pietro Cupilli dissegnator in Venetia.*

Dim. de la planche : H. 0,240. L. 0,180.

On connaît deux états de cette planche :

1. L'inscription qui est à l'intérieur du trait carré finit par le mot PROCVRATOR.

2. L'état décrit.

33. *Mixte (Nicolas), musicien à Venise.*

En buste, de trois quarts, dirigé à droite, dans une bordure ovale formée de feuillages, supportée par une tablette armoriée sur le dessus de laquelle on lit : *M. D.*

H. 0,099. L. 0,067.

34. *Municaus (Jean), syndic des études à Padoue.*

En buste, de trois quarts, à gauche, coiffé d'une longue perruque et vêtu d'une grande robe surmontée d'un rabat de dentelles; dans une bordure ovale supportée par deux enfants et appuyée sur une tablette portant un écusson armorié, sur laquelle on lit : Co IOANNES MVNICAVS NON... PATAVINVS.

N'ayant pas rencontré d'épreuve complète de cette planche, il nous est impossible de dire si M. Desbois y a mis son nom et de donner ses dimensions.

35. *Nani (Baptiste), procurateur de saint Marc.*

En buste, de trois quarts, à droite, il regarde de face, dans une bordure ovale armoriée sur laquelle on lit : BAPTISTA NANI EQVES AC. D. MARCI PROCVRATOR. Au bas de la console qui supporte l'ovale on lit : *M. Desbois Gall. fecit Venet.* 1679.

H. 0,132. L. 0,078.

36. *Parme (Alexandre, duc de).*

Le duc de Parme, auquel on présente les clefs d'une ville, est à cheval.

H. 0,235. L. 0,170.

37. *Parme (Dorothée-Sophie-Palatine, princesse de).*

En buste, de trois quarts, dirigé vers la gauche, elle regarde de face ; dans une bordure ovale formée de feuilles. On lit sur la tablette qui soutient l'ovale : *M. Desbois del. et fecit.* et dans un cartouche : DOROTEA SOFFIA PALATINA PRINCIPESSA DI PARMA,

H. 0,070. L. 0,098.

38. *Parme (Édouard Farnèse, prince de).*

Vu de trois quarts, tourné vers la gauche, il regarde de face ; il est vêtu d'une cuirasse fleurdelisée sur laquelle passe une écharpe, dans une bordure ovale soutenue par trois Génies qui soulèvent en même temps une draperie, au-dessous de laquelle on voit un paysage avec ruines, et on lit au milieu du bas : *M. Desbois fecit.*

H. 0,164. L. 0,116.

39. *Parme (René II, duc de).*

En buste, cuirassé, il est vu de face, dans une bordure ovale au bas de laquelle on lit : *M. Desbois sculp.* On lit au-dessous, dans un cartouche : RANVTIO II DVCA DI PARMA E PIACENZA, etc.

H. 0,148. L. 0,095.

40. *Patin (La famille de Charles).*

Charles Patin est assis à gauche, au milieu de trois dames qui paraissent être sa femme et ses filles ; l'une d'elles, celle qui est à l'extrémité droite, tient un livre ouvert devant elle. On lit au bas de la planche : FAMILIA CAROLI PATINI *a nat Iouvenet picta Patauij* 1684. et à la droite, sur l'encadrement : M. D.

L. 0,373. H. 0,278.

On connaît deux états de cette planche :

1. Avant le monogramme de Martial Desbois. On avait probablement gravé par erreur un autre nom d'artiste, car on voit, à côté des initiales de l'artiste, des traces d'un nom effacé.

2. Le monogramme de Martial Desbois a disparu.

Il existe de cette estampe une assez bonne copie par Joseph Juster.

41. *Piccinardus (Seraphin).*

Pièce citée par Leblanc, t. II, p. 115.

42. *Ravarani (Jean-Simon Boscoli, marquis de).*

En buste de trois quarts à droite, il regarde du côté opposé ; dans une bordure ovale armoriée au bas et posée sur une tablette. On lit sur la bordure : IOANNES SIMON BOSCOLVS MARCHIO RAVARANI, ET CASSII, CONLATERALIS GENERALIS MILITIÆ TOTIVS DOMINII SERENISSIMI DVCIS PARMÆ ETC. Planche anonyme.

H. 0,271. L. 0,187.

43. *Sagredo (Nicolas).*

En buste, de trois quarts, dirigé à droite; il porte le costume de doge et ses armoiries se voient à gauche à la hauteur de la tête. Dans une bordure ovale formée de feuillages, à l'intérieur de laquelle on lit : NICOLAVS SAGREDO DVX VEN.; puis au bas : *MDesbois Gallus fecit venet.*

H. 0,139. L. 0,115.

On connaît deux états de cette planche :

1. L'état décrit.

2. La planche, destinée à un ouvrage, a du texte imprimé au verso.

44. *Sagredo (Pierre).*

En buste, de trois quarts, dirigé à droite, dans une bordure ovale armoriée sur laquelle on lit : REVERENDMVS P. D. PETRVS SAGREDO PATRICIVS VENETVS ABBAS ET PRESIDENS GENERALIS CASS. On lit sur le dessus de la tablette : *MDesbois Gall. ad viuum sculp.*

H. 0,137. L. 0,094.

45. *Sainte-Julienne (Adrien de).*

Pièce citée par Leblanc, t. II, p. 115.

46. *Saligola (Marguerite), musicienne de Bologne.*

En buste, de trois quarts, dirigé à droite, dans une bordure ovale posée sur une tablette sur le devant de laquelle on lit : MARGARITA SALICOLA ; les lettres MD.F se trouvent sur le dessus de la tablette.

H. 0,104. L. 0,071.

47. *Soderini (G.).*

En buste, de trois quarts, dirigé vers la droite, dans une bordure ovale armoriée sur laquelle on lit : GENESIVS SODERINVS PATRICIVS VENET ÆT. XXIV. Sur le dessus de la tablette qui supporte l'ovale : *MDesbois Gallus fecit,* et sur le devant de cette tablette :

Occupat estatem Virtus seniumque Juuenta :
Principium est laudis quod sibi, meta aliis.

Barth^s Gryph^s S. V. D.

H. 0,126. L. 0,064.

48. *Thérèse-Marguerite de l'Incarnation (Sœur).*

En buste, vêtue de l'habit de religieuse, elle est vue presque de face; dans une bordure ovale sur laquelle on lit : SOROR TERESIA MARGARITA AB INCARNATIONE CARMELITA DISCALCEATA IN SÆCVLO S^ma PRINCIPISSA CATHARINA FARNESIA. Sur la tablette qui supporte l'ovale, on lit : *M. Desbois Gallus del. et fecit ven.*

H. 0,186. L. 0,135.

49. *Vianoli (Jacques).*

En buste, de trois quarts, dirigé vers la droite, dans une bordure armoriée sur laquelle on lit : IACOBVS VIANOLVS EPISCOPVS TORCELLANVS ÆT. 57. Sur la tablette qui supporte l'ovale : *Jo. Pouliot Pinx.* 1680. — *MDesbois Gall. sculp.*

H. 0,205. L. 0,146.

50. *Vidali (Jean-Baptiste).*

En buste, de trois quarts, dirigé à droite. Sur une tablette armoriée qui se voit au-dessous du portrait on lit : *MDesbois Gallus ad viuum fecit venet.*, et au-dessous : IOANNES BAPTISTA VIDALI IVRIS VTRIVSQVE DOCTOR ACADEMICVS DELPHCVS.

H. 0,127. L. 0,063.

DESHAYES (Nicolas). Tome III, p. 12.

Deshayes se nommait *Nicolas* et non *Jean.* C'est aux manuscrits de P. J. Mariette que M. Robert-Dumesnil emprunte cette rectification.

1. *Sainte Famille.* Retiré de l'œuvre de N. Deshayes et décrit sous le nº 13 de l'œuvre d'Antoine Garnier, dans le *Peintre-graveur français* (tome VIII, p. 203).

3. *Saint Jean Baptiste.* Décrit sous le nº 20 du catalogue de l'œuvre d'Ant. Garnier (t. VIII, p. 206).

7. *L'Amour et Psyché*, d'après Dubois. Décrit dans l'œuvre d'Ant. Garnier sous le nº 54 (tome VIII, p. 216).

DORIGNY (Michel). Tome IV, p. 248.

7. *Bacchante assise.*

On connaît trois états de cette planche :

1. L'état décrit.

2. L'état décrit.

3. L'adresse de Mariette a été effacée et on lit à la place de cette adresse le chiffre 6.

18. *Hercule.*

On connaît deux états de cette planche.

1. A l'eau-forte pure. Tout le feuillage qui se voit au fond près de la tête d'Hercule n'existe pas ou plutôt n'est pas venu à la morsure.

2. L'état décrit.

PIÈCES NON DÉCRITES.

1. *Pièce satirique contre la corporation des graveurs.*

Un âne debout sur les pieds de derrière, à la gauche de l'estampe, semble conduire une troupe d'ânes jeunes et vieux marchant devant lui vers la droite; on remarque de ce côté une porte de ville avec cette inscription : *Porte Baudet*. On lit dans la marge : *Le corps des graveurs asinique quy ont signée les articles pour lestablissement de leur Maistrize au traquenart des Anne. Chap. XV.*

L. 0,200. H. 0,039 dont 0,005 de marge.

2. Trois enfants, figurant des bacchantes et des faunes, aident un de leurs camarades à grimper sur un arbre s'élevant au fond. Un cinquième enfant fait manger des raisins à un bouc à la droite du fond. Pièce anonyme.

H. 0,182. L. 0,160.

Au-dessous de cette planche est l'empreinte d'une autre planche que Nicolas Cochin, l'ancien, paraît avoir gravée; elle se compose d'un cartouche orné, au haut, d'un mascaron d'où s'échappent, de chaque côté, des guirlandes et dans le champ duquel on lit : RECVEIL DE DIVERSES BACCANALLE *de Poussin, Chappron, Dorigny et autres. A Paris chez Pierre Mariette rue St Jacques à l'espérance avec Priuil. du Roy.*

Le nom de Mariette en remplace un autre qui est illisible.

3. Vignette pour un livre de théologie, déification de l'église de Saint-Quentin.

4. *L'Adoration des Mages.*

Composition de onze figures. La vierge, à gauche, est assise; un des mages est à genoux devant elle, tandis que deux autres apportent une cassette contenant des présents.

On connaît deux états de cette planche.

I. Avant que le fond ne soit gravé; il représente des moitiés de colonnes d'un temple sur lesquelles repose un toit en chaume.

II. L'estampe est terminée.

5. *La Force.*

La force, personnifiée par une femme, tient la foudre de la main gauche, et sa main droite est posée sur un livre que lui présente un Génie; à la gauche, on voit un lion couché. Pièce ovale; on lit dans la marge : *E. Locaneia. S. Vouet pinx. Huard excudit C.P.R.*

6. *David appuyé sur la tête de Goliath.*

Il est à mi-corps, tourné à droite, regardant à gauche; dans la marge on lit : *Ecce.... gerit. C.P.R. S. Vouet P.*

7. *Mercure et les Grâces.*

L'une d'elles a la main posée sur un dé.

8-9. Deux frises.

8 (1). Dans l'une on voit neuf tritons, naïades et enfants; au milieu un triton dispute à une naïade un enfant qu'elle cherche à retenir. On lit au bas à droite : *Dorigny sculp.*

On connaît deux états de cette planche :

1. Avant le nom du graveur.
2. L'état décrit.

9 (2). Dans l'autre, on voit six figures de tritons, de naïades et d'enfants; vers la gauche un triton vu par le dos porte un panier de fruits; à gauche un n° 4 semble indiquer que ces estampes font partie d'une suite qui se composait au moins de quatre planches.

M. Robert-Dumesnil, qui possédait toutes ces estampes

(Catalogue de la vente de M. R. D. du 20 avril 1854), semble disposé à croire que ces deux dernières planches appartiennent à l'œuvre de Nicolas Dorigny plutôt qu'à l'œuvre de Michel.

DUBOIS (A. B.). Tome I, p. 191.

M. Robert-Dumesnil a biffé tout le commencement de la notice qu'il avait consacrée à B. Dubois et l'a remplacé par ceci : « Cet artiste, qui fut peintre de paysages, naquit à Dijon, département de la Côte-d'Or le 9 juin 1619, et mourut en la même ville, le 9 juin 1680, à l'âge de 61 ans. »

6. *Tobie et l'Ange.*

Paysage enrichi, à droite, des vestiges d'un monument corinthien qui occupe la moitié de la largeur du sujet. En avant du péristyle de ce temple on voit, vers le milieu de l'estampe, l'ange qui tend la main à Tobie, agenouillé devant lui au bord du fleuve, et qui lui remet le poisson monstrueux qui avait voulu le dévorer. Le Tigre baigne la gauche de ce morceau, dont le fond présente de hautes montagnes sur l'une desquelles se voit une forteresse. Sur un soubassement au bas de la droite : *B. Dubois jnv. et fecit et excudit.*

H. 0,164. L. 0,110.

PIÈCES NON DÉCRITES.

1. Marine. A droite, sur le devant d'un petit temple se voit l'avant d'un grand vaisseau, et vers la gauche des hommes sont occupés à charger des colis dans une barque. On lit à la gauche du bas : *B. Dubois in et fc.*

L. 0,102. H. 0,081.

2. Portrait du grand Condé dans un ovale entouré de deux renommées. Au bas ses armoiries et *B. Dubois inv. et fecit.* Morceau très-rare en hauteur.

Ces deux planches sont mentionnées dans le Catalogue de la vente de M. R. D. (Robert-Dumesnil), des 11, 12 et 13 mars 1856.

DUDOT (René). Tome I, p. 233.

Sainte Famille.

M. Robert-Dumesnil a interverti l'ordre des états de cette planche. Le troisième état que nous avons rencontré nous permet de rectifier ainsi qu'il suit la description de cette estampe. Il faut donc lire :

On connaît trois états de cette planche :

1. L'état décrit par M. Robert-Dumesnil comme étant le second ; le nom de R. Dudot se trouve sur l'estampe.

1. Le nom de Dudot a été gratté et les travaux n'ont pas été repris.

3. A la place qu'occupait le nom du graveur dans le premier état on voit une petite fleur à trois branches.

DUDUY DE L'AGE. Tome IV, p. 246.

Cet artiste s'appelait Dupuis de l'Age, si l'on en croit une petite estampe gravée par Nicolas Tardieu d'après un mai de Notre-Dame, *Saint Paul résiste en face de saint Pierre.*

DUMONSTIER (Geoffroy). Tome V, p. 33.

PIÈCES NON DÉCRITES.

1. *La Nativité.*

L'Enfant Jésus est couché au milieu du devant, entouré de la Sainte Vierge et de saint Joseph en adoration à gauche, et de six bergers à droite. Planche anonyme.

L. 0,185. H. 0,145.

2. *Jésus-Christ descendu de la croix.*

A droite, le Christ mort est soutenu par Joseph d'Arimathie ; à gauche, la Vierge est évanouie dans les bras de saint Jean. Planche anonyme.

L. 0,250. H. 0,185.

3. *Saint Paul.*

Saint Paul, assis, appuie son bras droit sur son épée. Son corps est tourné vers la droite, et le saint regarde du côté opposé. On lit à la hauteur de sa tête : *Nous ne preschons point nous mesmes mais Iesuchrist nostre Seigneur*. 2. *Corin*. 4. puis on lit au bas, dans un cartel : *Certes nous ne sommes point comme plusieurs, faisans marchandise de la parolle de dieu, mais nous parlons comme en pureté, come de par Dieu, devant Dieu, par Christ,* 2. *Corin.* 2.

H. 0,234. L. 0,187.

4. Un homme assis, vu de profil, dans l'attitude de la méditation, et dirigé vers la droite, a la tête appuyée sur sa main droite. Planche anonyme.

H. 0,228. L. 0,177.

DUPÉRAC (Et.). Tome VIII, p. 89.

80. M. Robert-Dumesnil a biffé sur son exemplaire la description qu'il avait donnée de cette planche et a écrit en marge : *Remplacer la description par celle-ci prise sur une épreuve beaucoup mieux conservée et plus entière.*

Célébration d'une des fêtes du mont Testaccio durant le long séjour que Dupérac fit à Rome. Au centre de l'estampe, on remarque une vaste arène parcourue par des taureaux que des hommes poursuivent et combattent, et par des lutteurs; l'arène est entourée d'une immense quantité de spectateurs. L'entrée de l'enceinte, flanquée de deux tribunes, se voit au milieu vers le bas de l'estampe; à droite, on remarque des soldats buvant sous une tente, et du côté opposé trois personnages assis sur l'angle d'un bastion en ruine dont la muraille est ornée de l'écusson du pape environné de cette inscription :

P. III | P. M. (Paul III. Pontifex Maximus).
1554

On lit tout au bas, vers la droite : *Stefano. d. perac. fecit.* et au milieu du haut, sur une vaste tablette : LA FESTA DI TESTACCIO. FATTA. IN ROMA.

L. 0,538. H. 0,375.

84. *Un Tournoi.*

On connaît deux états de cette planche.

1. L'état d'écrit.

2. On lit au milieu du bas cette adresse : *Henricvs van Schoel excudit.*

PIÈCES NON DÉCRITES.

1. Plan de Rome antique. A droite, un cartouche avec la

description des monuments; à gauche, on lit : *Stephanus Duperac archit. studioso lectori,....* 1573.

(Catalogue de la 3e vente de M. P. Defer. 19 avril 1859, nº 40.)

2. Grand paysage. A la gauche on voit un château construit sur un très-haut rocher; au milieu, au premier plan, deux léopards, et à droite deux oiseaux aquatiques. Planche anonyme, au milieu de laquelle on lit au bas, la date 1543.

L. 0,439. H. 0, 298.

3. *Paysage.*

On voit au premier plan, au milieu, un homme assis sur une branche d'arbre et pêchant à la ligne ; au fond à droite, se trouve un château perché sur une haute montagne. On lit à la droite du bas : D. B. Pièce anonyme tout à fait dans le goût de Dupérac.

L. 0,372. H. 0,239.

DUVET (Jean). Tome V, p. 1.

2. *Moïse.*

On connaît deux états de cette planche :

1. Avant les inscriptions et avant le nom du maître.
2. L'état décrit.

40. *La Bête à sept têtes et à dix cornes.*

On connaît deux états de cette planche :

1. Avant l'inscription sur la tablette et avant le nom de J. Duvet.
2. L'état décrit.

44. *La Chute de la grande Prostituée.*

On connaît deux états de cette planche :

1. Avant l'inscription sur la tablette et avant le nom de Duvet.

2. L'état décrit.

60. *La Majesté royale.*

On connaît trois états de cette planche :

1. Avant les inscriptions et avant le nom du maître.

2. L'état décrit.

3. Les mots *la Maiesté* ont été enlevés.

PIÈCES NON DÉCRITES.

Passavant (*le Peintre-graveur*, tome VI, p. 257) décrit un certain nombre de pièces échappées aux recherches de Bartsch et de Robert-Dumesnil ; nous allons rapporter ici la description du savant iconographe, nous réservant toutefois de supprimer quelques planches qui ne peuvent être, selon nous, attribuées à l'artiste français.

1. *Le Jugement de Salomon.*

La disposition générale de la composition, la figure du roi et celle de l'homme frappé d'étonnement sont empruntées au carton de Raphaël représentant Élymas frappé de cécité. L'enfant mort étendu sur le terrain et un autre debout, vu de dos, sont pris du massacre des Innocents du même maître ; ce dernier est tenu par le bourreau armé du glaive. A gauche, on voit deux vieillards debout : l'une des femmes montre le dos ; l'autre, agenouillée et dans les larmes, croise les mains sur sa poitrine ; une autre femme et deux hommes se tiennent derrière elle. Pièce anonyme.

L. 0,221. H. 0,155.

2. *Le Christ avec la Samaritaine.*

Le Christ est assis à la gauche, tenant de la main droite le globe du monde. A droite, la Samaritaine, debout près du puits, tient de la main droite un vase attaché à la corde. Dans le fond et du même côté, se trouvent les apôtres. A la droite du bas, une double tablette avec les initiales *I. D.*

H. 0,157. L. 0,108.

3. *L'Entrée de Jésus-Christ dans Jérusalem.*

Au milieu du haut, la double tablette avec les initiales *I. D.* Pièce citée par Leblanc (*Manuel de l'amateur d'estampes*, tome II, p. 172).

H. 0,078. L. 0,078.

4. *Jésus chasse les marchands du temple.*

La double tablette avec les initiales est suspendue à une colonne de droite. Pièce citée par Leblanc (*Manuel*, tome II, p. 172.)

H. 0,078. L. 0,078.

5. *La mise au tombeau.*

Le corps du Christ est porté par deux hommes sur trois gradins qui conduisent vers un sépulcre voûté à droite. Sur le devant, à gauche, la Vierge tombe évanouie, soutenue par deux saintes femmes assises à côté d'elle. Derrière elle, une autre sainte femme et saint Jean debout, tourné à droite et croisant les deux mains sur la poitrine. Sur une montagne, à gauche, on voit quelques édifices. En haut, sur une partie d'architecture, on lit la date de 1528. Pièce anonyme.

L. 0,136. H. 0,124.

6-8. Les amours de Henri II et de Diane de Poitiers.

Suite de trois pièces.

6. *Une chasse au cerf.*

(1) Au milieu de l'estampe, le cerf, poursuivi par une meute, est tombé ; un des chiens le mord au cou ; un lévrier a sauté sur lui par derrière, et plusieurs chiens l'attaquent de tous les côtés. A droite, deux chasseurs donnant du cor sortent de la forêt. A gauche, des édifices près d'un ruisseau. Pièce anonyme.

L. 0,280. H. 0,178.

7. *La Licorne est blessée.*

(2) Près d'elle, deux hommes nus richement chaussés et coiffés, auxquels deux autres jettent des pierres.

8. *Le conseil mis en effect sur la prinse de la Licorne.*

M. Robert-Dumesnil, qui n'a pas vu cette planche, la décrit d'une facon incomplète (nº 56); nous transcrirons donc la description de Passavant.

(3) La Licorne, attachée par le cou et par le corps, pose sa tête appesantie sur les genoux d'une femme assise à gauche, qui embrasse l'animal du bras gauche, et tient de la droite une guitare. Derrière elle, une tige de lis à trois fleurs. Trois chasseurs tiennent la corde à laquelle est attachée la licorne. A droite, dans la forêt, on voit le roi avec plusieurs cavaliers suivis de chiens. Au milieu du fond, un cours d'eau avec un pont sur lequel est une potence, à laquelle sont pendus trois hommes et une femme.

L. 0,355. H. 0,230.

9. *Trois chevaux qui se cabrent.*

L'un est vu de côté, à moitié ; les deux autres, de dos. Sur celui de droite, se trouve un cavalier nu. Un autre homme, également nu, embrasse le cou du cheval de gauche. A la gauche du bas, une tête de chien vue de profil ; à droite, la partie antérieure du corps d'un autre chien vu par derrière. Pièce ronde anonyme.

Diamètre, 0,169.

DUVIVIER (G.). Tome III, p. 110.

M. Robert-Dumesnil retranche du catalogue de l'œuvre de G. Duvivier le nº 8, *Paysage*, et explique ainsi ce qui l'y décide : « Ce paysage est d'après *de Höcke* et a été gravé par V. Prenner. Il porte le nº 62 à gauche dans la marge du haut, comme faisant partie de la suite du *Musée de Vienne*, gravée par cet artiste. On lit d'ailleurs au bas des épreuves complètes : *Alt*, 25. *Lat*. 33, *unc*. HÖCKE PINX. *V. Prenner incid.* »

DYCK (Daniel van den). Tome III, p. 16.

PIÈCES NON DÉCRITES.

1. *La chaste Suzanne.*

Composition différente de l'estampe décrite dans le *Peintre-Graveur français* sous le nº 1. L'un des vieillards, placé derrière la femme assise à gauche, la saisit d'une main et lève, de l'autre, un pan de voile qui l'enveloppait. L'autre vieillard, à califourchon sur le balustre d'une fontaine monumentale alimentée par un enfant et un dauphin, contemple l'objet de sa passion criminelle, en faisant une indication à droite. Pièce anonyme.

L. 0,215. H. 0,145.

2. *La condamnation de la chaste Suzanne.*

Debout à droite, elle lève les yeux au ciel en répondant par des cris aux accusations de ses juges qui occupent la gauche et parmi lesquels on reconnaît les deux hommes *qui avaient vieilli dans le mal* et qui figurent dans le morceau précédent. Pièce anonyme qu'on dit être d'après Sébastien Ricci. S'il en est ainsi, on doit croire que la pièce précédente est aussi d'après ce maître, à cause de la ressemblance des deux vieillards.

L. 0,212. H. 0,148.

3. *La Vierge et l'enfant Jésus.*

La Vierge, vue de profil, tient l'enfant Jésus sur ses bras ; elle se retourne vers la gauche. On lit à droite sur un socle : *D. v. Dyck in. et. fe.*

H. 0,115. L. 0,086.

4. *Saint Sébastien.*

Saint Sébastien à mi-corps ; un ange lui apporte la palme du martyre. Pièce anonyme.

H. 0,137. L. 0,099.

5. *Diane et Endymion.*

Endymion, sommeillant à gauche, est visité par Diane

planant au haut. On lit vers le milieu du bas : *D. Dyck. in. et fe^t.*

H. 0,155. L. 0,092.

Cette estampe serait, si l'on en croit Mariette, gravée d'après Édouard Fialetti.

EDELINCK (Gérard). Tome VII, p. 169.

6. *La Vierge et l'Enfant Jésus, d'après Jacques Stella.*

On connaît trois états de cette planche :

1. Avant l'inscription : *Ego dilecto meo*, etc.
2. Le premier état décrit par M. Robert-Dumesnil.
3. Le deuxième état décrit.

7. *La Vierge et l'Enfant Jésus, d'après le Guide.*

La bibliothèque impériale de Paris possède de cette estampe une épreuve non terminée ; toutes les parties ont été reprises : la tête de la Vierge est seulement tracée, et la draperie de gauche est à peine indiquée.

10. *Jésus-Christ et la Samaritaine, d'après Philippe de Champagne.*

On connaît six états de cette planche :

1. Avant toutes lettres.

Les autres états sont ceux que décrit M. Robert-Dumesnil.

14. *L'Enfant Jésus adoré par les anges, d'après Jacques Stella.*

On connaît deux états de cette planche :

1. On lit au bas : *Auec Priuilege du Roy*, 1667.
2. L'état décrit.

24. *Saint Athanase.*

On connaît deux états de cette planche :

1. Avant l'inscription grecque sur le livre.
2. L'état décrit.

29. *Saint Charles Borromée.*

On connaît cinq états de cette planche :

1. Avant l'inscription dans la marge.
2. Le second état décrit par M. Robert-Dumesnil.
3. Le même état, seulement une bordure remplace le simple trait qui, jusque-là, encadrait l'estampe.
4. Le troisième état.
5. Le quatrième état.

31. *Saint François de Sales.*

On connaît cinq états de cette planche :

1. Le premier état décrit.
2. L'inscription B. FRANCISCVS SALESIVS, etc., grattée et rien n'a encore été mis à sa place.
3. Le deuxième état décrit.
4. Le troisième état décrit.
5. Le quatrième état décrit.

142. *Arnauld d'Andilly* (*Robert*), *conseiller d'État.*

On connaît quatre états de cette planche :

1. Avant toutes lettres.
2. Le premier état décrit.
3. Le deuxième état décrit.
4. Le troisième état décrit.

149. *Bertin (Pierre-Vincent), trésorier des parties casuelles.*

On connaît quatre états de cette planche :

1. Avant le nom de *Largillière* sur le rouleau.
2. Le premier état décrit.
3. Le deuxième état décrit.
4. Le troisième état décrit.

153. *Blampignon (Nicolas de), curé de Saint-Merri de Paris.*

On connaît quatre états de cette planche :

1. Le premier état décrit.
2. L'avant-dernier mot du second vers est *prœunte* au lieu de *prœeunte.*
3. Le deuxième état décrit.
4. Le troisième état décrit.

Un éditeur nommé *Marelle* a remplacé le nom de *Blampignon* par celui de *Fénelon*, et le portrait fut vendu pour tel, faisant pendant à un portrait de *Christophe de Beaumont*, gravé par R. Gaillard, d'après Chevalier, dont on a simplement gratté le nom et les qualités pour y substituer *le grand Bossuet*. (*Les apocryphes de la gravure des portraits*, par Feuillet de Conches [*Gazette des Beaux-Arts*, 1859, tome II, p. 341].)

172. *Colbert (Jean-Baptiste-Michel), archevêque de Toulouse.*

On connaît cinq états de cette planche.

1. Avant la lettre, et avant beaucoup de travaux dans la tête et dans le vêtement. Le cordon qui supporte la croix pastorale paraît à peine sous le rabat, tandis que, dans l'état suivant, il est très-apparent.
2. Le premier état décrit par M. Robert-Dumesnil.

3. Avec la lettre; la couleuvre des armoiries n'est pas encore changée de côté.

4. L'état décrit comme étant le second.

5. L'état décrit comme étant le troisième.

178. *D'Aligre (Étienne), chancelier de France.*

On connaît trois états de cette planche.

1. Avant toutes lettres.

2. Le premier état décrit.

3. Le deuxième état décrit.

180. *De Blye (Jean-Baptiste), premier président au parlement de Tournay.*

On connaît deux états de cette planche :

1. Avant toutes lettres.

2. L'état décrit.

193. *Durer (Albert), peintre et graveur allemand.*

On connaît quatre états de cette planche :

1. Avant toutes lettres.

2. On lit à gauche sur l'estampe même : *G. Edelinck sculpsit.*

3. Le second état décrit.

4. Le troisième état décrit.

197. *Estrées (César d'), cardinal-évêque d'Albano.*

On connaît deux états de cette planche :

1. L'état décrit.

2. Au lieu de la dédicace de Ch. Becquereau, on lit : *Offerebat F. Joseph Dominicus d'Inguimbert prædicator Carpentoractensis.*

200. *Fagon (Gui-Crescent), premier médecin de Louis XIV et conseiller d'État.*

On connaît cinq états de cette planche.

1. Le premier état décrit.

2. Avant la correction de la lettre v aux mots *Guido, Crescentius, sanctioribus*, mais avec l'adjonction de la lettre s au mot *Crecentivs*.

3. Le deuxième état décrit.

4. Le troisième état décrit.

5. Le quatrième état décrit.

219. *Graaf (Regnier de), médecin hollandais.*

On connaît trois états de cette planche.

1. Avant le nom du personnage et avant le millésime.

2. Le premier état décrit.

3. Le deuxième état décrit.

225. *Huyghens (Chrétien), physicien et mathématicien célèbre.*

On connaît trois états de cette planche.

1. Le premier état décrit.

2. Le deuxième état décrit.

3. On lit au bas de la planche : *Drevet excud. Edelinc eques sculp.* HUGHENS.

228. *Kaunitz (Dominique, comte de).*

On connaît deux états de cette planche :

1. Avant la date 1697.

2. L'état décrit.

238. *Lebrun (Charles), premier peintre du roi.*

On connaît deux états de cette planche.

1. L'ovale seul est gravé, et avant de nombreux travaux dans toute la planche.

2. L'état décrit.

245. *Letellier (Charles-Maurice), archevêque de Reims.*

Cette planche, gravée par Edelinck, a été reprise en 1813 par Laugier, qui en a fait le portrait du pape Pie VII.

256. *Louis XIV.*

On connaît quatre états de cette planche :

1. Avant les noms des artistes sur la bordure et avec une différence dans la cravate, qui retombe un peu sur l'armure.
2. Le premier état décrit.
3. Le deuxième état décrit.
4. Le troisième état décrit.

Sur l'épreuve du premier état, possédée par le Cabinet des estampes de Paris, on lit cette mention : *Donné à Gérard Edelinck par Moy Edelinck*, ce qui semble indiquer que Gérard n'est pas l'auteur de cette planche, fort digne cependant de lui être attribuée.

258. *Louis XIV.*

On connaît trois états de cette planche.

1. Le premier état décrit.
2. Le deuxième état décrit.
3. Le portrait de Louis, duc d'Orléans, remplace l'écusson, qui remplaçait lui-même le portrait du roi Louis XIV.

261. *Louvois (François-Michel Le Tellier, marquis de), ministre d'État.*

On connaît quatre états de cette planche :

1. Avant les traits horizontaux sur le plat de la bordure.

2. Le premier état décrit.

3. Les mots *Gérard Edelinck sculp. C. P. R.*, sur la bordure ovale, sont précédés de : *Mignard effigiem pinx.*

4. L'état décrit comme étant le second.

267. *Mansart (Jules-Hardouin), surintendant des bâtiments du Roi.*

On connaît trois états de cette planche :

1. Le premier état décrit.

2. Le second état décrit.

3. Le nom de Mansart a disparu de la tablette, et la dédicace a été remplacée par cette adresse : *Chez Langlois sur le pont Notre-Dame à la coupe d'or.*

279. *Morant (Thomas-Alexandre), maître des requêtes.*

On connaît trois états de cette planche :

1. Avant l'inscription sur la console qui supporte l'ovale.

2. Le premier état décrit.

3. Le second état décrit.

281. *Mouton (Charles), musicien de Louis XIV.*

M. Robert-Dumesnil indique soit quatre vers latins, soit quatre vers français gravés sur une planche accessoire au-dessous du second état du portrait de Mouton ; il faut ajouter que l'on trouve encore quelquefois ces deux vers :

Quam bellè pulsat Cytharam ! aures arrige, surdus
Es nimium, doctos ni capis aure sonos.

S. V.

308. *Sainte-Marthe (Claude de), prêtre.*

On connaît cinq états de cette planche :

1. Avant beaucoup de travaux dans la figure; le fond est formé d'une seule taille horizontale.
2. Le premier état décrit.
3. Le deuxième état décrit.
4. Le troisième état décrit.
5. Le quatrième état décrit.

312. *Santeuil (Jean-Baptiste), chanoine de l'abbaye de Saint-Victor de Paris.*

On connaît deux états de cette planche :
1. Avant le nom du peintre.
2. L'état décrit.

315. *Savary (Mathieu de), évêque de Seez.*

Il existe de cette estampe une copie au burin, taille pour taille, en carré, petit in-folio, sous laquelle on a mis le nom de Silvestre de Sacy, au moment de la vogue de Port-Royal. (*Les Apocryphes de la gravure des portraits*, par Feuillet de Conches. [*Gazette des Beaux-Arts*, 1859. *Tome II*, *p.* 339.]).

332. *Ulrique-Éléonore, reine de Suède.*

On connaît deux états de cette planche :
1. Avant les tailles horizontales sur le piédestal.
2. L'état décrit, avec ces tailles.

335. *Vérien (Nicolas), graveur de devises et de cachets.*

On connaît quatre états de cette planche :
1. Le premier état décrit.
2. Le deuxième état décrit.
3. Le troisième état décrit.
4. On lit dans la marge, à droite, le nombre 12. En cet état, ce portrait se trouve dans : *Recueil d'emblèmes, de-*

vises, médailles et figures hiéroglyphiques, Paris, Jean Jombert, 1724, in-8°.

337. *Villeroy (François de Neufville, duc de), maréchal de France.*

On connaît quatre états de cette planche.

1. Avant de nombreux travaux dans le ciel; la perruque, très-haute, a été abaissée dans les états postérieurs.

2. Le premier état décrit.

3. Le ciel a encore été repris et la perruque changée; la raie qui sépare les cheveux est ici beaucoup plus apparente que dans l'état précédent.

4. Le second état décrit.

PIÈCES NON DÉCRITES.

1. *Sainte Martine aux pieds de la Vierge, d'après Piètre de Cortone.*

Composition de huit figures. On lit sur le terrain à gauche : *Petrus Berettin. Corton. jnuen.* et dans la marge ce distique : *Nisi conuersi*, etc., suivi de ces mots: *Jean Sauué excudit rue saint Iacques au cœur bon. Avec priuil. du Roy. G. Edelinck sculpebat.*

H. 0,456 dont 0,036 de marge. L. 0,330.

2. L'Enfant Jésus en demi-figure dans une Gloire lumineuse au milieu du haut environnée de deux petits anges jouant du tuorbe et du violon. Au bas on voit quatre enfants qui dansent en rond. Composition dans un octogone bordé d'un double trait. On lit dans l'angle bas de la droite, en dehors du double trait bordant la composition : *G. Edelinck.*

H. 0,130. L. 0,088.

ERRARD (Charles). Tome I, p. 97.

PIÈCES NON DÉCRITES.

1. *Portrait du peintre-graveur.*

En buste, de trois quarts dirigé vers la gauche ; il tient à la main un compas ; sa tête est couronnée de lauriers ; dans un cartouche octogone entouré de quatre petits Génies. On lit au bas du cartouche : CHARLE ERRARD *de Bressuire Pintre ord*[re] *du Roy Aagé de cincquante huict ans*, 1628 Planche anonyme gravée à l'eau-forte.

H. 0,191. L. 0,186.

On connaît deux états de cette planche :

1. Avant l'inscription sur le cartouche.
. Létat décrit.

Mariette ajoute encore à l'œuvre de Charles Errard, dans ses notes manuscrites conservées au département des estampes, les pièces suivantes :

2-7. *Suite d'animaux en six planches.*

2 (1). Le combat d'une panthère et d'un cheval.
3 (2). Un cheval de bataille.
4 (3). Des chevaux tartares.
5 (4). Des chevaux polonais.
6 (5). Un coursier de Naples.
7 (6). Des masettes de Normandie.

Ces pièces, gravées à l'eau-forte par Ch. Errard qui en est l'inventeur et retouchées au burin sous sa conduite, sont signées : *Errard ex.*

L. 0,230. H. 0,204.

8-15. *Autre suite en huit planches.*

8 (1). Un chameau.
9 (2). Des vaches.
10 (3). Des chèvres de Barbarie.
11 (4). Des béliers.
12 (5). D'autres chèvres.
13 (6). Des pourceaux.
14 (7). Des ânes.
15 (8). Un sanglier accompagné d'un porc-épic.

Ces pièces sont inventées et gravées par Charles Errard et terminées au burin.

L. 0,163. H. 0,109.

16. Une lionne avec ses lionceaux.
17. Un loup étranglant un chien.
18. Des ânes qui braient.
19. Un troupeau de chèvres et de moutons.

Ces quatre pièces, inventées et gravées par Charles Errard et terminées au burin, sont signées : *Errard exc.*

L. 0,191. H. 0,150.

ESTORGES (J.). Tome III, p. 112.

Jésus en prière au jardin des Oliviers.

On connaît trois états de cette planche :

1. Avant que la draperie de l'ange agenouillé à gauche ne tombe jusqu'au talon, avant quantités de travaux et avant la lettre. On lit seulement au bas de la marge à gauche : *I. Estorges. Inu. et fec.* 1660.

2. La draperie de l'ange qui se voit à gauche couvre la jambe jusqu'à la cheville ; la tête du Christ a été changée,

mais avant l'ombre portée du bras de l'ange qui joint les mains.

3. L'état décrit.

FLAMEN (Albert). Tome V, p. 135.

M. Robert-Dumesnil a décrit à nouveau de la façon suivante les n°s 54 et 55.

54. Vue d'une place au fond de laquelle on remarque deux églises et d'autres édifices. Des hommes et des dames charitables échangent de l'argent et du pain. Un ecclésiastique à la droite du devant offre à boire dans un calice à un pauvre couché sur du fumier. L'Éternel se voit dans sa gloire au haut ; deux anges, à ses côtés, tiennent une draperie sur laquelle on lit :

Venes les bien aimés de mon pére etc.,
Vous m'aviés donné à manger etc.,
Vous m'avez visité etc., Math. 25.

On lit à la gauche du bas : *AB. Flamen fecit.*

H. 0,094. L. 0,058.

55. Au-dessus de la montagne du Thabor qui borne l'horizon, le Sauveur monte au ciel ; sur le premier plan de l'estampe, on voit à gauche des hommes riches et puissants soignant des pauvres jeunes et adultes placés à la droite. A la gauche du bas : *AB. Flamen fecit.* et dans la marge :

Vous avez tousiours les pauvres mais
Vous ne m'avés pas tousiours. Math., 26.

H. 0,092 dont 0,011 de marge. L. 0,057.

525. *Chemin d'Étampes à Longuetoise.*

On connaît trois états de cette planche :

1. Le premier état décrit.
2. Avec l'adresse de Lagniet, mais avant la retouche.
3. Le second état décrit.

PIÈCES NON DÉCRITES.

1. *Saint Jacques le mineur.*

Il est debout, vêtu d'une ample chape; il tient de la main droite sa crosse et de la gauche une massue, instrument de son martyre ; il est mitré. On lit au bas dans la marge : S. JACOBVS JVSTVS APOSTOLVS, *primus Hierosolimorum Epis. Canonici ordinis Dominicœ Resurrectionis ac sacro sancti Dominici sepulchri Fundator Ao.* 1674. *AB. fecit.*

H. 0,254. L. 0,147.

2. *Portrait de Guillaume Duprat, évêque de Clermont.*

A mi-corps, de trois quarts dirigé à droite, dans une bordure ronde armoriée au haut. Planche anonyme.

H. 0,141. L. 0,135.

3. *Passe-partout.*

Au milieu du haut brille le soleil entre une corbeille de fleurs et un Amour poursuivi par un oiseau. Au milieu du bas sont deux Amours; l'un attise un brasier et l'autre ramasse une javelle. Deux corbeilles de fleurs et de fruits se trouvent à leurs côtés. Le montant de gauche contient deux Amours dont l'un est grimpé sur un pommier. Celui de droite est formé par trois Amours dont deux au bas font la vendange, et le troisième au haut tient les pièces des armoiries de M. Tronson (des trochets de noisettes). Le champ est blanc et devait recevoir l'empreinte d'une planche accessoire. Nous en avons rencontré une épreuve au milieu de laquelle était tiré un mois de l'année gravé par un anonyme dans le goût de Balthasar Moncornet.

L. 0,170. H. 0,127.

On connaît deux états de cette planche :

1. Avant l'écriture ci-après.

2. Avec le mot *d'Anuers* vers le milieu du bas, précédé d'un espace retouché où probablement était écrit *à la ville.* Le nom de *Van Merlen*, dont les mots ci-dessus forma ent l'adresse, ne s'y voyait pas.

FOCUS (Georges). Tome I, p. 235.

5. *Vue d'Italie.*

On connaît trois états de cette planche :

1. A l'eau-forte pure (Catalogue Van den Zande, n° 1168.)

2. Avant le numéro.

3. Avec le n° 4.

PIÈCES NON DÉCRITES.

1. et 2. *L'Enfant Jésus et le petit saint Jean lui rendant hommage.*

Ces deux pièces signées G. F. sont indiquées dans le Catalogue de la vente de M. R. D. (Robert-Dumesnil), 11 mars 1856, p. 17, n° 101 *bis.*

FORNAZERIS. Tome X, p. 169.

35. *Bauderon, botaniste.*

On connaît trois états de cette planche :

1. L'état décrit.

2. L'état décrit.

3. La planche a été coupée et ne mesure plus que les dimensions suivantes.

H. 0,155. L. 0,092.

PIÈCE NON DÉCRITE.

Anne d'Autriche.

A mi-corps, debout, la main gauche appuyée sur une table; elle est représentée de trois quarts et dirigée vers la droite; ses armoiries se voient au-dessus de la table, sur laquelle elle s'appuie. On dit au haut : ANNE D'AVSTRICHE III DV NOM ROYNE DE FRANCE ET DE NAVARE. Et au bas :

ANNE, l'astre d'Espagne, et la Rose nouuelle
Que le Ciel mesle aux lys de l'immortalité,
Voyez qu'aux sacrez pieds de Vostre Maïesté,
Humble, ie viens offrir et mon liure et mon zèle.

Pièce anonyme.

H. 0,170. L. 0,115.

On connaît deux états de cette planche :

1. L'état décrit; on ne lit au dos aucun texte

2. Avec un texte au dos.

FRANCOYS (Simon). Tome III, p. 191.

1. *La Madeleine pénitente.*

On connaît deux états de cette planche :

1. L'état décrit.

2. Avec l'adresse de Coypel ainsi marquée au milieu du bas : *Coypel ex. C. P. Regis.*

GARNIER (Ant.). Tome VIII, p. 196.

■ **21.** *Saint Jean-Baptiste.*

On connaît trois états de cette planche :

1. L'état décrit.
2. Avant l'écusson à gauche, mais avec l'inscription sur la face du socle.
3. L'état décrit comme étant le second.

71. *Portrait de Nic. Desclèves.*

On connaît deux états de cette planche :

1. Avant toutes lettres.
2. L'état décrit.

GARNIER (Noël). Tome VII, p. 1.

PIÈCE NON DÉCRITE.

Guerrier debout, à gauche, conduisant du même côté un cheval, qu'un homme nu, du côté opposé, chasse devant lui. On lit sur une tablette au milieu du haut : NOEL GA.
1544.

L. 0,100. H. 0,045.

Cette pièce, qui n'est pas meilleure que les autres estampes de Noël Garnier, est gravée d'après Hans Sebald Beham. Noël Garnier s'est contenté d'ajouter à la composition du graveur allemand le petit bonhomme nu qui poursuit le cheval pour le frapper.

J. Renouvier dit (*des Types et des manières des maîtres-graveurs*, XVIe siècle, p. 155) qu'Heineken, dans ses catalogues manuscrits conservés à la Bibliothèque de Dresde, indique quelques lettres de l'alphabet que Robert-Dumesnil n'a pas connues, et une suite de *Figures représentant les arts et métiers* en quarante-huit pièces.

GELLÉE (Claude) dit le Lorrain. Voyez **LORRAIN** (Claude Gellée dit le).

GISSEY (Henry de). Tome IV, p. 22.

PIÈCES NON DÉCRITES.

1. *Notre-Dame de Passay.*

2. *Christ en croix.*

Ces deux planches sont mentionnées dans le Catalogue de la vente de M. R. D. (Robert-Dumesnil), 11 mars 1856, p. 19, nº 133.

GRANTHOMME (Jacques). Tome X, p. 245.

PIÈCES NON DÉCRITES.

1. *Condé (Henri II, de Bourbon, prince de).*

En buste, de trois quarts dirigé vers la gauche dans une bordure ovale, sur laquelle on lit : HENRY DE BOVRBON PRINCE DE CONDE. ÆT. XVI. Puis au bas, dans la marge :

Orphelin délaissé au plus beau de mon age,
I'ay pour père un grand Dieu, pour tuteur un grad Roy.
Puis donc que i'ay le ciel, et la terre pour moy
La terre, ni le ciel ne me peut faire outrage.

Jacques Granthome fe.

H. 0,102. L. 0,083.

2. *Frédéric V, roi de Bohême.*

En buste, de trois quarts dirigé vers la droite, dans une bordure cintrée par le haut, au-dessus de laquelle on lit : FRIDERICVS D. G. COMES PALATINVS RHENI S. R. IMPERII ELECTOR, DVX BAVARIÆ, *etc.* Puis au-dessous :

Qui quondam Imperii decus et tutela vocandus,
Hunc patris et patriæ gloria spesque suæ
Hic Fridericvs is est, Palatini principis hæres
Qui longè Proceres maximus inter erit.

Cette planche se trouve imprimée au milieu d'un cartouche, aux deux côtés duquel on voit la Justice, IVSTITIA, et la Paix, PAX. Au-dessous, dans un autre cartouche supporté par deux Génies : *Ætatis suæ XVI.* 1612. Et au bas, dans la marge : IACOBVS GRANTHOME FECIT.

H. 0,334. L. 0,222.

3. *Rhin (Jean, comte palatin du).*

A cheval ; il se dirige vers la gauche ; dans l'angle droit du haut, on lit autour de trois écussons : VERBVM DOMINI MANET IN ÆTERNVM ; dans la marge supérieure : IOHANNES D. G. COMES PALATINVS RHENI, TVTOR ET ELECTORALIS PALATINATVS ADMINISTRATOR, S. R. IMPERII IN PARTIBVS RHENI, SVEVIÆ ET IVRIS FRANCONICI PROVISOR ET VICARIVS,

DVX BAVARIÆ, COMES VELDENTIÆ ET SPONHEMII, *etc.* Au bas, dans la marge :

Si, veluti effigiem, voluisset pingere Apelles
Virtutis, Princeps, enthea dona tuæ
Frustra peniculo tentasset tanta referre
Haud potis est dotes picta tabella tuas.

Artifici satis est vultum reliquiq figuram
Corporis eximia delineasse manu
Quam bene Romani Imperii modereris habenas,
Quantaq. sustineas munia, fama canet.
Iacobus Granthōme fecit et exc.

Dim. de la planche : H. 0,390. L. 0,300.

4. Salle de bain antique. Au milieu se trouve un bassin dans lequel est debout un homme tourné vers la droite et deux enfants qui le soignent. Sur le bord du bassin on lit : *labrvm*, sous ce bassin *strigiles*, et au-dessous, *Balnevm.* Au bas à gauche : *Jacobus Granthōme secup.*

H. 0,273. L. 0,162.

Cette planche dont nous devons la connaissance à M. Prévost, conseiller à la cour impériale de Rouen, est imprimée au revers d'un feuillet portant cette inscription : *de Thermis in genere.*

HEINCE (Zacharie). Tome V, p. 131.

M. Robert-Dumesnil retire de l'œuvre de Jean Alix (t. IV, p. 20) le portrait du pape Alexandre VII et le donne à Zacharie Heince.

LAFAGE (N. de). Tome III, p. 91.

PIÈCES NON DÉCRITES.

1. *Anne d'Autriche.*

En demi-corps et tourné vers la droite en regardant de face. Dans un ovale ombré seulement en partie à droite et entouré d'une guirlande de lis et de palmes, surmontée de la couronne de France. On lit au bas dans un cartouche :

ANNE D'AVSTRICHE.

Anagramme.

SAINTE CANDEVR.

Le monogramme du maître NF se voit à la gauche du bas.

H. 0,130. L. 0,084.

Ce portrait décore l'ouvrage intitulé : *Lettres héroïques aux grands de l'État par le S. de Rangouse. Paris*, 1648.

2. *Portrait de François de Vendôme, duc de Beaufort.*

Il est à cheval, cuirassé, et il tient de la main droite son bâton de commandement; dans le fond, on voit un choc de cavalerie ; sur une pierre, à droite, au premier plan, on lit : *Lafage F. D. D. D.* 1649, et au bas, dans la marge, qui contient les armoiries du personnage : FRANÇOIS DE VANDÔSME DVC DE BEAVFORT PAIR DE FRANCE.

Franc Héros de Thémis l'espée et la balance
Reprenent de ton bras leur anciene valeur

Le Lis d'or en reçoit sa force et sa vigueur
Et le peuple françois vn siècle heureux en France.

G. N. F.

H. 0,388. L. 0,279.

LAFAGE (Raym. de). Tome II, p. 147.

ESTAMPES NON DÉCRITES.

1. *La Vierge et l'Enfant Jésus.*

En demi-figure, assise sur une pierre et tournée à gauche, la sainte Vierge tient sur elle l'enfant divin emmaillotté qui sommeille et qu'elle regarde avec amour. Pièce anonyme.

H. 0,128. L. 0,103.

Catalogue de la vente R. D. (Robert-Dumesnil), 17 et 18 décembre 1856, nº 121.

2. *Vénus à sa toilette.*

3. *Mars et Vénus.*

Ces deux pièces (nºs 2 et 3) sont indiquées dans le Catalogue de la vente de M. R. D. (Robert-Dumesnil), 11 mars 1856, p. 20, nº 135.

4. *Les Satyres faisant l'amour.*

Plusieurs couples de satyres et de bacchantes,l a plupart couchés, animent cette composition, qui offre un vaste paysage au fond duquel s'élève un monument en ruine. Un jeune satyre berce un enfant au bas de la gauche, en avant d'une nymphe que caresse un vieux satyre. Au bas de la droite on lit : *Rome ex.*

L. 0,236. H. 0,149.

Pièce citée dans le Catalogue d'une collection d'estampes anciennes par suite de décès de M. P., peintre (Robert-Dumesnil), vente à Paris le 21 février 1839, p. 9, nº 48 *bis*.

LAHYRE (Laurent de). Tome I, p. 75.

5. *La Vierge et l'Enfant Jésus servis par des anges.*

On connaît trois états de cette planche :

1. L'état décrit.

2. Il diffère du précédent en ce que la Vierge a, dans cet état, les jambes posées par terre.

3. Avec l'adresse de Mariette substituée à celle de Langlois.

7. *La Vierge au coussin.*

On connaît deux états de cette planche :

1. Avant la lettre, mais avec le nom de Lahyre.

2. L'état décrit.

10. *Le Christ en croix.*

On connaît trois états de cette planche :

1. Avant toutes lettres, avant les armes. Le nom de Lahyre se voit seul à la gauche du bas.

2. Avant certains travaux sur la robe de la Vierge et particulièrement sur le genou droit de la Madeleine.

3. L'état décrit.

14. *Saint Pierre.*

On connaît deux états de cette planche :
1. Avant la lettre.
2. L'état décrit.

15. *Saint Paul.*

On connaît deux états de cette planche :
1. Avant la lettre.
2. L'état décrit.

16. *La Conversion de saint Paul.*

On connaît quatre états de cette planche :
1. L'état décrit comme étant le premier.
2. L'état décrit comme étant le second.
3. Au lieu de l'adresse de Weyen, on lit dans la marge, à gauche : *Æ Paris chez B. Antheaume rue St Germain vis-à-vis le fort l'Evêque ;* le trait carré du bas a été presque effacé jusqu'au niveau du pommeau de l'épée.
4. Cette dernière adresse a été enlevée et le trait carré a été repris.

PIÈCES NON DÉCRITES.

1. *L'Adoration des mages.*

La Vierge, sur un trône auquel on monte par quatre degrés, est assise à la gauche ; elle tient sur ses genoux l'Enfant Jésus, qui reçoit d'un roi-mage un présent ; à droite, au premier plan, un autre roi-mage debout, devant lequel se voit un chien. Pièce anonyme.

L. 0,111. H. 0,079.

2. *La Vierge à la palme.*

Estampe en contre-partie de la planche décrite par M. Robert-Dumesnil (n° 6), et signée, à gauche, sur la pierre : *L. de la Hyre in et scp.* L'inscription dans la marge est la même, et la seule différence sensible, entre ces deux planches en contre-partie, consiste en ce que la Vierge et saint Joseph sont nimbés dans celle-ci.

H. 0,270. L. 0,188.

3. *Le Repos en Égypte.*

La Vierge, assise par terre, au milieu, tient sur ses genoux l'Enfant Jésus, qui ouvre les bras ; au second plan, à droite, se voit saint Joseph assis auprès de deux arbres. Reproduction libre d'une composition gravée par Le Pesarèse (*Bartsch.*, t. XIX, p. 126, n° 6.)

L. 0,250. H. 0,216.

4. La Vierge, debout, soutient, avec ses mains jointes, l'Enfant Jésus, également debout sur une pierre. Pièce anonyme dans un ovale.

H. 0,090. L. 0,070.

5. Jésus embrassant saint Jean dans un paysage ; sur le devant, à gauche, se voit un agneau, à côté duquel est une gourde. Pièce anonyme.

H. 0,161. L. 0,123.

6. Le Christ, mort, est porté au ciel par Dieu le père et par des anges. On lit au bas, à droite : *L. de la Hyre in,* et dans la marge : PROPTER SCELVS POPVLI MEI PERCVSSI EVM. ISA. 54.

H. 0,316. L. 0,220.

7. *Saint Jean.*

Saint Jean, assis, caresse un agneau, qui a les deux pattes sur sa cuisse droite. On lit, à la gauche du bas, dans la marge : *La Ire Inuentor — Guerineau excu auec Priuilège.*

H. de la planche, 0,176. L. 0,118.

8. *Saint Jean.*

Saint Jean, assis sur un terrain élevé, caresse un agneau, que l'on voit à sa gauche. Pièce anonyme.

H. 0,144. L. 0,093.

9. *Saint Michel.*

Saint Michel terrasse le démon, que l'on voit à gauche. On lit au bas, dans la marge : *La Ire Inventor — Guerineau excu. auec Priuilège.*

H. de la planche, 0,219. L. 0,150.

10. Deux enfants ; à gauche, l'un d'eux prend à l'autre une corbeille de fruits qu'il porte sur la tête. Pièce anonyme.

L. 0,093. H. 0,078.

11. *Paysage.*

Au bas d'un sarcophage surmonté d'une urne funéraire, se trouve la statue d'un homme couché appuyé sur son coude ; à gauche, dans le fond, se voit un pont à deux arches, sous lequel passe une rivière, qui vient aboutir sur le devant de l'estampe. Pièce anonyme.

L. 0,200. H. 0,132.

Cette pièce est mentionnée dans le Catalogue de M. R. D. (Robert-Dumesnil), 11 mars 1856, p. 20-21, n°s 138-141.

LA MARE RICHART (F. I. de). Tome I, p. 219.

M. Robert-Dumesnil, après un nouvel examen, attribue à La Mare Richart le frontispice du livre, *têtes de fantaisie* (3), qu'il croyait être de P. Ferdinand, lorsqu'il publia le premier volume du *Peintre-graveur français*.

Saint Jérôme.

M. Robert-Dumesnil enlève cette pièce à l'œuvre de Jean Morin, dans lequel il l'avait décrite sous le n° 34 et la rend à son véritable auteur, F. I. de la Mare Richart.

On connaît deux états de cette planche :

1. On lit au bas de la planche : *Audire Videor terribilem tubæ clangorem, surgite mortui, venite ad Iudicium.*
L. de la Hyre In et pinx. *F. de la Mare sculp.*
à Paris chez Jacque Lagniet aux Forleuesque avec priuilège.

2. La planche est rognée et la marge inférieure supprimée. On lit alors dans l'estampe même : *Chirus Ferus pinxit Rom. Malbouré ex. in Aula Albretiaca prope S. Hilarium.*

PIÈCES NON DÉCRITES.

1. *Portrait d'Antoine de la Mare.*

Il est vu en buste de trois quarts, dirigé vers la droite et regardant de face; derrière lui, à droite, se voient des livres; au-dessous de l'ovale, trois écussons armoriés, et dans le bas : εν τουτω νικη. — *Antonius de Lamare χ Laus Dno æterna.* Dans le haut de la planche, à gauche et à droite, deux portraits de femmes dans des médaillons entourés d'inscriptions, et au milieu la date 1645. Pièce anonyme.

H. 0,175. L. 0,135.

2. *Portrait de Jacques de Matignon de Torigny, abbé de Saint-Victor de Marseille.*

En buste de trois quarts, dirigé vers la droite; il regarde de face, dans une bordure ovale armoriée; aux deux côtés de l'écusson se voient des palmes. On lit à la droite du bas: *F. I. de la Mare Fecit ad viuum* 1662.

H. 0,345. L. 0,270.

LE BRUN (Charles). Tome I, p. 161.

3. *Saint Charles.*

Cette estampe, que M. Robert-Dumesnil n'avait pas vue et qu'il cite d'après l'indication de Dargenville, nous paraît être un portrait de saint Charles Borromée gravé par Gabriel Lebrun, et ne rappelant en rien la manière de Charles Lebrun.

4-7. *Les Quatre Heures du jour.*

On connaît quatre états de ces planches:

1. Avant les noms des heures et avant toute adresse.
2. Avec l'adresse de Ciartres.
3. Avec le nom de Mariette substitué à celui de Ciartres.
4. L'adresse de Mariette effacée et remplacée par celle-ci: *A Paris chez M. Poisson, cloitre St Honoré maison de la maitrise au fond du Jardin.*

LEFEBVRE (Claude). Tome II, p. 92.

2. *Boudan.*

On connaît deux états de cette planche :

1. Le fond est formé de traits très-espacés.

2. Les intervalles de ces traits sont remplis d'autres traits, qui ôtent à ce fond l'aspect clair qu'il avait dans le premier état.

LE JUGE (G.). Tome IV, p. 26.

1. *Sainte Famille.*

On connaît deux états de cette planche :

1. L'état décrit.

2. On lit dans la marge, au-dessous de l'inscription : *A Paris chez Pierre Mariette rue St Jacques à l'Espérance.*

3-15. *Les Images des dieux des païens.*

On connaît trois états de ces planches :

1. L'état décrit.

2. Chaque pièce porte l'adresse de Mariette et un numéro.

3. L'adresse de Mariette a été enlevée.

ESTAMPES NON DÉCRITES.

1. *Apparition de Jésus-Christ à la Madeleine.*

H. 0,245. L. 0,172.

Pièce citée par Leblanc. (Manuel de l'amateur d'estampes, tome II, p. 527.)

2. *Les Proverbes.*

Des malheureux autour d'une table mangent et boivent à profusion. On lit au haut de la planche *Les Proverbes* et au bas :

Ces gens n'ont crainte ny soucy
Et cherisse tant cette vie
Que comme ils sont exempts d'enuie,
Ils n'enuient personne aussy.

Ils viuent joyeux et contens
Beuuans et mangeans à toute heure
Toute la terre est leur demeure
Et leur logis les quatre vents.

De tout temps les gueux ont esté
Et par vne insigne remarque
Ils porte des lambeaux po[r] marque
De leur notable antiquité.

Homere gueusa autrefois
Et Diogène le cinique
Mesprisa le Macedonique
Auec son escuelle de bois.

La signature *Le Juge fe.* se trouve à la gauche du bas sur une pierre.

L. 0,386. H. 0,209 dont 0,037 de marge.

Cette pièce me paraît être, dit M. Robert-Dumesnil, le titre d'une suite nombreuse due à la pointe de notre artiste et de plusieurs de ses contemporains, tels que Louis Ferdinand, Samuel Bernard, etc.

3. *Testament de Ieanne.*

Une femme étendue sur le dos vers la droite de l'estampe est entourée d'hommes et de femmes dont voici les noms ou la profession en commençant par la gauche : *Nannon*, *page du violon*, *violon intéressé*, *le Notaire*, *Robine*, *la Retorée*. Dans la marge inférieure on lit : LE TESTAMENT DE IEANNE.

Page du Violon.

Qu'est-ce qu'auont fait ces gens qui sont à ces fernestre
Les a ton boutez la ou sy cest leur maison ?

Nannon.

Mon fils c'est qu'ils auont mal parlé de ton maistre.
Il ne faut pas nommer les choses par leur nom.

Bien pleine de raison, et sain entendement,
Auant que de passer l'infernalle riuière,
I'ay bien uoulu dresser ce mot de testament,
Et laisser par escrit ma uolonté dernière.

Ie ueux que mes habits soient pour la Retorée
A la Dame Nicole ie donne un chaperon
Qu'on paye le notaire du panier à marée
Et mon chien et mon chat ce sera pour Nannon.

Robine estant payée ie ueux que les deniers
Qui ont esté trouvez dedans mon escarcelle,
Soient pour mettre dehors ces pauures prisonniers,
Et quon donne au violon des batons de ma selle.

Pièce anonyme.

L. 0,407. H. 0,240 dont 0,037 de marge.

Nous avons vu dix pièces d'une suite qui doit être plus

nombreuse, pièces qui rappellent la manière de G. Lejuge et qui portent toutes la mention : *Le Juge excudit avec priuilège.* Ces pièces représentent :

3. **Nativité de Nostre Seignevr.**

4 (3). **Adoration des Roys.**

5 (4). **Présentation av Temple.**

6 (9). **Jesvs Christ tenté par le Diable.**

7 (12). **Demoniaqve délivré.**

8 (18). **Jesvs Christ au Jardin.**

9. **Apparvtion a Magdelaine.**

10. **Résvrrection.**

11. **Les Disciples allant a Emavs.**

12. **Ascention.**

LEMERCIER (Antoine). Tome II, p. 3.

1. *Saint Jean dans le désert.*

On connaît quatre états de cette planche :

1. L'état décrit.

2. Le rocher et le fût de colonne sur lequel le saint pose le pied ont été entièrement repris au burin.

3. On voit le nº 24 au-dessous de la jambe du saint.

4. La planche a été grossièrement retouchée dans toutes les parties, et le nom d'A. Lemercier a été enlevé.

14. *Cheminée.*

On connaît deux états de cette planche :

1. On lit sur le cartouche du milieu : *Ce livre se vend au faux bourc S^t. Germain rue princesse à la clef d'or chez Anthoine Le Mercier.* 1631.

2. L'état décrit.

17. *Cheminée.*

On connaît deux états de cette planche :

1. Avant les armes dans les écussons.
2. L'état décrit.

ESTAMPES NON DÉCRITES.

1. *Pièce à dédoubler offrant deux panneaux.*

Dans le panneau qui est à gauche, on voit, au haut, une demi-tête de femme, et dans celui qui est à droite, une demi-tête de lion. Pièce anonyme.

H. 0,251. L. 0,161.

2. Un tabernacle où se voient onze figures d'anges et de chérubins, plus quatre figures de saints dans des niches.

H. de la planche : 0,270. L. 0,181.

LEU (Thomas de). T, X, p. 1.

112. *Frontispice des œuvres de Sénèque.*

On connaît deux états de cette planche :

1. L'état décrit.
2. La date de 1604 a été changée en M. VI^C XVIIII, et l'adresse est : CHEZ LA VEFVE L'ANGELIER.

364. *Errard (Jean), ingénieur.*

On connaît deux états de cette planche :
1. Avant toutes lettres.
2. L'état décrit.

383. *Guise (Louis de Lorraine, cardinal de).*

Ce personnage n'est pas le même que celui qui est décrit sous le n° précédent, comme l'indique à tort le chiffre II placé en tête de la description. Il s'agit ici de l'évêque d'Albi, oncle de Louis de Lorraine, assassiné à Blois, décrit sous le n° 382.

On connaît trois états de cette planche :
1. Avant toutes lettres.
2. L'état décrit.
3. On voit une courte, mais très-forte raie sur la bordure et sur le fond entre les lettres V. E. du mot EVESQVE.

386. *Henri II.*

On connaît deux états de cette planche :
1. On lit aux côtés de l'ovale : *de leu fecit. Rabel excu.*
2. L'état décrit.

440. *Lorraine (Claude de France, duchesse de).*

C'est à tort que nous avons décrit ce portrait sous le nom de Claude de France. La personne représentée est, en réalité, Marguerite de Lorraine, seconde fille de Nicolas de Mercœur et de Jeanne de Savoie, mariée en premières noces à Anne, duc de Joyeuse, tué à Coutras, et en secondes noces à François de Luxembourg, duc de Piney.

Dans la transcription des vers il s'est glissé une faute d'impression ; au lieu de *Fleuron Austrazien*, on lit dans toutes les épreuves, même sur les plus faibles, *Fleuron Anstrazien.*

442. *Lorraine (Henri II, duc de).*

Ce numéro doit être supprimé. Il fait double emploi avec le nº 307.

448. *Maine (Charles de Lorraine, duc du).*

On connaît trois états de cette planche :

1. Avant des travaux ajoutés sur le cordon, à gauche. Avant deux raies au bas de la bordure, à droite.

2. Avec ces deux raies, mais toujours avant les travaux sur le cordon.

3. Avec les travaux ajoutés sur le cordon.

PIÈCES NON DÉCRITES.

1. Melchisedech vient au devant d'Abraham dans la vallée de Savé et lui présente du pain et du vin. On lit à la droite du bas : *Thomas de Leu fecit.*

H. 0,133. L. 0,084.

2. Un abbé et un moine agenouillés sont en adoration devant un calice surmonté d'une hostie rayonnante ; deux banderoles, sur lesquelles on lit : *Memoriam fecit mirabilius suorum. Escam dedit timentibus se*, sont placées devant leur bouche ; au-dessus des anges qui soulèvent les rideaux du tabernacle, on lit sur deux autres banderoles : *Premunt videntes Angeli. Panem Angelorum mãducat homo.* Au centre, LA MANNE DIVINE *preschée en l'octave sainte par M. T. G. P. à Paris* 1609. Puis au-dessous : *Chez Mathieu Le Maistre, rue St Iacques aux quatres éléments.* Et tout au bas : *Auec priuilège du Roy. Thomas de Leufe.*

H. 0,130. L. 0,078.

Suite de cinq estampes pour : *Les Ordonnances royaux sur le faict et Ivridiction de la prevosté des marchands et escheuinage de la ville de Paris..... Paris.* 1595. in-f°.

(1). *Portrait de Henri IV*, de trois quarts à gauche, avec ces vers :

Ce grand roy que tu vois de sa guerrière lance
Subiuga ses subiectz contre luy Reuoltez
Mais d'ung plus braue cœur quant il les eust domptez
Luy mesme se vainquict oubliant leur offense.
Tho. de Leu fe.

Ce portrait est décrit sous le n° 404 du Catalogue de l'œuvre de Thomas de Leu.

(2) *Henri IV recevant les échevins.*

Cette planche est décrite sous le n° 73 du Catalogue de l'œuvre de Thomas de Leu.

3. *Les Mesureurs de grains.*

(3) Au premier plan, des hommes mesurent du grain, qu'ils mettent en sac ; dans le fond, au delà de la Seine, une vue de Notre-Dame apparaissant par le côté. On lit au bas de la planche : *Les Iurez porteux de grains ports et place de greue à paris.* Puis, à droite : *Thomas de Leu fe.*

L. 0,126. H. 0,109.

4. *Les Marchands de bois.*

(4) Trois hommes, au premier plan, sont occupés à mesurer du bois ; derrière eux, trois autres déchargent une voiture ; dans le fond, au delà de la Seine, apparaît l'église Notre-Dame. On lit à la gauche du bas : *Tho. de Leu fe.*

. 0,089. L. 0,085.

5. *Les Marchands de charbon.*

(5) Quatre charbonniers remplissent une mesure de charbon de bois placé sur le devant; dans le fond, au delà de la Seine, on voit l'Église Notre-Dame. On lit au bas, à gauche : *Tho de Leu.*

L. 0,125. H. 0,112.

LIMOSIN (Léonard). T. V, p. 45.

PIÈCES NON DÉCRITES.

1. *L'Annonciation.*

La sainte Vierge est assise à la gauche de la planche et tient un livre; elle regarde avec un saint étonnement l'archange Gabriel agenouillé à droite, qui s'acquitte de sa mission céleste en lui montrant Dieu le père et le Saint-Esprit, qui apparaissent au haut dans une gloire de chérubins. Les lettres L L sont gravées sur la panse d'un vase de fleurs occupant le milieu de l'estampe vers le bas.

H. 0,250. L. 0,180.

2. *Jésus-Christ livré à ses ennemis.*

On voit Jésus-Christ vers le fond, dirigé à gauche, entre Judas portant le prix de sa trahison dans une bourse et un soldat. Saint Pierre vient de terrasser Malchus, à la droite du bas. On lit au bas du côté opposé :

LEONARD.
LIMOSIN.
1544.

H. 0,255. L. 0,188.

J. Renouvier (*Types et manières des maîtres-graveurs, XVI*e *siècle, p.* 179) dit avoir vu à la bibliothèque de

Bruxelles une autre pièce non décrite de Léonard Limosin, *La prière au Jardin des Oliviers.*

LOIR (Nicolas). Tome III, p. 182.

16. *Cleobis et Biton.*

On connaît cinq états de cette planche :

1. L'état décrit comme étant le premier.
2. On lit après les mots *N. Loyr Pinxit sculpsit* les mots *et excudit*. Puis dans la marge, la dédicace suivante remplace la description du sujet en latin et en français : *Illustrissimo Domino D. Francisco Talemant Eleemosynario Regio nec non S. Irenei Lugdunensis Priori, Picturæ literarumq. amatori, hanc clarissimam Cleobidis et Bitonis fratrum historiam quam Herodotus narrat Nic. Loyr pinxit sculpsitq. et in obsequiis monumentum offert D. D.*
3. L'état décrit comme étant le second.
4. L'état décrit comme étant le troisième.
5. L'état décrit comme étant le quatrième.

PIÈCES NON DÉCRITES.

1. *Junon.*

2. *Paysage.* Pendant de l'estampe décrite sous le nº 45. Composition dans le goût de Guaspre Poussin. On remarque au milieu deux figures assises, et à gauche deux autres courant. Pièce anonyme.

L. 0,358. H. 0,218.

Catalogue de M. R. D. (Robert-Dumesnil), 11 mars 1856, p. 23-24, nºs 162 et 164.

CLAUDE GELLÉE dit le Lorrain (1).

Les détails relatifs à la vie d'un homme illustre ne sont jamais sans intérêt. On aime à connaître comment un artiste de génie a trouvé sa voie et comment il l'a suivie, quels obstacles il a rencontrés, et quels efforts il a dû faire pour en triompher. Toutes ces circonstances sont surtout intéressantes quand il s'agit d'un grand peintre dont les débuts ont été pénibles; l'admiration inspirée par ses œuvres croît alors en proportion des difficultés qu'il lui a fallu surmonter pour les produire.

Toutefois les récits de cette nature ne peuvent nous intéresser qu'à une condition essentielle, c'est qu'ils soient vrais. Le biographe doit éviter de rien exagérer; il doit surtout s'inspirer des documents

(1) On nous saura gré, nous n'en doutons pas, d'avoir demandé à M. Edouard Meaume, qui depuis longtemps préparait une monographie de Claude Lorrain, de nous communiquer son travail. Grâce aux notes précieuses recueillies par ce savant iconographe et mises par lui à notre disposition avec une grâce parfaite, nous avons pu, en nous laissant absolument guider par lui, donner à nouveau le catalogue de l'œuvre de cet artiste. M. Robert-Dumesnil est le premier qui ait attiré sur les estampes de ce maître l'attention dont elles sont dignes; mais des recherches nouvelles ont fait connaître, sinon des pièces non décrites, du moins un certain nombre d'états nouveaux. Et, quand il s'agit d'un maître de cette importance, on ne saurait être ni trop exact ni trop complet. Nous n'aurions osé, sans le secours de M. Ed. Meaume, entreprendre cette lourde tâche de donner un nouveau catalogue de l'œuvre de Claude Lorrain; sous sa direction et avec son concours, nous avons conscience d'avoir fait au moins un travail utile.

contemporains en les contrôlant avec soin. Ne rien négliger, mais ne rien adopter de confiance et sans examen, telle doit être sa règle. Il ne nous paraît pas qu'elle ait été suivie à l'égard de Claude Gellée. L'exagération et l'absence de critique se remarquent dans plusieurs biographies du plus grand de nos paysagistes. Sa vie a été écrite par d'Argenville, par Denon, par Mme Voïart; en dernier lieu, par Nagler et autres. Tous disent qu'il est parti de très-bas. Presque complétement illettré, il a été garçon pâtissier, puis domestique. Quelques biographes, renchérissant sur leurs devanciers, ajoutent que cette vie misérable de l'artiste se prolongea jusqu'à l'âge de 36 ans (1); puis que, par une sorte de transfiguration, se manifesta tout à coup le grand peintre que chacun connaît.

En présence de faits dont les uns sont controuvés et les autres réels, mais mal étudiés, on a crié miracle; puis, au lieu de chercher, dans les circonstances bien avérées et les dates, l'explication qui en découle naturellement, on s'est laissé emporter par l'imagination; et, la phrase aidant, on est arrivé au faux en passant par l'emphase. Ces exagérations ont réagi sur des esprits sérieux, tels que MM. Ch. Blanc, Villot, Piot et Robert-Dumesnil, ennemis nés

(1) A l'âge de 36 ans, dit Nagler, Claude faisait encore griller des côtelettes.

du merveilleux et des phrases à effet. Par suite, ils ont rejeté, sans discussion, les faits relatifs à la jeunesse misérable de Claude, pour s'en tenir au récit de Baldinucci, absolument muet sur ces circonstances.

Nous croyons, cependant, que tout n'est pas controuvé dans les écrits de Nagler et autres, et que Baldinucci n'est pas la source unique à laquelle on doit puiser pour écrire la biographie de Claude Gellée. Il en existe une autre encore plus reculée et non moins digne de foi; c'est le récit de Sandrart, l'ami de Claude Gellée, le compagnon de ses travaux, le confident de ses pensées. Il est impossible que Sandrart ait imaginé les faits principaux dont il parle, et qu'il tenait de Claude lui-même, alors âgé de 30 à 35 ans. Ses souvenirs ont pu s'égarer, relativement à quelques détails évidemment controuvés; mais ces erreurs de mémoire ne sont pas une raison pour écarter des faits précis sur lesquels il n'a pu se tromper, et dont récit a été publié du vivant même de Claude Gellée (1).

On s'explique, d'ailleurs, facilement pourquoi Baldinucci a gardé le silence sur certains détails rapportés par Sandrart. Le biographe italien a écrit d'après des notes fournies par l'abbé Joseph Gellée et par Jean Gellée, petits-neveux du grand peintre. Devenu

(1) L'édition originale de l'ouvrage de Sandrart, en allemand, a paru de 1675 à 1679; Gellée n'est mort qu'en 1682.

riche et fréquentant la haute société de Rome, l'abbé Gellée trouvait tout au moins inutile de révéler l'humble origine de sa famille, et d'apprendre au public que son oncle avait pétri la pâte, balayé les chambres et pansé les chevaux. Le silence de Baldinucci sur la condition infime de Claude, dans sa jeunesse, ne paraît pas avoir d'autre cause. On doit remarquer, en outre, que plus de soixante ans avaient déjà passé sur ces faits, et il est possible que ses petits-neveux, fort jeunes lorsque leur oncle est mort, n'en aient eu aucune connaissance (1). Mais ce n'est pas un motif pour ne tenir aucun compte de ce que Sandrart a su de Claude lui-même, bien avant la naissance de ses neveux et plus de cinquante ans avant que Baldinucci ait écrit. D'ailleurs le récit de cet auteur n'infirme que sur un seul point, peu important, celui de Sandrart, et il le complète en beaucoup d'autres. Le mieux est donc de puiser à ces deux sources également recommandables, en considérant comme établis les faits qui ne sont pas contradictoires. Lorsque, au contraire, une circonstance, racontée par l'un des auteurs, ne peut concorder avec le récit de l'autre, il faut bien opter pour celle des deux versions qui présente le plus de vraisemblance. C'est la règle que nous avons adoptée pour la suite de ce travail.

---

(1) Baldinucci dit formellement que Joseph Gellée étudiait encore la théologie lorsqu'il lui a fourni des détails sur son parent.

Claude Gellée est né à Chamagne, village sur la Moselle, près de Charmes et de Mirecourt, dans le diocèse de Toul, en 1600. Cette date est fournie par son épitaphe, composée par ses neveux, et qu'on voyait autrefois à Rome, à la Trinité du Mont. C'est par erreur que d'Argenville et autres biographes l'ont fait naître au *château* de Chamagne. Il n'y a jamais eu de château dans ce petit village de Lorraine. La cause de cette erreur est un contre-sens. Baldinucci dit bien : *Nacque in* castello *di Chamagne*...; mais *castello* veut dire ici petit village, petit bourg, et non château (1).

On ignore la profession de ses parents. Il était le troisième des cinq enfants mâles nés du mariage de Jean Gellée et d'Anne Padose. L'aîné s'appelait Jean, comme son père et son aïeul; le second avait pour prénom Dominique. Denis et Michel étaient les prénoms des deux derniers. Claude Gellée vécut plus de quatre-vingts ans, et ne se maria jamais. Cependant sa famille n'est point éteinte en Lorraine, quoique ses membres actuels ne paraissent pas avoir hérité de sa fortune. Sa succession fut recueillie par les enfants d'un de ses cousins germains, qu'il avait fait venir à Rome, et dont l'un embrassa l'état ecclésiastique. On croit que cette branche est éteinte;

(1) CASTELLO. Mucchio e quantita di case circondate di mura a guisa di piccola cità. Château, ou *petit village, bourg*. (Alberti, Dizionario italiano-francese. Milano, 1859.)

mais la famille de Claude existe encore à Chamagne. Un honorable cultivateur est aujourd'hui maire de ce village. Il croit descendre d'un des frères de l'illustre peintre, sans pouvoir l'indiquer avec certitude. Aucun des Gellée vivants encore à Chamagne ne possède ni papiers de famille, ni documents quelconques se rattachant à Claude.

Ses parents n'étaient pas riches; artisans ou cultivateurs, chargés de cinq garçons, sans compter les filles, ils comprenaient cependant la nécessité de l'éducation. Claude fut envoyé à l'école, comme ses frères; mais il en profita peu. Ce fut à grand'peine qu'il put apprendre à lire. Il était, dans son enfance, dit Sandrart, *scientia valde mediocri*. Voyant qu'il ne mordait pas à l'écriture, qu'il n'apprenait presque rien à l'école, *parum imo nihil fere proficeret*, ses parents le mirent en apprentissage chez un pâtissier (1).

Comment celui qui devait être un jour le peintre favori des papes et des rois échangea-t-il le tablier et le mitron contre la palette et le pinceau? C'est sur ce point que Sandrart et Baldinucci ne sont pas complétement d'accord.

(1) Voici le passage de Sandrart qui atteste ce fait que nous considérons comme constant : *A parentibus suis in disciplinam tradebatur pistori cuidam atrocreatum.* (Ses parents le mirent en apprentissage chez un boulanger de pâtés.) — Le texte de Sandrart porte *pictori*, mais c'est évidemment *pistori* qu'il faut lire. (*Nobilissimæ artis pictoriæ*... Nuremberg, 1683, in-fol., p. 328.) D'ailleurs le texte allemand rectifie l'erreur de la traduction latine.

Suivant Sandrart, le jeune apprenti pâtissier serait parti pour Rome en compagnie de plusieurs compatriotes exerçant la même profession. Ignorant la langue italienne, ne trouvant pas facilement à se placer chez un patron de son état, Claude entra comme domestique chez Augustin Tassi, peintre assez gai et complaisant, quoique goutteux (*quamvis podagræ malo sæpius vexatus, pluribus tamen ob genium hilarem acceptissimus*). Tassi peignait des décorations pour le conclave. Claude était alors bien moins son élève que son domestique. Il faisait la cuisine, pansait le cheval du maître, balayait les chambres, broyait les couleurs, et nettoyait palettes et pinceaux (1).

Il résulte de ce passage que Claude a été domestique chez Tassi, et qu'il y était encore au moment du conclave pour l'élection de Grégoire XV ou d'Urbain VIII, c'est-à-dire en 1621 ou 1623. Il ne peut s'agir du conclave dans lequel fut élu Paul V, en 1605; c'est donc vers 1621 que Claude devint le valet de Tassi.

Il semble encore résulter du récit de Sandrart que Claude se serait placé chez Tassi, en arrivant à Rome, et qu'il y aurait demeuré au moins jusqu'en

(1) *Hic Cl. Gillius culinæ ipsius totique rei œconomicæ interea prospiciebat, curato simul equo, mundatisque ubique mundandis, terendo itidem colores et expurgando axiculum et penicellos.* (Sandrart, *loc. cit.*)

1621. Dans cette hypothèse, le jeune apprenti pâtissier ne serait parti pour Rome que vers l'âge de quinze ans, et serait resté bien longtemps, dans la même condition, sans se fortifier dans l'étude du dessin, ce qui est peu vraisemblable.

Le récit de Baldinucci complète celui de Sandrart, en le rectifiant seulement sur ce point, que Claude est venu à Rome bien avant 1621. Quoique muet sur la première enfance de Claude, il est plus précis que Sandrart sur les faits relatifs à la jeunesse du grand artiste, et son récit est également très-précieux. Suivant cet auteur, Claude perdit son père vers l'âge de douze ans. L'orphelin, recueilli par son frère aîné, Jean Gellée, graveur sur bois à Fribourg en Brisgaw, reçut de lui les premières notions de dessin, et y demeura environ une année. Un de leurs parents, marchand de dentelles, était appelé par ses affaires à Rome. Alors, comme aujourd'hui, on fabriquait de la dentelle à Mirecourt ainsi qu'aux environs de cette ville, et les relations de la Lorraine avec Rome, relativement au débit de cette marchandise, étaient assez fréquentes. Le marchand de dentelles offrit de se charger de l'enfant et de le conduire à Rome, où il pourrait mettre à profit les heureuses dispositions que son frère avait reconnues en lui. Il arriva donc dans la ville éternelle vers 1613 ou 1614, et logea d'abord près de la Rotonde. Son petit pécule devait être fort mince, et il en vit bientôt la fin. Le marchand de dentelles était retourné en Lorraine, laissant à Rome son jeune parent. Celui-ci se rendit à Naples, où il travailla, pendant deux années, sous la direction de Geoffroy Wals, peintre de paysages, puis il revint à Rome, où il entra chez Tassi.

Ces faits paraissent constants; mais il ne l'est pas moins que Claude était chez Tassi lors du conclave de 1621. Or Sandrart tient de notre artiste lui-même que, à ce moment, il était encore valet d'écurie et de chambre. On est donc porté à supposer que chez Geoffroy Wals, à Naples, il était plutôt domestique qu'élève, comme il l'a été plus tard chez Tassi. Cela n'exclut pas cependant la possibilité que le jeune serviteur ait pu recevoir quelques leçons, soit de Wals, soit de Tassi, avant 1621; mais il était alors encore très-peu habile.

Peu à peu, cependant, Tassi, dont Sandrart célèbre l'affabilité et la complaisance, consentit à donner des leçons à son serviteur, dont il avait reconnu les heureuses dispositions pour la peinture. Sandrart le dit en termes exprès : *Inter hæc ministeria igitur, consulente et informante eum patrono, prospectivæ operam dabat*. Claude avait alors un peu plus de vingt ans. C'est l'âge où le travail, uni à la volonté de parvenir, est le plus profitable. Tant qu'il fut au service de Tassi, il ne put apprendre que la pratique de la peinture; le temps et son seul génie devaient faire le reste. A ce point de vue, on a pu dire avec raison qu'il n'eut pas de maître. Toutefois il faudrait bien se garder de croire que ses premiers ouvrages furent, comme on l'a dit, de véritables chefs-d'œuvre. Lui-même a raconté à Sandrart, qui nous a conservé ses confidences, combien furent humbles les commencements de sa vie d'artiste. On y verra que le grand homme qui, sous le nom de Claude le Lorrain, fut le prince des paysagistes, ne put échapper à la loi commune du travail, et qu'il fut loin d'atteindre, du premier bond, les sommités de l'art.

Le jour où Claude put avoir un petit atelier à lui, il s'empressa de quitter Tassi. Il se mit alors à peindre des paysages ornés de monuments. Leur valeur vénale était peu élevée, et les difficultés de la vie étaient grandes. Aussi le jeune artiste vivait-il avec la plus stricte économie. Il sut cependant résister à la tentation de faire vite sans se préoccuper de faire bien. Il voulut, au contraire, arriver au mieux dans les limites du possible. A cet effet, il ne négligea aucun des enseignements que pouvait lui fournir la nature. Le récit de Sandrart sur ce point a été singulièrement commenté, embelli par les biographes. Il nous paraît plus utile de le traduire littéralement :

« Pour atteindre les véritables fondements de « l'art, et pour pénétrer les secrets les plus cachés « de la nature, il ne quittait pas la campagne. Dès « le point du jour, jusqu'à la nuit, il s'appliquait à « saisir les aspects variés de l'aurore, le lever et le « coucher du soleil. C'était surtout aux heures du « crépuscule qu'il étudiait le modèle vivant de la « nature. Tout en considérant ce spectacle, il pré-

« parait ses couleurs d'après les teintes mêmes qu'il « observait; puis, rentré chez lui, avec ses couleurs « ainsi préparées (*domique cum iis recursus*); il les « appliquait à l'ouvrage qu'il avait entrepris. Il con- « sacra beaucoup d'années à l'application de cette « méthode difficile et pénible, passant les journées « dans la campagne, et faisant de longues courses « sans se lasser jamais. Je le rencontrais souvent au « milieu des roches les plus escarpées de Tivoli, « maniant le pinceau au milieu de ces fameuses cas- « cades, et peignant, non d'imagination et d'inspi- « ration, mais d'après ce que lui inspirait la nature « elle-même. Ce genre de travail avait un tel charme « pour lui, qu'il continua toujours à suivre la même « méthode. »

Ce témoignage de Sandrart est extrêmement précieux. Il parle *de visu*, et fait merveilleusement comprendre le mode de travail adopté par le grand artiste dès ses débuts. Cependant, Sandrart n'a pu le connaître avant 1628. Il le rencontra probablement vers 1630. Il n'était pas encore dans toute la force de son talent; mais il était bien différent de lui-même à ses commencements, en 1622 ou 1623. On voit que sa méthode fut toujours la même. Elle consistait à observer constamment la nature, mais on a eu tort de dire et de répéter que Claude n'emportait jamais ses pinceaux dans ses promenades. Sans doute, Sandrart indique qu'il préparait ses couleurs en face de la réalité, et qu'il les transportait ensuite chez lui sur la toile. Mais il dit aussi qu'il peignait sur le modèle des types naturels; ce qui signifie que, pour mieux fixer ses souvenirs, il faisait d'après nature, soit en dessin, soit à l'huile, des études d'arbres, de lumière et d'ombre qu'il rapportait à son atelier. Il n'a pas, à proprement parler, peint d'après nature, en ce sens que les tableaux de son bon temps ne représentent presque jamais aucun site connu; mais il a observé la nature, et il a fixé son image sur la toile ou sur le papier, au moment même de l'observation, pour transporter ces puissantes études sur les toiles restées à l'atelier.

Il résulte de ce qui précède que Claude ne prit jamais la manière d'aucun de ses prédécesseurs. En admettant que Geoffroy Wals et Tassi lui aient donné des leçons (1), il n'emprunta rien d'eux. Il fut chef d'école, quoiqu'il n'ait pas formé d'élèves. Il inaugura ce qu'on a appelé avec raison l'âge d'or des paysagistes. Les plus illustres, ceux qui en ont approché de plus près, comme Poussin, Ruysdael, Hobbema, Cuyp, Millet et bien d'autres, l'ont imité, en ce sens qu'ils ont, comme lui, soigneusement étudié la nature. Méthode excellente, mais lente et difficile. Aussi s'écoula-t-il près de dix années avant qu'il parvînt à se faire un nom. Il continua de tra-

(1) Le fait est certain pour Tassi, il l'est moins pour Wals. Baldinucci dit que, avant d'entrer chez Tassi, il prit, pendant deux années, des leçons de perspective chez un certain Goffredi, sans autre dénomination. Tous les biographes en ont conclu qu'il s'agit ici de Geoffroy Wals; ce qui est possible, mais nullement démontré.

vailler à Rome, sans grand succès, jusqu'au printemps de 1625, époque à laquelle il fut pris du désir de revoir son pays natal. Le récit de ce voyage nous a été conservé par Baldinucci. Il s'achemina vers la Lorraine, en passant par Lorette, Venise, Trente, Inspruck, Munich et la Souabe. Chemin faisant, il peignait des paysages vendus aux prix les plus modiques. Suivant une tradition, il existerait de lui deux tableaux de cette époque, représentant des vues de Munich.

Claude n'avait connu à Rome aucun des artistes lorrains qui s'y étaient rendus au commencement du siècle. Jacques Bellange était de retour en Lorraine, lorsque Claude arriva à Rome vers 1614. A la même époque, Callot était à Florence. Quant à Deruet, Claude aurait pu le rencontrer à Rome, mais il n'en était certainement pas connu, puisqu'il se fit présenter à lui en arrivant à Nancy. Il avait dans cette ville un parent, ami de Deruet, qui se chargea de l'introduire près du peintre du duc Henri. Il en reçut un excellent accueil. Deruet le retint même près de lui, et s'engagea à lui faire peindre des figures.

Quand on connaît la manière prétentieuse et lourde de Deruet, et qu'on se reporte aux merveilleux paysages sortis depuis de la palette de Claude, on a peine à se le représenter exécutant ces grandes machines, ces personnages héroïques, qui faisaient alors les délices de la petite cour du duc de Lorraine. Il est constant, cependant, que Claude peignit la figure sous la direction de Deruet, et il serait curieux de retrouver, soit dans les tableaux de Deruet, soit ailleurs, des traces du travail de Claude (1).

Il paraît que Deruet ne fut pas trop mécontent des ouvrages de son protégé, puisque, recevant, moins d'une année après, la commande de peindre la voûte de l'église des Carmes, à Nancy, il associa Claude à ce travail (2). Il semble, toutefois, que Deruet n'ait pas reconnu à Claude une grande aptitude à peindre les figures, car il se réserva d'exécuter toutes les compositions de la voûte, et ne voulut confier à Claude que l'architecture, travail qui l'occupa pendant près d'une année (3).

Pendant qu'il travaillait aux Carmes, Claude fut fortement impressionné par un accident arrivé à un ouvrier doreur établi sur un échafaud voisin du sien. Cet homme fit un faux pas, et il eût été précipité sur le pavé s'il ne se fût retenu à une poutre. Claude vola au secours de ce malheureux, suspendu dans le vide, et lui sauva la vie. Cet événement fit une telle

---

(1) On ne connaît, en Lorraine, aucun travail de ce genre qui appartienne à Claude.

(2) Cette église est aujourd'hui détruite.

(3) Ces faits sont attestés par Baldinucci qui estropie le nom de Deruet. Il l'appelle Charles Dervent.

M. Villot, dans sa notice sur Claude, n'a pas deviné que ce nom mal écrit cache celui de Deruet, et il cite Charles Dervent comme un peintre *dont le Louvre ne possède pas d'ouvrages*. La vérité est qu'il n'existe aucun peintre de ce nom. Du reste, Charles Dervent nous paraît avoir été inventé par la Biographie Michaud. Ce nom imaginaire figure dans les deux éditions de cette publication à l'article LORRAIN.

impression sur l'artiste qu'il renonça pour longtemps à la peinture décorative (1). Il se hâta de terminer ses travaux, et se prépara à partir. Il sentait que ce n'était ni en Lorraine, ni sous les voûtes d'une église qu'il pouvait devenir un grand peintre. Sa vocation était ailleurs. Rome l'attirait par ce charme indéfinissable que son ciel et les grandes lignes de sa campagne exercent sur ceux qui les ont déjà contemplés. Il résolut d'y retourner.

Il avait séjourné environ deux années en Lorraine, lorsqu'il la quitta dans l'été de 1627 pour ne plus la revoir. Cependant il n'en perdit jamais le souvenir; et, lorsqu'il eut conquis la place que nul depuis ne lui a ravie, il n'eut plus d'autre nom que celui de sa patrie, sous lequel il est devenu populaire. Tout le monde connaît Claude Lorrain, tandis que le nom de Gellée n'éveille aucun souvenir dans l'esprit du plus grand nombre.

Il ne portait pas encore ce nom glorieux quand il s'achemina vers Rome. Il lui fut donné plus tard, lorsque sa réputation fut consacrée. A Marseille, il rencontra le peintre Charles Errard, qui se rendait à Rome avec son père et son frère. Il s'arrêta quelque temps dans cette ville pour y peindre deux tableaux, dont le prix lui permit de payer son passage jusqu'à Civita-Vecchia, et il arriva à Rome, avec Errard,

---

(1) Il la reprit cependant à Rome beaucoup plus tard (Sandrart, Vie de Claude Gellée, p. 329.)

le jour de la Saint-Luc, fête des peintres, c'est-à-dire le 18 octobre 1627.

A partir de ce moment, les progrès de Claude furent rapides. La pratique de l'art lui était familière, il n'avait plus rien à apprendre que de la nature.

Ce fut peu de temps après son retour à Rome qu'il fit connaissance avec Sandrart. Ce dernier visita l'Italie en 1627, et y séjourna plusieurs années. Il est vraisemblable que sa liaison avec Claude remonte à une époque un peu antérieure à 1630. Il raconte, avec une bonhomie tout allemande, entremêlée de quelque vanité, qu'il faisait, avec son ami, de nombreuses promenades dans la campagne romaine, et surtout dans les Apennins. Ils travaillaient ensemble, se communiquant leurs dessins et leurs observations sur le grand art de représenter la nature. Le bon Sandrart admet sans peine, et il imprime en 1675, c'est-à-dire du vivant de Claude, que ce dernier rendait mieux que lui les horizons lointains, la dégradation de la lumière sur les derniers plans. Il reconnaît la supériorité de son ami, toutes les fois qu'il s'agit de renfermer dans un très-petit cadre les magiques effets du soleil; mais il a la naïveté d'ajouter que lui, Sandrart, porté d'inclination à peindre en grand, s'attachait surtout à rendre les rochers, les grandes masses de verdure, les cascades, les édifices et les grandes ruines, complément de la peinture historique. Il ne semble pas éloigné de croire que, relativement à la représentation des premiers plans, il était supérieur à Claude.

Il lui eût volontiers offert d'exécuter quelques-unes de ces splendides fabriques, si lumineuses, si bien à leur place dans les tableaux du grand maître. Félicitons-nous que cette proposition n'ait pas été acceptée.

Si les pinceaux des deux artistes ne s'exercèrent pas sur les mêmes toiles, il est certain qu'ils échangèrent leurs ouvrages. On peut penser que Sandrart n'y perdit pas. Lui-même en convient, car il décrit avec complaisance un effet de matin que Claude lui avait donné, et dont il se défit plus tard moyennant 500 florins. On peut donc accepter comme constant que, dès l'année 1630, les tableaux de Claude étaient déjà fort remarquables.

Cependant l'exécution des personnages qui animent les tableaux ne répond pas au reste de ces splendides ouvrages. Ici encore on s'est laissé aller à l'exagération. On a prétendu que Claude ne savait ni dessiner ni peindre les personnages. La vérité est que, malgré de fortes et consciencieuses études, il n'a pu parvenir à représenter la figure humaine avec la même perfection à laquelle il est arrivé en rendant la nature inanimée. On peut juger, toutefois, d'après ses dessins, ses eaux-fortes, et même d'après ses premiers tableaux, dont les figures sont de sa main, qu'il n'a pas été, dans cette partie de ses travaux, trop inférieur à lui-même. Baldinucci lui reproche de faire ses figures trop élancées. Il sentait lui-même son infériorité, car il avait soin de dire à l'acheteur d'une de ses toiles : « Je vends le paysage;

quant aux figures, je les donne. » Cette difficulté à rendre les personnages le fit céder plus facilement à la mode qui commençait à s'établir à Rome, parmi les paysagistes, de confier l'exécution des figures à une main étrangère. Philippe Lauri fut principalement l'artiste qu'il chargea de ce soin. C'est, du moins, le seul que cite Baldinucci. Suivant une tradition impossible à contrôler, il aurait aussi emprunté la main de Jacques Courtois, dit le Bourguignon, ainsi que celles de Jean Miel et de plusieurs autres. Cela n'a rien d'impossible. Mais on veut encore que Callot et Poussin l'aient également aidé. Quant à Poussin, cela est possible et même vraisemblable, car ils étaient voisins et amis. Cependant nous ne connaissons aucun tableau de Claude, dans lequel la touche de Poussin puisse être reconnue avec certitude. Mais, quant à Callot, l'union de son pinceau à celui de Claude est un fait à rejeter dans le domaine de la fable. En admettant que Callot ait peint, ce qui n'est nullement prouvé, il est certain qu'il n'a pu se rencontrer avec Claude en Italie (1).

Il semble, du reste, que certains grands paysagistes aient négligé, à l'exemple de Claude, l'étude de la figure. Ils indiquaient bien la place que les personnages devaient occuper dans le tableau, mais ils ne les peignaient pas eux-mêmes. C'est ainsi que

(1) Nous avons établi cette impossibilité dans nos Recherches sur Claude Deruet, Nancy, 1854, in-8°.

Van de Velde, Ostade et Wouverman peignaient pour Ruysdael. L'exemple donné par les grands maîtres fut imité, plus tard, par des artistes inférieurs.

Toutefois il paraît certain que les tableaux exécutés par Claude, pendant les premières années qui suivirent son retour à Rome, étaient entièrement de sa main. L'un d'eux tomba sous les yeux du cardinal Bentivoglio. Le fin diplomate reconnut le grand peintre, malgré l'imperfection des personnages. Il lui commanda deux tableaux qu'il fit voir au pape Urbain VIII, dont il était le confident intime. Le souverain pontife admira, toute la cour applaudit. A partir de ce moment, la réputation de Claude était établie ; il se vit accablé de commandes.

Il n'est pas possible de fixer avec certitude la date de ces deux tableaux. Cependant ils n'ont pu être exécutés avant 1628, ni après 1636. Claude ne recommença à travailler sérieusement à Rome qu'en 1628 ; en 1636, il était arrivé à l'apogée de son talent. Dès 1634, il avait fait la merveilleuse eau-forte que M. Robert-Dumesnil a décrite (n° 15 du catalogue), et qu'on connaît sous le nom de Soleil couchant, quoique, en réalité, ce soit un effet de soleil levant que l'artiste a voulu rendre. Le Bouvier, son chef-d'œuvre comme eau-forte (n° 8), est de 1636. Le *Campo vaccino* (n° 23) est de la même année. Cette gravure, la seule que Claude ait exécutée d'après un de ses tableaux, reproduit la peinture en contre-partie. Puisqu'elle est datée de 1636, le tableau est nécessairement antérieur. C'est une des merveilles du Louvre qui, cependant, possède des tableaux plus merveilleux encore. Les deux tableaux du cardinal Bentivoglio doivent donc être antérieurs à 1636. A partir de ce moment, le Lorrain n'a plus créé que des toiles remarquables. Plusieurs sont des chefs-d'œuvre. Un des plus admirables, le Moulin, se conserve à Rome au palais Doria. Ce tableau est d'une limpidité, d'une transparence dont ceux de Ruysdael et d'Hobbema peuvent seuls donner une idée; mais Claude est encore plus vrai, plus puissant, plus parfait.

Il n'existe pas de description complète des tableaux de Claude connus de nos jours. Le plus grand nombre est immobilisé dans les collections publiques; il en reste peu dans les palais de Rome, bien moins, en tout cas, que dans les collections privées de l'Angleterre. Cette description sort du cadre que nous nous sommes tracé. On la trouvera, en partie, dans Les Musées d'Europe de M. Viardot, et dans l'intéressante biographie de M. Charles Blanc. Nous passerons même sous silence la nomenclature de Baldinucci qui donne une liste assez longue des travaux faits par le Lorrain pour les souverains pontifes, les têtes couronnées et certains grands personnages. Cette liste, incomplète, pourrait être augmentée au moyen des indications fournies par le *Liber veritatis*, et l'on arriverait ainsi à reconnaître, à peu de chose près, les pertes regrettables que le temps, les incendies ou autres accidents ont pu occasionner.

Tous les tableaux de Claude le Lorrain ne sont pas également bien conservés. Plusieurs ont poussé au noir. Ce sont ceux qui ont été peints sur fond rouge. Claude s'est servi quelquefois, à l'imitation de Poussin, de cette malencontreuse préparation. Nous en avons vu plusieurs à Rome aussi rembrunis que ceux de Poussin. Heureusement, les toiles, ainsi préparées, ne sont pas en majorité, et une grande partie de l'œuvre de Claude se présente encore aujourd'hui dans un état satisfaisant.

Le nombre de ces tableaux, exécutés de 1630 jusqu'à la fin de la carrière de l'artiste, est certainement supérieur à deux cents. Tous ne sont pas également remarquables; mais tous portent, plus ou moins, le cachet de son génie.

Les papes, les rois, les cardinaux, les riches particuliers se disputaient ces toiles, dont le prix élevé n'était accessible qu'aux grandes fortunes. Un tel succès encouragea l'industrie des contrefacteurs qui débitèrent, sous le nom du grand artiste, de froides copies ou des compositions imitées de celles qu'on avait pu entrevoir dans son atelier. Parmi ces contrefacteurs, on est assez étonné de rencontrer Sébastien Bourdon. Voici ce que dit, à cet égard, d'Argenville dans la vie de ce peintre : « Il entreprit le voyage d'Italie à dix-huit ans; il y fit connaissance avec Claude le Lorrain, dont il copia, de mémoire, un tableau. Les connaisseurs, qui le virent exposé à une fête, n'en furent pas moins étonnés que le Lorrain. » Bourdon étant né en 1616, le fait a dû se passer en 1634 ou 1635.

Il ne paraît pas que Bourdon ait eu l'intention de tirer parti de cette supercherie; mais les contrefacteurs de profession n'étaient pas si scrupuleux. Ils ne se faisaient faute de présenter leurs imitations pour des originaux, et il arriva plusieurs fois au grand artiste de se voir attribuer des copies ou des pastiches de ses tableaux. Ces manœuvres ne pouvant être complétement déjouées, il voulut en atténuer l'effet, autant que possible, en créant le recueil que Baldinucci appelle *Il libro di verità*, et qui est généralement connu sous le nom de *Liber veritatis*. D'après cette version, l'idée de ce recueil de dessins lui serait venue au moment où il était occupé à peindre quatre tableaux commandés par le roi d'Espagne, mais dont on ne connaît pas la date. Des faussaires assez habiles colportaient et vendaient, dans Rome même, des imitations traitées dans la manière du maître. Ces toiles, qu'on présentait comme authentiques, reproduisaient les compositions exécutées par Claude dans son atelier, avant même qu'elles fussent entièrement terminées. On voulait faire croire que le maître se répétait. Fatigué par les visites des acquéreurs de ces pastiches, qui venaient chez lui s'enquérir de l'authenticité de leurs toiles, Claude prit le parti de composer un recueil de tous les dessins de ses compositions, en inscrivant sur chaque feuille la date de son exécution et le nom de la personne qui avait commandé ou acquis le tableau. Lors donc qu'on lui présentait une toile en lui demandant si elle était de lui, il répondait: « Aucun tableau ne « sort de chez moi sans avoir été entièrement copié

« dans ce livre. Soyez juge de votre propre doute; « consultez ce livre, et voyez si vous y reconnaissez « votre tableau. » Telles sont les paroles prêtées à Claude par Baldinucci, lequel ajoute que l'artiste avait intitulé ce merveilleux recueil : *Libro d'invenzioni*, ou *Libro di verità*.

Il est certain que ce recueil a été formé et qu'il contient deux cents dessins d'une surprenante beauté. Conservé d'abord à Rome par les héritiers de Claude, entre les mains desquels il a été vu par d'Argenville, puis vendu à un marchand de Paris, il est, depuis le siècle dernier, en la possession du duc de Devonshire. Earlom l'a reproduit par la gravure au lavis; mais cette froide et monotone imitation est bien loin de représenter la splendeur des originaux.

M. le comte Léon de Laborde a donné, dans les *Archives de l'art français* (t. Ier, p. 434), une description minutieuse de ce recueil. Il a reproduit exactement toutes les mentions qui se lisent au revers de chaque dessin. L'étude attentive de ces inscriptions ne paraît pas confirmer le récit de Baldinucci.

D'abord on n'y trouve ni le titre : *Libro d'invenzioni* ou *di verita*, dont parle Baldinucci. On n'y reconnaît pas non plus les mots : *Liber veritatis*, imaginés par les éditeurs anglais, et sous lesquels le recueil est généralement connu. Voici tout ce qu'on lit au revers du dernier de ces dessins qui, par suite d'une transposition lors de la reliure, faite au siècle dernier, est devenu le premier de la collection :

> *Audi 10 dagouto 1677 ce present livre*
> *aupartien a moy que ie faict durant*
> *ma vie. Claudio Gillée dit le Lorane*
> *A Roma, ce 23 avril* 1680.

Il n'y a pas d'autre titre de la main du maître, et les deux cents dessins ne sont pas classés chronologiquement. Le nom de l'acquéreur du tableau s'y lit le plus souvent, mais non toujours. Plusieurs sont datés, mais la majorité ne l'est pas. Nous en avons compté 135 sans date. La plus ancienne est celle de 1648; la plus récente correspond à l'année 1680. Une mention autographe, du 26 février 1663, porte qu'il y avait alors dans le livre 157 dessins. M. de Laborde en conclut que la formation du recueil est de 1650. Nous croyons, au contraire, qu'on doit la reporter à l'année 1636, au moins. En effet, outre qu'il est peu vraisemblable que Claude ait exécuté, en moyenne, douze tableaux par année, de 1650 à 1663, un fait matériel prouve que la formation du recueil ne peut être postérieure à 1636. En effet, sous le n° 10 du *Liber veritatis* figure un dessin avec cette mention, rapportée par M. de Laborde : *Fait pour M. l'ambassadeur de France, M. de Betune, Roma.* Or le tableau dont il s'agit n'est autre que le *Campo vaccino* du Louvre, gravé en contre-partie par Claude lui-même, sous la date de 1636; et, comme il est incontestable que la gravure n'a pu être exécutée qu'après le tableau, on ne peut attribuer à ce dernier une date postérieure à celle qui se lit sur l'eau-forte.

Il ressort de ces faits que le récit de Baldinucci repose sur une légende assez peu vraisemblable. On la comprendrait à merveille si tous les dessins étaient datés et portaient les noms des acquéreurs des tableaux; mais il n'en est rien. Les noms manquent sur environ cinquante dessins. Tantôt on n'y trouve aucune indication, ou bien Claude s'est contenté d'écrire le nom de la ville où le tableau a été envoyé.

M. de Laborde en conclut avec raison que l'idée arrêtée de donner ces dessins comme un répertoire des tableaux est peu admissible, et qu'on se tromperait gravement en refusant de considérer comme authentique un ouvrage qui ne se trouverait pas dans le *Liber veritatis*. Il est certain qu'il existe d'admirables compositions, soit en dessins, soit en tableaux, qui ne se trouvent pas dans le recueil du duc de Devonshire. Par contre, alors même qu'un tableau serait identique, pour la composition, à un dessin du *Liber veritatis*, cette identité ne serait pas une preuve d'authenticité, car la copie reproduit l'original, et alors quelle preuve peut-on tirer de l'identité entre le dessin et le tableau contesté? Si la version de Baldinucci est exacte, si Claude a eu réellement la pensée de se composer un répertoire authentique, il n'y a pas réussi. Il aurait fallu pour cela, nous ne saurions trop le répéter, que tous les dessins indiquassent le nom du possesseur du tableau. Alors même qu'il en serait ainsi, on n'en tirerait pas aujourd'hui une bien grande lumière ; mais, du temps de Claude, l'acquéreur d'un tableau contesté aurait pu remonter à l'origine de l'acquisition, et s'assurer que son tableau était sorti des mains de l'acquéreur primitif en le suivant dans celles des acheteurs subséquents.

S'il fallait hasarder une conjecture à cet égard, nous ne serions pas éloigné d'admettre, contrairement à Baldinucci, que les dessins ont précédé et non suivi l'exécution des tableaux. Il est peu vraisemblable que, pendant plus de quarante années, un grand peintre se soit astreint à reproduire, après coup, ses propres compositions dans l'intérêt unique de fournir aux curieux une preuve d'authenticité. Mais, en admettant que telle eût été sa pensée, il aurait toujours inscrit derrière ses dessins le nom de l'acquéreur primitif, ce qu'il n'a pas fait, et il y aurait inséré les dessins de tous ses tableaux, ce qu'il n'a pas fait davantage.

Si un doute peut être élevé relativement au but que s'était proposé l'auteur du recueil en le composant, il n'en existe aucun sur le prodigieux mérite des chefs-d'œuvre qu'il renferme. A cet égard, nous ne pouvons mieux faire que de rapporter l'appréciation d'un témoin oculaire, M. le comte Léon de Laborde, qui a passé toute une journée à les examiner en relevant les inscriptions qu'il a publiées :

« Ces 200 dessins sont 200 tableaux. On oublie « les marges du papier, la forme du livre ; on pé- « nètre dans ces lointains, on se promène dans ces « parages, on se sent en face de la nature. Dans la « main de l'artiste, l'instrument n'est rien : crayon « ou pinceau, papier ou toile, qu'importe ! l'âme « conduit la main. Dans le recueil de Claude, pas « un dessin qui ressemble à son voisin dans la ma- « nière de rendre sa pensée ; c'est le crayon ou la « plume, l'encre de Chine ou la sépia, les rehauts « de blanc pour les lumières et du papier de di- « verses teintes pour fond ; mais rien qui sente le « métier, ni manière, ni procédés particuliers, ou « plutôt une manière et des procédés différents pour « chaque dessin, selon que le crépuscule du matin « ou du soir, le lever ou le coucher du soleil et « chaque heure du jour éclairent le paysage, sous « l'influence des dispositions de son âme. »

Il ne nous a pas été donné de contempler la magnificence de ce recueil ; mais les autres dessins qui ont passé sous nos yeux nous ont mis en parfaite communauté de sentiments avec l'auteur des lignes qui viennent d'être rapportées. Nous sommes également disposé à suspecter avec lui le récit de Baldinucci quant à la pensée qui a présidé à la formation du *Liber veritatis* ; mais nous accordons toute vraisemblance à une anecdote négligée par la plupart des biographes modernes, quoique rapportée par cet auteur. Le souvenir s'en était conservé dans la famille du peintre. Elle honore l'homme et fait voir l'aversion de l'artiste pour toute discussion relative à ses intérêts matériels.

Claude paraît s'être toujours souvenu des difficultés de ses débuts dans le grand art de la peinture, et des secours qu'il avait rencontrés auprès de Tassi. Aussi voulut-il rendre à un autre les services qu'il avait reçus de son maître. Il n'eut qu'un seul élève, qui fut d'abord son domestique, comme il avait été celui de Tassi. Il avait recueilli chez lui un pauvre enfant de Rome, appelé Jean Dominique; son maître avait reconnu en lui une vive intelligence, et, quoiqu'il fût contrefait et boiteux, il le garda près de lui pendant vingt-cinq ans. Non content de lui avoir appris le dessin et la peinture, il lui fit donner des leçons de musique; il le considérait comme son enfant. Vers l'âge de quarante ans, il était devenu assez bon peintre, à ce point que le bruit se répandit à Rome que Claude, déjà âgé, lui faisait faire ses tableaux. La vanité de Dominique fut au comble. Il eut la présomption de croire qu'il pouvait désormais se passer de son maître; il le quitta brusquement et lui réclama une somme considérable pour tout le temps qu'il avait passé auprès de lui. Sans autre explication, Claude le conduisit à la banque du Saint-Esprit, où ses capitaux étaient déposés, et lui fit compter tout ce qu'il demandait. Il ne voulut jamais avoir d'autre élève. Dominique mourut peu de temps après. Ses ouvrages sont restés inconnus.

Bien avant le départ de Dominique, Claude, qui

ne voulut jamais se marier, avait appelé près de lui un de ses cousins germains du côté de son père. Sandrart indique que ce parent était chargé de tenir toute la maison du peintre. Non-seulement il administrait sa fortune, mais il achetait même couleurs et pinceaux, de telle sorte que l'artiste, débarrassé de ces soins matériels, était tout entier à ses travaux. Sandrart a dû connaître ce cousin, puisqu'il en parle, ce qui reporterait son établissement à Rome vers l'année 1636. Il est très-vraisemblable que le jeune étudiant en théologie, Joseph Gellée, dont parle Baldinucci, n'est autre qu'un des enfants de ce cousin, auxquels Claude laissa le reste de sa fortune. A sa mort, elle n'était pas considérable, car il en avait distribué une partie, de son vivant, à ceux de ses parents qui étaient venus le trouver à Rome.

Ce fut ainsi que s'écoula cette noble vie, tout entière consacrée à l'art. On dit qu'il existe de lui, en Angleterre, un dessin daté de 1682. Ce dessin, considéré comme authentique par M. Piot, est contesté par M. de Laborde, qui place la mort de Claude à l'année 1680, date la plus récente des dessins du *Liber veritatis*. M. de Laborde conclut du silence de Baldinucci sur la mort de Claude que l'époque précise n'en est pas connue. Nous ne savons si l'édition de 1812, consultée par M. de Laborde, est incomplète sur ce point; mais on lit dans celle de 1728 que Claude mourut à Rome le 21 novembre 1682, après avoir souffert de la goutte pendant quarante-deux ans. Immédiatement après, le biographe rapporte l'épitaphe latine que Jean et Joseph Gellée avaient fait graver sur la tombe de leur oncle, à la Trinité-du-Mont. D'après cette épitaphe, Claude est mort le IX des calendes de décembre 1682, à l'âge de 82 ans. Cette manière de compter des Romains correspond bien au 21 novembre du calendrier grégorien. Depuis, les restes de Claude ont été, sur l'ordre de M. Thiers, alors ministre, transférés à l'église de Saint-Louis des Français.

Il nous reste à parler des eaux-fortes de Claude, dont la description va suivre. Cette description est la plus ancienne de celles données par M. Robert-Dumesnil. C'est aussi, nous devons le dire, celle qui appelle les plus nombreuses rectifications. Depuis 1835, date de la publication de M. Robert-Dumesnil, les eaux-fortes du maître lorrain ont été recherchées avec ardeur, les différentes épreuves ont été comparées, ce qui a donné lieu d'indiquer des états nouveaux.

Toutes les estampes de ce peintre inimitable ne sont pas également remarquables. Mais plusieurs révèlent un talent incomparable dans l'entente de la perspective aérienne pour rendre la fraîcheur des teintes et exprimer les effets de la lumière aux différentes heures du jour. Ces qualités distinguent notamment les estampes décrites sous les nos 5, 6, 8, 10, 11, 12, 13, 15, 18, 20, 21, 22 et 23.

Les eaux-fortes gravées par Claude le Lorrain sont un des principaux ornements des collections les mieux choisies. On les recherche avec passion, et les bonnes épreuves en sont rares. Celles-ci seules témoignent du puissant savoir du maître et sont autant de diamants dont les amateurs se disputent la possession à des prix souvent fort élevés (1).

Dans ces estampes, aussi bien que dans les dessins de Claude, les personnages sont de sa main, et l'on peut apprécier ainsi l'infériorité relative de son talent, quant à la représentation de la figure humaine. Le dessin en est souvent fort négligé, mais elles sont toutes remplies de naïveté et de grâce.

L'abbé de Marolles possédait 46 pièces de notre artiste, ainsi qu'il se voit dans le Catalogue publié par lui en 1666. D'Argenville et Basan disent qu'il n'a gravé que 28 pièces; le Catalogue Paignon-Dijonval en décrit 17, et celui de Rigal 26. La description de M. Robert-Dumesnil, publiée en 1835, en comprend 42. Nous allons en décrire 44, plus une pièce que nous considérons comme douteuse.

Quant aux copies des Misères de Callot qui se trouvent au *British Museum* et que, sur la foi de M. Carpenter, on a cru pouvoir attribuer à Claude Gellée, elles ne sont certainement pas de lui, et nous n'hésitons pas à les rejeter de son œuvre.

L'ordre des numéros adopté par M. Robert-Du-

(1) Une épreuve du Bouvier n° 8, premier état, a été adjugée 2,163 fr. en vente publique, à Paris, au mois d'avril 1861.

mesnil a été respecté pour toutes les pièces en travers. Quant aux pièces en hauteur, c'est seulement à partir des feux d'artifices que l'ordre des numéros a dû être changé; les découvertes faites récemment, et la nécessité de suivre l'ordre des transformations des différentes pièces de la fête, imposaient cette modification.

On voit, d'après ses planches, que Claude a gravé dans les années 1630, 1633, 1634, 1636, 1637, 1651 et 1662. Ainsi il aurait commencé à graver à l'âge de trente ans, et il n'aurait quitté la pointe qu'à soixante-deux ans. Cependant, comme, parmi ses estampes, il en est plus de vingt qui ne portent pas de dates, on doit croire que, s'il en est de postérieures à 1662, il y en a aussi qu'il aura pu faire avant sa trentième année, parce que le n° 5 du catalogue, qui est daté de 1630 et se rapporte à cet âge, démontre que ce n'est pas aussi savamment qu'on débute dans la pratique de l'eau-forte. Néanmoins nous ne croyons pas qu'on puisse reculer au delà de 1628 les débuts de Claude comme graveur.

La lettre des n°s 17, 20 et 21 nous paraît être du graveur qui a fait les inscriptions sur les pièces que Dominique Barrière a gravées d'après les compositions de Claude le Lorrain. Celle du n° 18 et la grande inscription en deux lignes du n° 23 nous paraissent être du graveur qui a fait la lettre sur les planches de Gaspre Duguet. Ces deux graveurs en lettres étaient habituellement employés par Gio Giacomo Rossi, graveur et marchand d'estampes à

Rome, pour marquer les planches de son fonds. Mais, quant aux autres inscriptions du n° 23 et aux inscriptions des nos 3, 5, 8, 12, 15, 22, 25, 28 et 44, elles sont évidemment de la main de Claude, aussi bien que les initiales et autres lettres en caractères romains majuscules rapportés en *fac simile* sur les planches auxiliaires qui terminent le tome Ier du *Peintre-graveur*. Il en résulte que, si Claude était illettré quand il arriva à Rome, il a appris, plus tard, à écrire, ce que démontrent, d'ailleurs, les inscriptions du *Liber veritatis*. On voit seulement qu'il mélange fréquemment l'italien avec le français, souvent même il altère son nom en l'écrivant *Gillée*. Cette altération doit remonter fort loin dans la vie de l'artiste. Elle existait vraisemblablement vers 1630, époque de sa liaison avec Sandrart qui, dans sa biographie, l'appelle constamment *Gillius*.

Quant aux numéros qui se lisent sur un grand nombre des eaux-fortes de Claude, ils sont de deux sortes. Les plus anciens se trouvent dans la marge, à gauche. Ils sont d'un caractère assez gros et d'une écriture du XVIIe siècle. Ils paraissent avoir été ajoutés du vivant du maître, ou peut-être après sa mort, pour classer les planches de manière à en composer une suite. Cependant ces numéros ne se suivent pas ; ils n'existent pas sur toutes les planches, et l'écriture, assez grosse, est semblable à celle qu'on remarque sur certaines planches de Dominique Barrière. Dès lors, il est probable que la suite en question devait se composer, non-seulement de certaines planches de

Claude, mais aussi de celles de Barrière ou de tout autre.

Plus tard, les mêmes planches déjà numérotées, et d'autres qui n'avaient reçu aucun numéro, ont été chiffrées en très-petits caractères, non plus dans la marge latérale, dont les numéros ont toujours été respectés, mais dans celle du bas, près du trait carré. On croit que ce numérotage a été exécuté au XVIIIe siècle, en Angleterre, après que les planches furent sorties des mains de Janinet, marchand d'estampes, place Maubert. Dans ces dernières inscriptions de la marge du bas, le numéro est presque toujours suivi de l'indication d'une page, ce qui démontre que les épreuves de cet état étaient destinées à accompagner un texte qui n'a jamais paru.

Cette distinction entre les gros et les petits numéros est utile, afin qu'on ne se méprenne pas sur l'indication : *avant le numéro*, qui semblerait devoir toujours caractériser un des premiers tirages. S'il en est ainsi à l'égard des gros numéros de la marge latérale à gauche, il en est tout autrement des petits numéros de la marge inférieure. Si l'existence de ces derniers est toujours l'indication d'un tirage relativement moderne, leur absence n'est nullement un indice de primauté, puisqu'il s'est écoulé quelquefois plus d'un siècle entre le moment où la planche a reçu l'eau-forte et celui où les petits numéros ont été inscrits dans la marge du bas.

Plusieurs estampes en travers ne portent aucun chiffre dans les marges inférieures. Ce sont celles décrites sous les numéros suivants du catalogue : 4, 8, 10, 16, 17, 18, 19, 20, 23 et 24. Toutes les autres sont numérotées à l'endroit indiqué. — Parmi les estampes en hauteur, le n° 25 du catalogue est le seul qui ait été chiffré.

Les épreuves tirées sur papier fleurdelisé ne sont nullement recommandables.

E. MEAUME.

ŒUVRE DE CLAUDE GELLÉE

DIT LE LORRAIN.

PIÈCES EN LARGEUR.

1. *La Fuite en Égypte.*

La sainte Vierge, tenant l'Enfant Jésus sur ses genoux, est montée sur un âne que conduisent deux anges en le dirigeant vers la droite. Saint Joseph suit à pied, appuyant un bâton sur son épaule gauche. Le fond représente un paysage, formé, à droite, de rochers escarpés garnis de grands arbres ; vers le milieu, se trouve un cours d'eau. On lit à droite, vers le bas, sur le terrain : CLAV (1).

L.0,170 . H. 0,104.

(1) Pour les *fac-simile* exacts des signatures mises par Claude le Lorrain au bas de ses estampes, il faut se rapporter aux deux planches auxiliaires placées à la fin du tome Ier du *Peintre-graveur français*.

On connaît deux états de cette planche :

1. Le trait carré qui termine la composition est très-légèrement tracé et souvent interrompu.

2. Le trait carré est très-durement indiqué et, dans la marge inférieure à droite, on lit : *N.* 44, *p.* 13.

M. Robert-Dumesnil a reconnu lui-même que le premier état qu'il mentionne, c'est-à-dire avec le mot CLAVDIO en entier, n'existait pas en réalité, et que la signature du maître sur l'épreuve à laquelle il avait eu recours pour sa description avait été complétée à la plume. Quant au quatrième état décrit, il faut supposer que les numéros dans la marge ont été effacés bien récemment, s'ils l'ont été en réalité, car on trouve, dans le commerce, des épreuves imprimées sur papier mécanique qui ont encore ces numéros.

2. *L'Apparition.*

A droite, entre trois grands arbres, un petit ruisseau tombe en cascade et passe sur le devant de la composition ; du même côté, un religieux agenouillé se retourne pour regarder un ange qui lui apparaît. A gauche, on voit une rivière assez large, et de ce côté l'horizon est terminé par la silhouette d'une ville. On lit fort difficilement, au bas de la droite, sur le terrain : CL. G.

L. 0,168. H. 0,102.

On connaît quatre états de cette planche :

1. Le trait carré horizontal supérieur, à droite, s'arrête à 5 millimètres du point où il devrait se rencontrer avec le trait vertical de droite ; les angles de la planche sont aigus.

2. Les angles sont légèrement arrondis. On lit au bas, dans la marge : *N.* 43, *p.* 2.

3. Le trait carré horizontal supérieur a été repris à droite, et il se rejoint presque avec le trait carré vertical. Cette re-

prise n'existe pas à gauche ; les numéros dans la marge inférieure sont toujours apparents.

4. Le trait carré horizontal a été prolongé à gauche, comme il l'avait été à droite dans l'état précédent. On rencontre des épreuves de cet état dans lesquelles l'inscription *N.* 43, *p.* 2 paraît effacée.

3. *Le Passage du gué.*

Un berger et une bergère, les jambes nues, passent un gué à la suite de deux vaches et d'une chèvre que l'on voit à gauche ; une femme, assise à droite, se déchausse ; du même côté, dans le fond, on voit l'arche d'un pont ; sur le terrain à droite, on distingue difficilement : CLAVD. GILLE, 1634.

L. 0,168. H. 0,103.

On connaît trois états de cette planche :

1. Avant l'accident qui a tronqué la planche à l'angle droit du bas et avant l'inscription dans la marge.

2. L'angle droit du bas est encore intact, mais on lit dans la marge du bas, au milieu : *N°* 45, *p.* 1.

3. L'angle droit du bas est tronqué. On rencontre des épreuves de cet état dans lesquelles l'inscription de la marge semble avoir été effacée.

4. *Le Troupeau à l'abreuvoir.*

Un berger, appuyé sur son bâton, se voit à gauche ; il surveille cinq vaches et une chèvre qui boivent ou se baignent dans une rivière qui occupe tout le premier plan de la composition ; un gros arbre apparaît sur un petit tertre derrière les vaches, et le fond, à droite, est occupé par d'assez hautes montagnes. On lit au bas, vers la gauche, entre les deux traits qui forment la bordure de l'estampe : C. 4 CLAV. fece 1635.

L. 0,173. H. 0,105.

On connaît deux états de cette planche :

1. Les angles de la planche sont aigus et les marges n'ont pas été nettoyées.

2. Les angles ont été arrondis et les marges nettoyées.

L'ancienneté des épreuves de cette planche peut encore être contrôlée par le plus ou moins d'intensité d'une tache produite par l'étau vers le milieu de la gauche. A la longue, cette tache a fini par disparaître presque entièrement.

5. *La Tempête.*

A gauche, on voit un rocher assez élevé surmonté d'une tour et des arbres très-touffus ; plusieurs bateaux viennent échouer contre ces écueils ; à droite, sur le devant, trois matelots dans une barque s'efforcent d'aborder, et un quatrième, déjà à terre, cherche à amarrer le canot. On lit à la gauche, vers le bas : CLAVD. GIELLE I. V. F. ROMÆ. 1630.

L. 0,173. H. 0,125.

On connaît cinq états de cette planche :

1. A l'eau-forte pure; la planche ne porte pas de numéro ; elle ne contient que l'inscription rapportée plus haut.

2. L'inscription du premier état a été effacée et remplacée par celle-ci : *Claude Gellée in et fec ;* l'homme amarrant le canot se voit toujours, mais le ciel, qui, dans l'état précédent, paraît se confondre avec la mer, a été éclairci, et, par suite, la ligne d'horizon se trouve mieux exprimée ; l'espèce d'ellipse blanche, très-apparente dans le premier état à droite, se remarque à peine dans ce second état.

3. Avant le numéro. L'homme amarrant le canot a disparu ; la composition est bordée d'un trait carré.

4. Dans la marge, à gauche, on voit le chiffre 1; puis, dans la marge du bas, on lit : *Cl. Inu.*

5. Dans la marge du bas, on lit vers la droite, outre les inscriptions rapportées dans l'état précédent : *N. 44, p.* 11.

6. *La Danse au bord de l'eau.*

Un homme, assis, à gauche, sur un tronc d'arbre au milieu de deux couples, joue de la musette ; devant lui, un homme et une femme dansent en se tenant par la main. Autour d'eux, se voient deux vaches et trois chèvres. Cette scène se passe au bord d'une rivière terminée, au fond, par une colline surmontée de quelques habitations, et bordée, à droite, par un moulin qu'elle alimente. A la droite de l'estampe, un cavalier fait boire son cheval. On lit, dans la marge à gauche de l'estampe, les lettres : CLA. IV.

L. 0,191. H. 0,127.

On connaît trois états de cette planche :

1. On ne voit dans les marges aucune trace de bavures d'eau-forte, bavures plus ou moins apparentes, mais toujours visibles dans les états postérieurs. En outre, le trait carré n'existe en aucune façon dans le bas de la planche ; à droite et à gauche, les traits carrés verticaux sont très-légèrement exprimés, et seulement dans le haut de ces côtés ; il n'y a dans le haut qu'un commencement de trait horizontal qui présente même plusieurs lacunes. Quoique les bavures d'eau-forte n'existent pas, on voit des traits placés à égale distance dans la marge qui semblent indiquer la mise au carreau d'un dessin qui aurait servi à l'artiste pour graver sa planche.

2. L'inscription CLA, dans la marge à gauche, a presque

entièrement été recouverte par les bavures d'eau-forte dont nous venons de parler, et on lit dans la marge inférieure à droite : CL. Les traits carrés sont gravés partout, sauf dans une partie du bas.

3. Dans la marge de gauche, vers le bas, on voit le chiffre 2.

7. *Le Naufrage.*

Un vaisseau est lancé violemment par la mer sur un rocher surmonté d'une tour démantelée, et placé à droite dans l'estampe. Au premier plan, deux matelots tirent à eux avec une corde un canot rempli de tonneaux, tandis qu'un troisième matelot aborde sur le terrain. On lit difficilement vers le milieu du bas, au-dessus du trait carré : *Cl. Inu.*

L. 0,179. H. 0,126.

On connaît quatre états de cette planche :

1. Avant le n° 3 dans la marge à gauche.
2. Avec ce numéro.
3. Les angles de la planche, très-aigus dans les états qui précèdent, ont été arrondis dans celui-ci.
4. On lit dans la marge du bas *N°* 44, 10.

8. *Le Bouvier.*

Un bouvier, assis, à droite, sur un petit monticule et tenant entre ses jambes un bâton, sonne dans un cornet, tandis que son troupeau, composé de neuf vaches, passe à gué une petite rivière et se dirige vers une ferme ombragée par un gros bouquet d'arbres que l'on voit à gauche. On lit dans la marge inférieure, à droite : *Claudius in. et f. Romæ* 1636. 138 *ue ficcen.*

L. 0,195. H. 0,126.

On connaît quatre états de cette planche :

1. Avant l'inscription dans la marge inférieure et avant le n° 4 dans la marge de gauche (1).

2. Avec l'inscription dans la marge inférieure, mais avant le n° 4.

3. Avec le n° 4 et avec l'inscription.

4. Un petit oiseau que l'on voyait distinctement dans les états précédents, à l'extrémité de la touffe de l'arbre de gauche qui avance le plus, a presque totalement disparu sous quelques traits de pointe sèche qui simulent un petit nuage.

9. *Le Dessinateur.*

A gauche, auprès d'un pont sur lequel va passer une femme montée sur un âne, est assis un dessinateur, à côté duquel se voient deux hommes, l'un assis, l'autre debout. Un château, flanqué de deux grosses tours, est situé au fond, à gauche ; à droite, la mer chargée de vaisseaux ; sur le devant du même côté, quatre personnages allant dans divers sens. Pièce anonyme.

L. 0,178. H. 0,126.

On connaît quatre états de cette planche :

1. Avant le n° 5, dans la marge à gauche ; les angles sont aigus.

2. Avec ce numéro, les angles sont toujours aigus.

3. Les angles de la planche ont été arrondis.

4. On lit dans la marge du bas : *N°* 44, *p.* 3.

(1) On connaît aujourd'hui trois épreuves de cet état, l'une d'elles mal tirée et très-boueuse appartient à M. P. Defer. Une autre, conservée au British Muséum, faisait partie originairement de la collection du prince de Paar. La troisième a été acquise en 1861, à la vente de M. Dreux, par la Bibliothèque impériale de Paris.

10. *La Danse sous les arbres.*

Une paysanne, jouant du tambour de basque, danse devant un paysan, à côté duquel se voit une femme debout, les deux mains dans ses poches. A droite, sur un tronc d'arbre, un homme est assis jouant de la cornemuse, et, à côté de lui, se trouvent cinq personnages assis ou debout. Le fond, très-légèrement gravé, représente un paysage terminé, à droite, par une assez haute montagne. Planche anonyme.

L. 0,196. H. 0,136.

On connaît quatre états de cette planche.

1. Avant le nº 6 dans la marge de la planche, à gauche.

2. Avec ce numéro.

3. Les angles de la planche, très-aigus dans les deux états précédents, sont arrondis dans celui-ci; les montagnes du fond ont presque absolument disparu.

4. Le ciel, clair dans les états précédents, est retravaillé à la pointe; on ne voit plus dans le ciel qu'un oiseau au lieu de trois; les vaches, placées à gauche et se détachant sur un fond clair, ont presque absolument disparu, et se trouvent entourées d'arbustes; le bois qui se voyait au fond, de ce côté, est remplacé par un village.

11. *Le Port de mer au fanal.*

Au premier plan à gauche, sur le terrain, trois hommes causent entre eux ; l'un d'eux est appuyé sur un tonneau ; au milieu, une barque contenant cinq personnes ; à droite, un portique sous lequel est remisée une sorte de galère ; dans le fond, au milieu, un fanal au-devant duquel on voit plusieurs vaisseaux ; sur le terrain, au milieu du bas, on lit avec peine les lettres CL. I.

L. 0,197. H. 0,137.

On connaît quatre états de cette planche :

1. Avant le nº 7, dans la marge à gauche, à la hauteur des tonneaux.

2. Avec ce nº 7, les angles sont aigus comme dans le premier état.

3. Les angles sont arrondis.

4. On lit dans la marge du bas : *N. 44, p.* 8.

12. *Scène de brigands.*

A gauche, deux brigands se jettent sur un voyageur et le frappent; au fond, du même côté, on aperçoit, entre les troncs de trois arbres, un autre brigand emmenant une femme; le fond, à droite, est formé par de hautes montagnes boisées. On lit dans la marge du bas, à droite : *Claudius in. sup. P.*

L. 0,199. H. 0,126.

On connaît sept états de cette planche :

1. Avant le numéro et avant le nom du maître dans la marge du bas, et avant les travaux qui caractérisent le 2ᵉ état.

2. Aussi avant le numéro et avant le nom du maître dans la marge du bas, avant la suppression de la cinquième feuille du palmier qui caractérise le 3ᵉ état, mais avec les corrections dont nous allons rendre compte. Dans le 1ᵉʳ état, le rocher qui se trouve vers le milieu, près des arbres à droite, ressemble à un buisson et paraît garni d'une espèce de feuillage dans sa partie supérieure ; les dentelures qui le couronnent ont été effacées ; en outre, la grande montagne du fond, qui semble, dans le premier état, se confondre avec celle qui est en avant, s'en détache par une ligne mieux exprimée ; d'autres travaux ajoutés se remarquent encore dans la partie montagneuse du fond.

3. Toujours avant le numéro et avant le nom du maître

dans la marge du bas; mais la cinquième feuille du palmier, en partant du corps de l'arbre et remontant à droite, est supprimée. La partie supérieure du rocher, dont il a été parlé dans l'état précédent, a été éclaircie, et les contours en sont mieux exprimés.

4. Avec le nom du maître dans la marge du bas à droite, mais avant le n° 8. Le caractère des montagnes a été changé; de nombreux travaux à la pointe sèche en accusent plus nettement les formes. La montagne à double sommet, dans le fond, à gauche, presque blanche dans les états précédents, est couverte de travaux.

5. Avec le n° 8, dans la marge de gauche, mais avant la retouche dont il va être parlé.

6. A gauche, dans le haut, des travaux ont été ajoutés sur la partie supérieure du groupe d'arbres, à 1 centimètre environ du trait carré horizontal et à 2 centimètres et demi du trait carré vertical. Ces travaux, mal exécutés, après la mort du maître, ont eu pour objet de renforcer une partie devenue blanche à la suite de nombreux tirages. En outre, on remarque, à droite, une grande raie qui, partant du trait horizontal supérieur, se prolonge jusque sur la montagne la plus rapprochée de la droite.

7. Le trait carré, incomplet à l'angle gauche du haut, dans les états qui précèdent, a été fortement repris. L'inscription de la marge latérale à droite a été effacée; celle de la marge du bas a été conservée; mais on lit dans cette même marge, sous les brigands : *N° 44, p.* 3. En outre, la grande raie verticale, signalée dans l'état précédent, a disparu sous des travaux de pointe sèche qui en accusent l'emplacement.

13. *Le Port de mer à la grosse tour.*

Au premier plan, sur le quai se voient trois hommes portant des fardeaux; à droite, une grosse tour, devant laquelle se trouve une chaloupe en construction; la mer, couverte de vaisseaux, occupe la plus grande partie de cette planche, et au fond, au bas d'une colline, on aperçoit une ville. Planche anonyme.

L. 0,191. H. 0,124.

On connaît quatre états de cette planche :

1. Avant le n° 9, dans la marge à gauche.
2. Avec ce n° 9, les angles de la planche sont aigus.
3. Les angles sont arrondis, mais avec le n° 9.
4. On lit à droite, dans la marge du bas : *N*° **44**, *p*. 5.

M. Piot indique de cette estampe une épreuve à l'eau-forte pure; on entend par là que la planche n'a subi qu'une seule morsure.

14. *Le Pont de bois.*

A droite, un homme debout, tenant un bâton à la main, parle à un berger assis et gardant son troupeau; sur un pont passe un autre troupeau de bœufs conduit par trois femmes; dans le fond, à droite, une vaste campagne terminée par une colline assez haute. Planche anonyme.

L. 0,187. H. 0,125.

On connaît trois états de cette planche :

1. Avant le n° 10, dans la marge à gauche.
2. Avec ce numéro.
3. On lit dans la marge du bas : *N*. 44, *p*. 6.

M. Piot indique un état à l'eau-forte pure, la planche non terminée.

15. *Le Soleil levant.*

Le soleil, se levant à droite au fond, inonde de lumières toute la composition; à gauche, un arc triomphal; sur le devant, des hommes et des femmes conversent, tandis que deux ouvriers soulèvent des planches ; trois matelots dans une barque cherchent à aborder ; à droite, devant une grosse tour, se voit un bateau rempli de monde. On lit dans la marge du bas : *Claudius Claudius inv. et F. Romæ sup. licentia.*

L. 0,196. H. 0,127.

On connaît six états de cette planche :

1. Avant le nom de Claude Lorrain dans la marge ; à l'eau-forte pure ; avant beaucoup de travaux, notamment dans l'arc triomphal qui est à gauche, et dans les arbres que l'on voit à côté. Le ciel est rempli de nuages et un seul rayon lumineux se dirige vers la gauche de l'estampe.

2. Également avant le nom de Claude Lorrain; le ciel a été retravaillé presque complétement, et les rayons s'étendent sur toute la partie du ciel qui se voit à gauche. Sur l'arc triomphal qui se trouve du même côté, on note l'appareil des pierres entre le pilastre et la colonne les plus rapprochés de la marge, appareil absent dans l'état précédent.

3. Avant le n° 11, dans la marge de gauche, mais la planche est terminée, et l'inscription que nous avons rapportée s'y trouve.

4. Avec ce n° 11.

5. On voit le millésime 1634 dans la marge de gauche.

6. Ce millésime a disparu, et on lit dans la marge du bas : *N° 44, p. 1.*

16. *Le Départ pour les champs.*

Un homme et deux femmes, — l'une d'elles est montée sur un âne, — mènent aux champs un troupeau de bœufs et de chèvres qui se dirigent vers la droite. De ce côté, dans le fond, on aperçoit au loin le temple de la Sibylle ; au milieu, plusieurs arbres dont le feuillage occupe une grande partie du ciel ; à gauche, au delà d'une assez grande étendue d'eau, deux petits villages. Pièce anonyme.

L. 0,175. H. 0,125.

On connaît trois états de cette planche :

1. Avant le n° 12 dans la marge de gauche.

2. Avec ce n° 12 ; les angles de la planche sont aigus.

3. L'angle de gauche au haut a été arrondi.

17. *Mercure et Argus.*

Argus, assis, à droite, au pied d'un temple à colonnes, écoute le son du hautbois de Mercure à demi agenouillé à ses côtés ; le troupeau d'Argus se voit à gauche ; le fond représente un vaste paysage terminé par des collines peu élevées. On lit dans la marge inférieure à droite : *Claudio Gillee inuen. in Roma* 1662 *con licenza de superiori.*

L. 0,217. H. 0,152.

On connaît trois états de cette planche :

1. Avant la raie dont il va être parlé.

2. Une raie coupe la jambe d'Argus un peu au-dessous du genou.

3. La planche a été retouchée ; mais cette retouche ne consiste qu'en ce que chaque trait a été repris, sans qu'aucun travail nouveau ait été ajouté. Cet état se distingue du précédent à une grande raie horizontale, ou trait échappé de plusieurs centimètres, qui se remarque au-dessus des petits personnages dans le vallon, au milieu de l'estampe. Dans quelques épreuves de cet état, on aperçoit, sous le bâton d'Argus, une tache noire, produite par une salissure de la planche ; cette tache a disparu par suite du tirage (1).

(1) D'après une contre-épreuve de cette planche, contre-épreuve en la possession de M. Ed. Meaume, nous pouvons constater l'existence d'une

18. *Le Troupeau en marche par un temps orageux.*

Un nombreux troupeau de bœufs et de chèvres se dirige vers la gauche, conduit par un homme qui frappe un bouc; dans le fond de ce côté, on voit deux colonnes et l'entablement d'un temple en ruine; dans le fond à droite, sur une colline assez élevée, se voit un château-fort entouré d'épaisses murailles. On lit, à gauche dans la marge du bas : *Claudius Gellée fecit Romæ* 1651.

L. 0,219. H. 0,156.

ou de plusieurs épreuves antérieures au premier état décrit et bien loin d'être terminées; nous décrirons donc cette contre-épreuve qui est, en beaucoup d'endroits, retouchée à la plume par le maître lui-même. Elle est avant toute lettre dans la marge du bas; les plantes qui garnissent les terrains du premier plan ont été refaites conformément aux indications au bistre qui se trouvent sur cette contre-épreuve. Les changements les plus notables consistent en ce que les plantes qui, dans l'angle gauche des épreuves ordinaires, n'ont que 3 ou 4 millimètres ont plus de 1 centimètre dans la contre-épreuve; la chèvre du même côté, qui se trouve en avant d'une vache, semble n'avoir pas de tête, tandis que cette tête est parfaitement distincte dans la contre-épreuve; cela tient à ce que la correction faite à cet endroit a mal réussi. Le sommet du grand arbre à gauche, très-travaillé dans les épreuves ordinaires, est presque blanc dans la contre-épreuve, après le tirage de laquelle la planche a été entièrement retravaillée à cet endroit, de sorte que l'aspect est tout différent. D'autres différences se remarquent dans plusieurs parties de l'estampe, laquelle est, en outre, entourée d'un double trait carré distant de celui qui existe (lequel a été renforcé) de 3 ou 4 millimètres. On aperçoit encore, dans les épreuves ordinaires, des traces du 2e trait carré qui a été effacé. On lit au revers de l'épreuve qui nous a servi pour notre description : *A M. . . . Colignon*, de la main de Claude, probablement; le commencement de l'inscription est à peu près effacé, mais le nom de Colignon est très-lisible. Cette contre-épreuve, retouchée par Claude Lorrain lui-même, servit certainement au maître pour reprendre sa planche et l'amener à l'état où on la rencontre généralement.

On connaît quatre états de cette planche :

1. A l'eau-forte pure. Avant l'inscription, dans la marge inférieure ; le terrain sur lequel marche le troupeau est à peine travaillé et presque blanc ; de la maison placée auprès de la grosse tour, à droite, sort une épaisse fumée.

2. L'état décrit.

3. Dans le ciel, à gauche de la tour ronde, on voit deux traits qui coupent un autre trait, et qui témoignent d'un accident arrivé à la planche.

4. Retouché à l'eau-forte avec talent. On reconnaît cet état dans lequel la remarque précédente se voit à peine à un trait échappé qui coupe la branche d'arbre la plus rapprochée du bord droit de l'estampe aux deux tiers de sa hauteur.

19. *Le Chevrier.*

Au-dessous d'un bouquet d'arbres donnant beaucoup d'ombrage, est assis un chevrier, gardant son nombreux troupeau couché devant lui à la gauche de l'estampe ; au fond du même côté, devant une ville en amphithéâtre, se voit un pont sur lequel passent quelques personnages ; à droite, la mer. On lit, dans la marge du bas à gauche : 1663, *A. G.*

L. 0,225. H. 0,170.

On connaît trois états de cette planche :

1. Avant l'inscription, dans la marge inférieure.

2. L'état décrit.

3. L'inscription a presque absolument disparu ; les épreuves sont tirées très-lourdement sur un papier non collé.

20. *Le Temps, Apollon et les Saisons.*

Le Temps, assis sur une pierre à gauche, joue de la harpe

et fait danser les quatre saisons que dirige Apollon ; dans le fond à gauche, des fragments de temples antiques, et, à droite au fond, entre deux massifs d'arbres, on aperçoit à l'horizon quelques petites collines. On lit au bas dans la marge : *Apollo in alto di obedire al tempo. La Primauera a cominciare il ballo. Lestate non manca del suo calore. Lautunno colsuo lieuore seguita. L'inuerno tiene la sua staggione. Claudio Gillée inuen. Fec. Roma* 1662, *con licenza de super.*

L. 0,251. H. 0,182.

On connaît trois états de cette planche :

1. Avant l'inscription, dans la marge.

2. Avec cette inscription. Le trait carré du haut est très-finement indiqué.

3. Le trait carré a été repris et est en haut, comme partout ailleurs, très-fortement indiqué.

21. *Berger et Bergère conversant.*

Un berger et une bergère, assis par terre et s'appuyant sur une pierre, causent ensemble ; leur troupeau marche devant eux et se dirige vers le fond, à gauche, du côté d'une rivière qui arrose un paysage montueux et que traverse un pont à deux arches ; à droite, entre deux arbres très-élevés, on voit une ville fortifiée, au milieu de laquelle est un clocher, et que dominent des montagnes assez hautes. Planche anonyme.

L. 0,255. H. 0,194.

On connaît six états de cette planche :

1. A l'eau-forte pure et avant la lettre ; le groupe d'arbres, qui se voit entre la ville fortifiée et le pont de pierre, s'élève assez haut, et n'est éloigné du trait carré supérieur que de 6 millimètres ; à la droite du bas, la partie de la planche où se trouvent la chèvre et le tronc de l'arbre n'a pas été mordue.

2. Avant la lettre; mais la planche a été reprise en plusieurs endroits, notamment dans l'angle droit. Le groupe d'arbres, que nous signalions dans l'état précédent, a été totalement modifié, et il existe, entre le sommet de cet arbre et le trait carré, une distance de 35 millimètres.

3. La ville fortifiée, le tronc d'arbre à la droite du bas auprès de la chèvre, et la branche d'arbre qui se voyait à côté, ont été supprimés; toute la planche, d'ailleurs, a été reprise, et les arbres, particulièrement, ont été retravaillés. On lit, dans la marge du bas, à gauche : *Cl. G. Inu. et F.*

4. Tous les angles de la planche sont arrondis, tandis que, dans les états précédents, il n'y en avait qu'un seul, l'angle droit du bas. Puis on lit, à la suite de *Cl. G. Inu. et F.*, les mots : *con licenza de sup.*

5. Une raie qui se voyait sur la cuisse gauche de la bergère, dans le 4e état, a été effacée dans celui-ci. On remarque, sur divers endroits de la planche, des taches produites par le vert-de-gris, notamment sur le genou de la bergère, en avant de la chèvre qui est le plus à gauche, et ailleurs encore. Ces remarques sont plus ou moins sensibles suivant le tirage; plusieurs se retrouvent même dans l'état suivant.

6. On lit, dans la marge du bas, à droite : 42, *p.* 3.

22. *L'Enlèvement d'Europe.*

Au centre de la composition, on voit Europe montée sur le taureau et entourée de jeunes filles; d'autres jeunes filles, à droite, cueillent des fleurs et tressent des couronnes; dans le fond, à droite, la mer couverte de vaisseaux; à gauche, devant les ruines d'un temple, un troupeau de bœufs et de chèvres. On lit, à droite, sur une pierre : CLAVDIO GILLE INV. F. ROMÆ 1634.

L. 0,255. H. 0,196.

On connaît cinq états de cette planche :

1. La morsure de l'étau, dans la marge du bas, sous le taureau, est très-apparente ; on remarque en outre, à gauche de la pierre sur laquelle se trouve le nom du maître, une tache produite par une coulure d'eau-forte.

2. La marque produite par la morsure de l'étau a disparu, mais la coulure d'eau-forte est encore visible ; du reste, comme dans l'état précédent, le trait carré bordant la composition au haut et des deux côtés est à peine sensible, et les angles de la planche sont toujours aigus, moins celui du bas, à gauche.

3. Les traces de cette coulure sont de moins en moins visibles ; tous les angles sont arrondis.

4. Le trait carré en haut et à droite est parfaitement exprimé.

5. On lit dans la marge du bas : 42, *p.* 4.

23. *Le Campo-Vaccino.*

Vue du Forum prise du Capitole, mais dans le sens inverse de la réalité ; les colonnes de Jupiter Stator sont à gauche dans l'estampe, et le Colisée s'aperçoit au fond, à droite, et, du même côté, au premier plan, l'arc de Septime Sévère. On lit, sur le fût d'une colonne renversée, à droite : CLAVDIO 1636 ROMÆ.

L. 0,256. H. 0,160.

On connaît six états de cette planche :

1. L'état décrit ; la marge est tout à fait blanche. On ne trouve sur l'épreuve aucune autre inscription que celle qui est rapportée plus haut.

2. On lit au bas, dans la marge : *Claudius C. in et F. Roma* 1637 *sup. licentia.*

3. Cette inscription dans la marge subsiste, et, au-dessous du pied de l'homme placé à l'extrémité gauche de l'estampe, on lit : CL. I.

4. L'inscription que l'on lisait dans la marge a été effacée, cependant elle apparaît encore.

5. Cette inscription, dans la marge inférieure, a été remplacée par celle-ci : *Via sacra detto campo Vacino di Roma. superior. licentia* 1636. *Claude Gellée inuent. et sculp.*

6. On voit, dans l'angle supérieur, à droite, à 1 centimètre environ du haut, deux raies qui se réunissent en angles dans la marge.

24. *La Danse villageoise.*

Composition qui rappelle beaucoup la planche décrite sous le nº 10. Une paysanne, jouant du tambour de basque, danse devant un paysan, à côté duquel se voit une femme debout, tenant son jupon de ses deux mains ; à droite, un homme assis joue de la cornemuse, et, à côté de lui, se trouvent huit personnages assis ou debout ; à gauche, plusieurs chèvres ; deux d'entre elles semblent également danser. On lit, sur la face intérieure de l'arbre, les lettres CL. Cette planche est très-mal venue à l'eau-forte.

L. 0,256. H. 0,195.

On connaît trois états de cette planche :

1. Avant qu'un accident dont nous allons parler ne soit arrivé.

2. Dans le fond, presque au milieu, on voit une tache, produite par le vert-de-gris, sur la planche.

3. La tache a disparu ; le trait carré du haut a été repris, et l'arbre qui touche le trait carré, à gauche, au lieu d'être presque complétement dépourvu de branches, en a quelques-unes munies de feuilles.

PIÈCES EN HAUTEUR.

25. *Le Pâtre et la Bergère.*

Un pâtre, assis, à gauche, sur le terrain, paraît causer avec une bergère debout, dont le troupeau se dirige vers la droite du devant. On lit, au-dessous du trait carré, dans la marge, gravé à rebours : CLAVDIO GILLÉE INV.

H. 0,153. L. 0,107.

On connaît deux états de cette planche :

1. Le trait carré est interrompu en beaucoup d'endroits, et, notamment, à la gauche du haut et à la droite du bas.

2. Le trait carré a été repris ; les angles sont raccordés, et on lit, dans la marge du bas, à un centimètre environ du nom du maître, les chiffres 45.

26. *Les trois Chèvres.*

Trois chèvres se voient à gauche, à l'abri d'un bouquet d'arbres ; le fond, à droite, représente un paysage, au milieu duquel est une sorte de tour découronnée ; sur le terrain, au bas et au milieu, on lit difficilement : CLAV. IN. F.

H. 0,194. L. 0,125.

Dans les premières épreuves, les taches d'eau-forte, dans les marges, sont très-apparentes, elles ont presque totalement disparu dans la suite.

27. *Les quatre Chèvres.*

Un jeune homme, assis, à gauche, sur une pierre, au-dessous d'un talus recouvert de grands arbres, semble regarder quatre chèvres qui jouent. Planche anonyme.

H. 0,194. L. 0.128.

On connaît deux états de cette planche :

1. Avant que les marges n'aient été nettoyées.

2. Les marges ont été nettoyées.

Cette planche et la précédente (n° 26) ne formaient originairement qu'une planche unique, laquelle a été coupée par le milieu ; la partie droite forme le n° 26 et la partie gauche le n° 27. La seule épreuve complète, connue jusqu'à ce jour, se trouve au British Museum.

28-40. Feux d'artifice.

28 (1). Au milieu d'une place, se voit Neptune, debout sur une vasque, retenant par des rênes des animaux marins attelés à son char ; dans le haut, à gauche, l'aigle à deux têtes, surmonté de la couronne impériale. On lit, au bas, dans la marge : LI FUOCHI DELL ECC^{mo} SIG^{r} MARCHESE DI CASTEL RODRIGO AMBASCIADORE DELLA MAESTA CATOLICA NELL' ELETTIONE DI FERDINANDO TERZO RE DE ROMANI FATTO IN ROMA DEL MESE DI FEBRAIO M. DC. XXXVII. *Romæ superior licentia. Claudius.*

H. 0,188. L. 0,135.

On connaît deux états de cette planche :

1. L'état décrit.

2. L'inscription que nous venons de rapporter a été reprise entièrement, et est devenue beaucoup plus lisible ; en outre, on lit au-dessous : *Gio. Domenico Rossi le stampa in Roma.*

29 (2). Même sujet que dans l'estampe précédente ; seulement toutes les proportions se sont agrandies, et l'inscription a été supprimée. On lit, à la gauche du haut, le nombre XVI, et, au bas, une échelle métrique, au-dessous de laquelle on voit le nombre 50.

H. 0,195. L. 0,131.

On connaît deux états de cette planche :

1. Avant le n° XVI, à l'angle gauche du haut.

2. L'état décrit.

30 (3). Atlas supportant le globe du monde, surmonté du double aigle couronné. Cette figure se trouve sur un monument décoratif, élevé au milieu d'une place. On lit, au bas, à gauche, CL et, au-dessus d'une échelle métrique, 50.

H. 0,196. L. 0,138.

On connaît deux états de cette planche :

1. Avant les lettres CL, à la gauche du bas.

2. Avec ces lettres.

31 (4). Même sujet. Le globe terrestre, que supporte Atlas, vole en éclats, et le feu jaillit de partout. Planche anonyme.

H. 0,191. L. 0,133.

On connaît deux états de cette planche :

1. Le trait carré du bas n'est pas divisé en une sorte d'échelle métrique.

2. L'état décrit. Des divisions, également distantes, séparent le trait carré du bas.

32 (5). Tour carrée, crénelée et flanquée de bastions surmontés de figures portant la couronne royale. Cette tour en supporte cinq autres ; sur la plus élevée, on voit l'aigle impériale couronnée. On lit, au bas, au milieu, les lettres CL.

H. 0,135. L. 0,193.

On connaît deux états de cette planche :

1. Avant les lettres CL, sur le terrain.

2. Avec ces lettres.

33 (6). Même composition que la planche précédente,

avec cette différence que le feu d'artifice est allumé sur les quatre faces de la tour. On lit, au bas, dans la marge, le chiffre 50.

H. 0,137. L. 0,193.

34 (7). Même composition. Le feu d'artifice est plus avancé ; le feu jaillit de toutes parts, même de l'aigle et de la couronne impériale, qui brillaient au sommet de la tour. Au pied du premier bastion, à droite : CL. Le trait carré du bas est divisé en échelle métrique, et on lit, au-dessous, à droite, le nombre 50.

H. 0,189. L. 0,135.

35 (8). Même composition. Ici la tour carrée s'écarte par l'effet de l'artifice, et laisse apercevoir une tour ronde, également crénelée, d'où jaillit une gerbe de feu. Planche anonyme.

H. 0,189. L. 0,133.

36 (9). Même composition. La tour carrée a entièrement disparu. On ne voit plus qu'une tour ronde, flanquée et crénelée comme la précédente ; le feu s'en échappe de toutes parts, mais principalement du haut où il forme gerbe. Les quatre statues lancent également du feu. Planche anonyme.

H. 0,191. L. 0,134.

37 (10). La tour ronde éclate et laisse apercevoir la statue du Roi des Romains. Au pied du premier bastion, à gauche, on lit CL. Pour produire cette nouvelle phase du feu d'artifice, l'artiste ne s'est pas servi d'une planche nouvelle, il s'est borné à effacer une partie de la tour, puis il a gravé, à la pointe sèche, la statue équestre du Roi des Romains.

Avec ces changements, cette planche se présente sous deux états :

1. L'état décrit.

2. A droite et à gauche des deux bastions, sur les terrains, de nouvelles tailles croisées ont été ajoutées à celles qui existaient déjà. Ces nouveaux travaux se détachent très-nettement sur les anciens.

38 (11). La tour ronde éclate complétement et se renverse ; la statue du Roi des Romains apparaît ; elle est dirigée à droite et se voit de profil entre les murs de la tour sur le point de s'écrouler. Les statues qui étaient sur les quatre bastions ont disparu et leurs carcasses apparaissent seules. Planche anonyme.

H. 0,193. L. 0,135.

39 (12). La statue équestre du Roi des Romains, dirigée à gauche, se voit sur un piédestal flanqué des quatre bastions, seuls restes des compositions précédentes. Elle est en avant d'un édifice somptueux aux fenêtres duquel sont groupés plusieurs spectateurs. Planche anonyme.

H. 0,191. L. 0,134.

On connaît deux états de cette planche.

1. Avant la division du trait carré du bas en échelle métrique.

2. Cette division existe.

40. Sur une place de Rome, la statue du Roi des Romains, posée sur un piédestal, fait face à un palais situé à gauche et dont les fenêtres sont garnies de spectateurs ; les trompettes sonnent, les gardes sont en marche, et le peuple se presse en foule pour prendre part à la fête. Sur le premier plan, on voit une barrière dont l'ouverture est près de la droite; le trait carré du bas est divisé en échelle métrique et on lit au-dessous à gauche P...

H. 0,193. L. 0,133.

On connaît deux états de cette planche.

1. L'état décrit.

2. On lit au-dessous de l'échelle métrique P. CL.

Les pièces n°s 29 (1er état), 30 (1er état), 31 (2e état), 32 (1er état), 33, 35, 36, 38, 39 et 40 se trouvent dans un livre très-rare intitulé : *Descripcion | de las fiestas que el Sr Marques de Castel rodrigo Embaxador de Espana | Celebro en esta Corte ala nueua del election de Ferdinando III | de Austria Rey de Romanos | Hecha por Miguel Bermudez de Castro | En Roma | por Francisco Cabalo, M. DCXXXVII. | con licencia de los superiores.* On peut lire la description complète de ce précieux volume, possédé par M. Emile Galichon, dans la *Gazette des beaux-arts*, tome XI, p. 225.

41. *Étude d'une scène de brigands.*

Croquis pour la pièce décrite sous le n° 12. Au-dessous de ce croquis, on voit quelques griffonis qui semblent être des essais de pointe. Pièce anonyme.

Dimension de la planche : L. 0,201. H. 0,131.

42. *Les deux Paysages.*

Deux petits paysages, encadrés chacun dans un trait carré, se voient au milieu de la planche. Au premier plan, dans le paysage qui est à gauche, on voit le tronc d'un arbre mort ; dans le paysage de droite, on devine deux petits personnages causant ensemble à l'entrée d'un bois. On lit fort difficilement, dans celui-ci, au-dessous du trait carré *CL. inv.*

Dimension de la planche : L. 0,200. L. 0,130.

43. *La Femme assise.*

Une femme assise se voit au milieu de la planche sur

laquelle se trouvent de nombreux essais de pointe; cette figure est gravée avec une pointe très-large, et l'eau-forte a attaqué le cuivre très-vigoureusement. Planche anonyme.

Dimension de la planche : L. 0,172. H. 0,107.

44. *L'Arabesque.*

A la gauche de cette planche se voit un arabesque formé d'une tête de femme coiffée d'une sorte de vase rempli de fleurs et se terminant en rinceaux. On lit au bas de cet arabesque : *Claudio f.*

Dimension de la planche : L. 0,195. H. 0,139.

PIÈCE DOUTEUSE.

45. *Paysage au dessinateur.*

A gauche, sous un grand arbre dont les branches s'étendent au delà du milieu de l'estampe, un dessinateur, assis et tête nue, peint le paysage qui s'ouvre devant lui. Un homme, également assis derrière le dessinateur et coiffé d'un chapeau, regarde le tableau de l'artiste. Ce paysage offre la vue d'un pont de pierres de plusieurs arches traversé par des hommes et des animaux. Au delà de la rivière, des montagnes accusent la vallée qui s'étend en perspective à gauche, vers le fond de l'estampe. Un trait léger, interrompu à différents endroits, borde le côté gauche de l'estampe. Morceau anonyme gravé dans le genre de l'*Enlèvement d'Europe*, mais d'une pointe plus rude et moins brillante.

L. 0,168. H. 0,102.

Cette planche, dont nous avons vu une épreuve entre les mains de M. L. Clément, marchand d'estampes, avait été mentionnée par M. Piot, qui n'avait pu, faute de l'avoir rencontrée, la décrire complétement.

MANGLARD (Adrien). Tome II, p. 234.

44. *Sainte Agnès au Ciel.*

On connaît trois états de cette planche :

1. Avant l'adresse de Billy.
2. Avec cette adresse.
3. Cette adresse est effacée.

PIÈCE NON DÉCRITE.

Adoration des Bergers.

La Vierge est debout vers le milieu de la composition, soulevant une draperie qui couvrait l'Enfant Jésus couché. Saint Joseph est assis à droite, appuyé sur un bâton ; au-dessous, un berger agenouillé ayant devant lui une corbeille contenant des présents apportés en hommage ; à gauche, groupe de neuf figures ; dans le haut, groupe de quatre anges, et un peu au-dessous d'eux, vers la gauche, deux figures regardant la scène. Dans la marge du bas, au-dessous du trait carré, à droite, on lit : *Jacobus Billy formis Romæ.*

H. 0,355. L. 0,310.

Cette estampe est ainsi décrite dans le catalogue d'une vente faite par M. Rochoux au mois de janvier 1862.

MARIE DE MÉDICIS. Tome V, p. 66.

Dans la description de la pièce, attribuée, sans fondement

selon nous, à cette reine, il s'est glissé une erreur que nous croyons devoir relever. Au lieu de MARIA MEDICI F.
MDLXXXII,
il faut lire : MARIA MEDICI F.
MDLXXXVII.

La reine aurait donc eu, à cette époque, quatorze et non pas neuf ans.

MASSÉ (Jean-Baptiste). Tome VI, p. 346.

3. *Minerve montrant le portrait de Louis XIV.*

On connaît deux états de cette planche :

1. Avant les retouches. C'est l'état décrit.
2. La planche a été reprise partout, et la tête de la Minerve a particulièrement souffert de ces retouches maladroites.

4. *Vénus implorant Mercure en faveur d'Énée.*

M. Robert-Dumesnil nous semble avoir interverti l'ordre des états, et nous pensons que le quatrième état doit être regardé comme étant en réalité le deuxième.

MASSON (Antoine). Tome II, p. 98.

1. *Portrait de l'artiste.*

M. Robert-Dumesnil a mis en marge de son exemplaire

du *Peintre-Graveur* la note suivante relative au portrait d'Ant. Masson. « Ce portrait est dû à Nicolas Habert et à Madeleine Masson, sa femme, qui étaient aussi graveurs, beau-frère et sœur d'A. Masson, qui sacrifièrent ici le beau portrait du duc de Vendôme, gravé par notre artiste, (n° 67 de ce catalogue). »

Nous ne pouvons en aucune façon partager cette opinion ; ni Habert, ni Madeleine Masson n'ont travaillé à ce portrait gravé avec cette habileté de burin dont Masson faisait volontiers parade. Si ces artistes y avaient mis la main, il serait aisé de constater leur manière lourde et sans consistance. Quant à la question de savoir si ce portrait a été gravé sur la planche planée du duc de Vendôme, le doute n'est pas permis.

3. *Sainte Famille.*

On connaît trois états de cette planche :

1. Avant le nom de *Van Merlen*, avec la date 1668 au lieu de 1669, et avant de petits points sur le bras gauche de saint Jean.

Les deux autres états sont ceux que décrit M. Robert Dumesnil comme étant le premier et le second.

On lit au bas de toutes les épreuves que nous avons vues de cette planche, depuis le premier état jusqu'au dernier, *Migniard* et non *Mignard,* et *Sulpsit* et non *sculpsit.*

4. *Jésus de Nazareth.*

On connaît deux états de cette planche :

1. L'état décrit. — Cette estampe se voit en tête de la *Vie de Jésus-Christ,* par l'abbé de Saint-Réal, in-4°, Paris, Robert Pepie, 1686.
2. L'adresse de Gantrel remplace le nom du peintre. Le nom de ce marchand est suivi de : *excud. C. P. R.*

6. *L'Assomption.*

On connaît trois états de cette planche :

1. Avant la lettre et avant l'écusson.
2. Avec les armes, mais avant la lettre.
3. Le deuxième état décrit par M. Robert-Dumesnil.

7. *Saint Jérôme.*

On connaît cinq états de cette planche :

1. L'état décrit par M. Robert-Dumesnil comme le premier.
2. L'état décrit comme étant le second.
3. L'adresse de Charpentier effacée, et on lit au-dessous du trait carré, à gauche : *Iean Batiste H. Bonnart ex. au coq*.
4. Avec l'adresse de *Mondhar*.
5. Les mots *St Hierosme* ont été grattés et remplacés par ceux-ci : St. Gérome. La planche est sans aucune valeur en cette condition.

25. *Dupuis* (*Pierre*).

D'après M. Guichardot (catalogue Vandenzande, n°s 1757-1758 ; Paris, 1855, p. 196), il y aurait deux états de cette planche; nous transcrivons la description qu'il en donne.

N° **1757**. Très-belle épreuve du premier état, non mentionné, avant que la planehe n'ait été travaillée au burin, notamment sur le visage et les cheveux du personnage.

N° **1758**. Belle épreuve du deuxième état, avec addition des travaux. Le visage du personnage a perdu de son expression, et les cheveux du côté de l'ombre se détachent durement du fond ; de plus, on remarque un trait échappé vers le haut de la droite, partie sur les tailles horizontales, partie sur la marge du cuivre.

M. J. E. Wessely (*Archiv für die zeichnenden Künste.....* Herausgegeben von Dr Naumann, Leipzig, 1865, tome XI, p. 266-268) parle d'une épreuve avant la lettre dans la bordure, qui se trouverait dans la bibliothèque Albertine à Vienne.

28. *Fourcy (Henri de).*

On connaît deux états de cette planche :

1. Avant toutes lettres (collection Albertine à Vienne).
2. L'état décrit.

34. *Harcourt (Henri de Lorraine, comte d').*

On connaît quatre états de cette planche :

1. Avant beaucoup de travaux, partout et même dans la tête, au-dessous du trait carré, on lit à la droite du bas : *Masson fecit et excudit cum Priuil. Regis.* (Collection de M. Dutuit.)

Les autres états sont décrits par M. Robert-Dumesnil et doivent seulement être reculés d'un rang.

36. *Helyot (Marie-Herinx, femme de Claude).*

Ce portrait se voit en tête de la *Vie de madame Helyot* (par le père Crasset), Paris, Étienne Michalet, 1683, in-8°.

Il existe de cette estampe une copie dans le même sens, dans une bordure teintée de tailles circulaires, sans aucune écriture.

H. 0,162. L. 0,106.

37. *Housset (Claude du).*

On connaît deux états de cette planche :

1. Avant toutes lettres (collection Albertine et bibliothèque impériale de Vienne).
2. L'état décrit.

41. *Louis XIV.*

Le portrait décrit sous ce numéros est un fragment ravi à la partie droite du haut d'une estampe à la confection de laquelle a concouru Masson avec un méchant graveur au burin qui a exécuté le surplus, offrant, à la gauche du haut, le buste soi-disant de Louis XIII sur un autre piédouche. Ces deux piédouches reposent sur un piédestal contenant, sur sa face, l'inscription que voici :

Que ces deux rois sont ressemblans
Ie ne m'étonne pas si l'on prend l'un pour l'autre
Celluy-la fut la gloire de son temps
Celluy-cy fait l'honneur du nostre.
P. de la Serre.

Le fond du bas est teinté de travaux horizontaux.
H. 0,214. L. 0,171.

44. *Louis XIV.*

On connaît deux états de cette planche :

1. La planche n'est pas terminée. Avant la dédicace sur la bordure et avant le nom de Masson.
2. L'état décrit.

45. *Louis XIV.*

On connaît quatre états de cette planche :

1. Avant toutes lettres; les médaillons, dans les coins, sont blancs (collection Albertine à Vienne).

2. Avant la date 1676, après la dédicace de Louis d'Artaignant.

3. L'état décrit comme étant le premier.

4. L'état décrit comme étant le second.

49. *Marie-Thérèse d'Autriche.*

On connaît trois états de cette planche :

1. Avant la lettre. On lit seulement au bas : *N. Mignard Auenionensis pinxit. Ant. Masson sculpebat.* Les lis ne sont pas terminés (collection Albertine à Vienne).

2. L'état décrit.

3. Avec l'adresse de Joliain.

55. *André Le Nostre.*

On connaît six états de cette planche :

1. Avant toutes lettres ; le papier qu'il tient à la main est différent de celui que l'on voit dans les épreuves ordinaires ; il ne forme pas encore de pli. Les cheveux sont enroulés, et aucune mèche volante ne se détache pour tomber sur le front.

2. L'état décrit comme étant le premier.

Les quatre autres états reculent également d'un rang.

56. *Novion (Nicolas Potier de).*

On connaît deux états de cette planche :

1. L'état décrit.
2. Les mots *Au Reg.*, après la date, ont été effacés.

57. *Orléans (Philippe de France, duc d').*

On connaît deux états de cette planche :

1. Avant le nom du graveur (collection Albertine à Vienne).
2. L'état décrit.

58. *Ormesson (Olivier Le Fèvre d').*

Le département des estampes de la bibliothèque impériale de Paris possède de cette planche une épreuve à peine ébauchée.

Le second état de ce portrait décore la thèse de philosophie de Michel Blondel, soutenue au collége de Prete et de Bayeux (*Pratho-Bellovaco*) en décembre 1665.

62. *Pussort (Henri de).*

On connaît deux états de cette planche :

1. Avant toutes lettres.
2. L'état décrit.

64. *Sacy (Isaac-Louis Le Maistre de).*

On connaît trois états de cette planche :

1. Avant le nom des artistes. On lit dans l'ovale : *Messire Isaac Le Maistre de Sassi.* Les six vers sur la console sont déjà gravés. (Bibliothèque impériale de Vienne.)

65. *Turenne (Henri de la Tour d'Auvergne, vicomte de).*

Le département des estampes de la bibliothèque impériale de Paris possède une épreuve d'essai de cette gravure; la bordure n'est pas encore gravée, et la planche n'est, à vrai dire,que préparée.

La bibliothèque Albertine de Vienne possède une épreuve avant la bordure et avant la lettre.

66. *Turgot de Saint-Clair* (*Antoine*).

Épreuve d'artiste. La perruque n'est pas terminée et est très-claire. Les parties ombrées de la joue gauche, près du nez, ont une contre-taille (collection Albertine à Vienne).

PIÈCES NON DÉCRITES.

1. *Amelot* (*Michel*), *archevêque de Tours.*

Buste, dans une bordure ovale, 3/4 à gauche; il a un large rabat, au-dessous duquel on voit le ruban avec la croix par-dessus sa mozette. Dans le bas, les armoiries. Pièce anonyme.

H. 0,353. L. 0,264.

Cette pièce, indiquée dans le travail de M. J. E. Wessely, que nous avons cité plus haut, serait gravée par Antoine Masson.

2. *Faure* (*François*), *évêque de Glandève, puis d'Amiens.*

Il est vu de trois quarts, tourné à droite, décoré de la croix pastorale, et regardant de face, dans une bordure ovale sur laquelle on lit : PRINCEPS FRANCISCUS FAURE AMBIANENSIVM EPISC[s] ILLUSTRISSIMUS AC REVERENDISSIMUS ECCLESIÆ. *Ant[us] Masson ad vivum pingebat et sculpebat. Parisiis* 1686. Cette bordure armoriée pose sur une console.

H. 0,395. L. 0,317.

3. *Louvois (François-Michel Le Tellier, marquis de).*

Buste fort comme nature, de 3/4 dirigé à gauche, dans une bordure de feuilles de laurier. On lit, au haut, sur une banderole : FR. MICH. LE TELLIER MARCH. DE LOVVOIS REGI A CONS. SECR. ET MANDAT. REGIOR. ORD. CANCEL. Puis, au bas, sur la bordure même : *Ant. Masson ad viuum faciebat.* Et aux deux côtés de l'ovale : *Offerebat Maximilianus Ludouicus Titon Parisinus.*

H. 0,519. L. 0,438.

MAUPERCHÉ (H.). Tome I, p. 39.

1. *L'Ange luttant contre Jacob.*

On connaît deux états de cette planche :

1. L'état décrit.
2. Aux figures de l'ange et de Jacob on a substitué saint Jean baptisant Notre-Seigneur. Le Saint-Esprit, sous la forme d'une colombe, brille à la gauche du haut ; le mot *excudit* de l'inscription a été enlevé.

8. *Tobie offrant le poisson à l'Ange.*

On connaît deux états de cette planche :
1. L'état décrit.
2. Un autre artiste a remplacé le sujet représenté par

celui des disciples d'Emmaüs. Les mots *et Excudit*, qui se lisaient après les cinq premiers mots de l'inscription ont été enlevés.

11. *Départ pour Memphis.*

On connaît deux états de cette planche :

1. L'état décrit.

2. Les cinq derniers mots de l'inscription ont été enlevés, et dans la marge on lit, au milieu : *son départ*, et à droite : *Gallays ex.*

12. *L'enfant prodigue dissipe son bien.*

On connaît deux états de cette planche :

1. L'état décrit.

2. Les cinq derniers mots de l'inscription ont été enlevés, et on lit au milieu de la marge : *il dissipe son bien*, et à droite : *Gallays ex.*

13. *L'Enfant prodigue est ruiné complétement.*

On connaît deux états de cette planche :

1. L'état décrit.

2. Les cinq derniers mots de l'inscription ont été enlevés. On lit au milieu de la marge : *Il est chassé*, et à droite : *Gallays ex.*

14. *L'enfant prodigue gardant des pourceaux.*

On connaît deux états de cette planche :

1. L'état décrit.

2. Les cinq derniers mots de l'inscription ont été en-

levés; on lit au milieu de la marge : *Il garde les pourceaux,* et à droite : *Gallays ex.*

16-21. *La Vie de la Vierge.*

On connaît trois états de cette planche.

1. L'état décrit.
2. L'état décrit.
3. Avec l'adresse de *Filloeul* substituée à celle de *Giffart.*

24. *Saint Jean prêchant dans le désert.*

On connaît deux états de cette planche :

1. L'état décrit.
2. Un méchant graveur au burin a substitué au tronc d'arbre du milieu de la composition le sujet du miracle des cinq pains.

25. *La Madeleine dans le désert.*

Elle est prosternée à la droite du bas, contemplant et adorant le signe de la Rédemption planant, à gauche, dans une gloire d'anges et de chérubins. On lit à gauche : *Mauperché pinxit fecit et excudit cum priuilegio Regis,* et au milieu : *Sta Magdalena.*

L. 0,307. H. 0,216, non compris la marge.

On connaît deux états de cette planche.

1. Avant plusieurs travaux ; avant le mot INRI sur le haut de la croix ; avant les mots *Sta Magdalena* au milieu de la marge.
2. L'état décrit.

26. *Le Miracle, d'après Swanevelt.*

M. Robert-Dumesnil a ainsi modifié le commencement de la description de cette pièce :

Saint François de Paule guérissant miraculeusement un bûcheron écrasé sous un arbre. Un jeune homme, etc....

27. *Le Supplice de Marsyas.*

On connaît deux états de cette planche :

1. L'état décrit.

2. Au sujet représenté un graveur au burin a substitué *Élysée maudissant les enfants qui s'étaient moqués de lui.* Un ours s'est jeté sur l'un de ces enfants, qu'il paraît dévorer.

46. *Le Pont sous le grand chemin.*

On connaît deux états de cette planche :

1. L'état décrit.

2. Au lieu de l'inscription que nous avons rapportée, on lit : *Gallays ex.*

47. *La Famille en voyage.*

On connaît deux états de cette planche :

1. L'état décrit.

2. La planche paraît avoir servi de titre à une suite, puisqu'on lit au milieu de la marge : *Suitte de Pastorelles.* Les mots *Gallays ex.* se lisent, à droite, dans cette marge.

PIÈCE NON DÉCRITE.

Les disciples d'Emmaüs.

Paysage. On voit, sur un chemin, à gauche, entre deux grands arbres, Jésus-Christ entre les deux disciples d'Emmaüs; à droite, à l'horizon, une ville dominée par une sorte de pyramide. On lit dans la marge : *Mauperché fecit. F. L. D. Ciartres excud.*

L. 0,220. H. 0,138 dont 0,003 de marge.

Les pièces, cataloguées dans le *Peintre-graveur français* (p. 69-70) sous les numéros 1 et 2 comme douteuses par M. Robert-Dumesnil, ont été depuis attribuées avec certitude, par lui-même, à Jean Rabasse. (Voir le catalogue de l'œuvre de cet artiste, t. VII, p. 167, nos 1 et 2.)

MESLIN (Charles). Tome II, p. 1.

Ex Voto.

M. Robert-Dumesnil a ainsi changé la description qu'il donnait de cette pièce :

Saint Jean-Baptiste recommande à la sainte Trinité, qui couronne la sainte Vierge dans le ciel, un cardinal à genoux devant saint Jean l'Évangéliste ; auprès de saint Jean se trouve saint Georges.

On connaît quatre états de cette planche :

1. Avant la lettre.

2. Avant les traits sur l'épaule de l'homme à genoux et sur le nuage au-dessus de saint Jean-Baptiste.

3. Avec ces traits.

4. On lit dans la marge, à la gauche du bas : *J. Robillard ex.*

MEUNIER (Louis). Tome V, p. 245.

32. *L'Escurial vu par derrière.*

On connaît quatre états de cette planche :
1. L'état décrit.
2. L'état décrit.
3. L'état décrit.
4. On lit pour toute inscription : *Veue du derrière de l'Escurial.*

MIGNARD (Nicolas). Tome I, p. 99.

2. *L'Enlèvement de Ganymède.*

On connaît trois états de cette planche :
1. L'état décrit.
2. L'état décrit.
3. Les adresses effacées.

9. *Le Triomphe de Bacchus.*

On connaît trois états de cette planche :
1. Avant le nom des artistes et avant beaucoup de travaux.
2. L'état décrit comme étant le premier.
3. L'état décrit comme étant le second.

ESTAMPES NON DÉCRITES.

1. *La Vierge et l'Enfant Jésus, d'après Vanni.*

Cette pièce est citée par M. Corrard de Bréban (*les Gra-*

veurs troyens, p. 40), d'après le catalogue d'une vente dirigée par Charles Leblanc, 19 mai 1864.

2. *L'Ascension de Notre-Seigneur.*

On voit N. S. s'élevant au ciel au-dessus de la montagne, qu'entourent ou environnent la sainte Vierge, les apôtres et des fidèles. Cette composition, de dix-huit figures, rappelle le goût de Philippe de Champagne. On lit dans la marge : ASCENDIT AD. CŒLOS, SEDET AD DEXTERAM DEI PATRIS OMNIPOTENTIS, AVG. QVESNEL EXCVDIT 1636 CVM PRIV. REGIS. L'exécution de ce morceau est tout à fait dans le goût du n° 1 de l'œuvre de notre graveur.

H. 0,420 dont 0,013 de marge. L. 0,280.

MIGNARD (Pierre). Tome I, p. 109.

Sainte Scholastique.

On connaît trois états de cette planche :

1. Avant toutes lettres.
2. Avant *Petrus Mignart inv. et fe* et avant l'adresse de *Rossi*. On lit à la place qu'occupe cette adresse dans les états postérieurs : *H. S. Petr. Mignard.*
3. L'état décrit.

MONOGRAMME ⅋ (le maître au). Tome VII, p. 81.

PIÈCES NON DÉCRITES.

1. Panneaux d'ornements pouvant se doubler des deux

côtés. Au milieu, on remarque un vase à deux anses, au pied duquel viennent s'attacher les queues de deux dauphins, qui donnent naissance à de jolis rinceaux répandus dans le haut de la planche. Les museaux de ces dauphins sont liés aux deux tiges qui se trouvent de chaque côté de l'estampe. Le monogramme ℱ ALION se voit sur le pied du vase vers le bas; le fond est formé par des tailles horizontales pointillées.

L. 0,107. H. 0,054.

(Voir, pour cette pièce, p. 70 du Catalogue du cabinet de M. Reynard, 2e partie publiée par l'administration de l'Alliance des arts. La vente a eu lieu le 27 mai 1846.)

Passavant, le *Peintre-Graveur* (tome VI, p. 267-268), attribue encore au maître au monogramme ℱ les pièces suivantes :

2. *Le Péché originel.*

Adam et Ève sont assis au pied de l'arbre de science, dont ils mangent les fruits. A la gauche du bas, la signature *D. Gourmont exc.*

H. 0,193. L. 0,118.

3. *Vénus et l'Amour.*

On lit dans la bordure : *Vénus et Cupido*, accompagné du monogramme suivi du mot *fecit.*

H. 0,177. L. 0,105.

4. *Vulcain à l'enclume.*

A droite, dans une grande forge, on voit Énée assis. Sur

le soutien de l'enclume, le monogramme formé des lettres *J* et *G*. Pièce ronde.

Diamètre : 0,081.

5. *Trois Fifres.*

Ils sont coiffés de bonnets à plumes. Sur une petite tablette, à la gauche du bas, le monogramme.

H. 0,077. L. 0,64.

6. *Deux Paysans en repos.*

Celui de gauche, debout, tient une fourche; celui de droite, assis, un râteau. Au-dessous de ce dernier, le monogramme se trouve sur une petite tablette, et dans la marge du bas l'inscription : POST LABOREM QUIES.

H. 0,080. L. 0,057.

7. *Une Tête de Mort.*

Elle est posée sur un os dirigé à droite. A gauche, le monogramme ℨ. On lit dans la marge : O MORS QVAM AMARA EST MEMORIA TVA HOMINI PACEM HABENT IN SVBSTANTIES SVIS. ECCL. XLI.

H. 0,108. L. 0,077.

8. *Portrait du cardinal Charles de Bourbon.*

Figure entière, assise, tournée à droite, devant une table, portant un crucifix et un livre, sur lequel il pose la main. Suscription : *Carolus Cardinalis a Borbonio. Anno ætatis* 28. *J. Gourmont fe.*

L. 0,159. H. 0,120.

MONTAGNE (Michel). Tome V, p. 108.

Appendice n° 1. *L'Homme et la femme en voyage.*

On connaît trois états de cette planche :

1. Avant une quantité de travaux ; le chemin, sur le bord duquel on voit une croix de bois, est presque entièrement blanc.

2. L'état décrit par M. Robert-Dumesnil comme étant le premier.

3. Le second état décrit.

PIÈCE NON DÉCRITE.

Paysage.

Au fond, à gauche, se voit un village, que relie à un bouquet de bois un pont de pierre à deux arches. Au premier plan, au-dessus d'un petit monticule surmonté d'un tronc d'arbre, se voit un homme assis jouant avec un chien. Pièce ronde. Les angles sont couverts de tailles horizontales. Pièce anonyme.

Diam. 0,142.

MONTAGNE (Nicolas). Tome V, p. 300.

1. *La Présentation au temple.*

On connaît trois états de cette planche :

1. L'état décrit.

2. L'état décrit.

3. On lit à la suite de l'inscription rapportée : *A. Paris chez M. Poisson cloitre St Honoré, maison de lamaitrise au fond du Jardin.*

2-8. Ces planches peuvent être désignées sous ce titre : *Les sept sacrements caractérisés par des faits tirés des saintes Écritures.* Elles se trouvent en tête des *Instructions sur les sacrements*, dans la première partie du rituel d'Alet. Paris, Charles Savreux, 1667, in-4°.

PIÈCES NON DÉCRITES.

1. *La Cène*, d'après Philippe de Champagne. Pièce rare décorant la bible de Pierre Le Petit datée de 1671.

Catalogue de la vente de M. R. D. (Robert-Dumesnil), 20 et 21 avril 1854, n° 122.

2. *Sainte Madeleine.*

La Madeleine étendue, les mains jointes, prie dans la sainte Beaume devant un crucifix et un livre ouvert placé à gauche. On lit au bas, dans la marge : *N. de Plate Montagne in. pinx. sculp. et excudit cum priui. Regis.* et au dessous :

O specus! o lacrimæ! o cunctis impervia rupes.
Delitiis! hæc quis credat amoris opus?
Impurus mundi quondam quæ plurima fecit.
Sic Christi castus vulnera sanat amor.

Dim. de la planche : L. 0,624. H. 0,473.

3. *La sainte Face.*

On lit au bas : *Non est sepcies..... Joullain excud C. P. R.*

4. *Le Calvaire.*

Au milieu de la composition, le Christ en croix; à gauche, saint Jean et la Mère de Dieu; à droite, au pied de la croix, les soldats; plusieurs jouent aux dés le manteau de Jésus. Au bas, à gauche, on lit : *Philip Champagne pinx. — à Paris chez Est. Gantrel rue S. Jacques à l'image S. Maur.*

L. 0,468. H. 0,318.

Cette estampe et la précédente sont mentionnées dans le catalogue de M. R. D. (Robert-Dumesnil), 4 décembre 1854, p. 33, n°s 226-227.

5. *Portrait d'un inconnu.*

En demi-corps et tourné vers la droite; il regarde de face, portant moustache, tête nue garnie d'une ample chevelure descendant sur ses épaules. Il est vêtu d'un manteau, laissant voir partie d'une robe boutonnée sur la poitrine. Un collet orné de dentelles, d'où s'échappent deux glands, lui garnit le cou et les épaules. Dans une bordure octogone posée sur un appui. L'écusson des armes du personnage est fixé à un crochet qu'environne un nœud de ruban, et descend sur la face de l'appui. Au-dessous de cet écusson, est une banderole portant cette devise : QV. QVERIVS EO JVSTIVS. La bordure est marbrée; le fond extérieur et l'appui sont pointillés.

H. 0,303. L. 0,217.

Catalogue de M. R. D. (Robert-Dumesnil), 12 avril 1858, p. 34-35, n° 154.

MORIN (Jean). Tome II, p. 32.

1. *Frontispice.*

On connaît trois états de cette planche :

1. L'état décrit.

2. Les deux pilastres, indiqués à l'aide de travaux de pointillé, sont recouverts de tailles horizontales et verticales.

3. La date 1650 effacée et l'adresse ainsi changée : *Chez Pierre le Petit, Impr. et libr. ord. du Roy, rue Saint Iacques, à la croix d'or auec Pr.*

2. *David et Nathan.*

On connaît deux états de cette planche :

1. Avant que la partie de la draperie qui est derrière la tête de David soit ombrée.

2. L'état décrit.

3. *L'Annonciation.*

On connaît deux états de cette planche :

1. Avant le texte au dos.

2. L'état décrit avec texte.

Toutes les planches de cette suite ont été grossièrement reprises au burin par une main étrangère qui a laissé subsister le nom de Morin, et dans cet état sans valeur, elles parurent avec un titre imprimé typographiquement, chez Pierre le Petit, en 1678.

14. *La sainte Vierge.*

On connaît deux états de cette planche :

1. Avant la lettre; les mains de la Vierge ne sont même pas tracées. (Collection Dutuit.)

2. L'état décrit.

15. *La Vierge adorant l'Enfant Jésus.*

On connaît deux états de cette planche :

1. L'état décrit.

2. Le dessous du toit couvert en chaume, à droite de l'estampe, a été entièrement repris au burin et tellement couvert de travaux, que les plans se distinguent difficilement.

22. *Jésus en croix.*

On connaît deux états de cette planche :

1. L'état décrit.

2. On lit, au bas, dans la marge, sur une planche accessoire : *Vere Langores nostros ipse tulit. Isaiæ liij.*

24. *La sainte Face.*

On connaît deux états de cette planche :

1. L'état décrit.

2. L'adresse de Morin a été enlevée et remplacée par celle-ci : *Joullain ex.*

25. *Jésus-Christ.*

On connaît deux états de cette planche :

1. Avant des retouches au burin dans toutes les parties; les chairs, dans les premières épreuves, sont gravées, presque exclusivement, au pointillé, tandis que, dans le second état, le pointillé est recouvert de tailles au burin.

2. Avec les retouches que nous venons d'indiquer.

On connaît une répétition en petit de cette estampe qui rappelle la manière de Jean Morin ; le Christ nimbé est vu de trois quarts dirigé vers la droite ; il mesure de hauteur 134 millimètres, et de largeur 89 millimètres.

32. *Le petit saint Bernard.*

On connaît deux états de cette planche :

1. A l'eau forte pure.

2. La planche a été reprise au burin dans toutes ses parties. Cet état se reconnaît principalement aux deux caractères suivants : 1° le grand côté vertical de la croix, entièrement blanc dans le premier état, est couvert, dans le second, par des travaux horizontaux qui s'étendent jusqu'à la hauteur des pectoraux du Christ ; 2° la robe du saint qui couvre son mollet droit est indiquée par de simples tailles dans le premier état ; ces tailles sont croisées dans le second.

34. *Saint Jérôme.*

M. Robert-Dumesnil retire cette pièce de l'œuvre de J. Morin et l'attribue à J. de la Mare-Richart.

35. *Chœur d'église.*

Cette pièce est retirée de l'œuvre de J. Morin par M. Robert-Dumesnil.

42. *Arnauld d'Andilly (Robert).*

On connaît deux états de cette planche :

1. L'aspect de la planche est clair ; la figure et les cheveux sont peu travaillés, de même que la collerette. Les travaux du vêtement sont peu serrés ; le fond est peu teinté.

2. La planche a été reprise dans toutes ses parties. Cet état se distingue principalement du précédent, en ce que, dans le premier, l'ombre portée de la manche droite s'arrête à la hauteur de la lettre **B** du nom **ROBERT** inscrit sur la bordure; tandis que, dans le second état cette ombre portée se prolonge jusqu'à l'angle de la bordure octogonale.

43. *Bentivoglio (Guido), cardinal.*

On connaît deux états de cette planche :

1. Avant toutes lettres.
2. L'état décrit.

45. *Borromée (saint Charles).*

On connaît quatre états de cette planche :

1. L'état décrit.
2. Avec de nombreux travaux sur les cheveux au-dessus de l'oreille.
3. La planche réduite; le témoin du bas affleure presque le trait carré.
4. Avec une planche ajoutée dans le bas, sur laquelle se trouve un écusson supporté par deux nègres. Les armoiries de cet écusson sont : trois molettes et une tête de nègre.

48. *Brachet de la Milletière (Théophile).*

On connaît trois états de cette planche :

1. Avant toutes lettres.
2. Avant divers travaux, notamment sur le haut de la joue gauche du personnage, du côté de l'ombre. Cette place, presque blanche, s'accorde mal avec les autres parties.
3. L'état décrit.

55. *Grimberghe (Honorine), comtesse de Bossu.*

On connaît deux états de cette planche :

1. Les angles du bas et l'angle gauche supérieur sont aigus.

2. Ces angles sont arrondis.

56. *Grimberghe (Honorine), comtesse de Bossu.*

Ce portrait n'est pas celui d'Honorine Grimberghe, mais celui d'*Anne Sophie Herbert, comtesse de Carnarvon.*

61. *Jansenius (Corneille), évêque d'Ypres.*

On connaît trois états de cette planche :

1. Le premier état décrit.

2. Le second état décrit.

3. La planche a été coupée à l'ovale, et dans cet état est intercalée dans une bordure gravée au burin.

66. *Marillac (Michel de), garde des sceaux.*

On connaît deux états de cette planche :

1. L'état décrit.

2. La planche a été rognée à l'ovale, et dans cet état est intercalée dans une bordure gravée au burin, sur laquelle on lit : MICHEL DE MARILLAC, *garde des sceaux de France. Wandick pinx. Morin sculp. à Paris, chez Bligny, Lancier du Roy.....*

68. *Mazarin (le cardinal).*

On connaît quatre états de cette planche :

1. Avant quantités de travaux dans la tête, sur le rabat et sur le camail, et notamment, pour indiquer une remarque facilement appréciable, avant les tailles diagonales qui recouvrent tout le camail.

2. L'état décrit comme étant le premier.

3. L'état décrit comme étant le second.

4. L'inscription qui se lit tout autour de la bordure est effacée, et on lit, d'un caractère plus moderne, sur la partie inférieure de cette bordure : JULES MAZARIN CARDINAL, *né en Italie en* 1602, *ministre de Fran*[e] *en* 1643, *mort en* 1661.

74. *Talon* (*Omer*).

On connaît trois états de cette planche :

1. Avant toutes lettres.

2. Avant que la manche gauche du personnage soit entièrement couverte de travaux.

3. L'état décrit. La manche est absolument noire, mais les épreuves de cet état sont encore très-bonnes.

76. *Tellier* (*Michel Le*).

On connaît deux états de cette planche :

1. Avant toutes lettres. La collerette n'est pas encore gravée.

2. L'état décrit.

79. *Thou* (*Jacques-Auguste de*).

On connaît deux états de cette planche :

1. Avant plusieurs travaux dans le visage, notamment avant les trois grandes rides horizontales du front.

2. L'état décrit.

86. *Villemontée (François de).*

On connaît deux états de cette planche :

1. Avant quelques travaux dans le front et dans la joue droite, et avant beaucoup de travaux dans les vêtements.

2. L'état décrit.

87. *Villeroy (Nicolas de Neufville, marquis de).*

On connaît deux états de cette planche :

1. L'état décrit.

2. La planche a été coupée à l'ovale et est intercalée, dans cet état, dans une bordure gravée au burin, sur laquelle on lit : *Le Marechal de Villeroy.*

88. *Vitré (Antoine).*

On connaît trois états de cette planche :

1. Avant toutes lettres. (Collection Dutuit.)

2. La planche est moins travaillée que dans l'état suivant, surtout à la figure.

3. La planche est entièrement terminée; son aspect est plus vigoureux. Cet état, difficile à distinguer du précédent, ne peut être reconnu qu'à l'existence de quelques tailles croisées sur les cheveux, à droite, à la hauteur de l'oreille, tailles qui n'existent pas dans le second état.

Nous avons trouvé, en outre, dans le catalogue de la vente Marshall faite à Londres le 30 juin 1864, la mention d'une épreuve, avant beaucoup de travaux dans le fond autour de la tête (n° 1183 du catalogue).

89. *Le Bouvier assis.*

On connaît deux états de cette planche :

I. L'état décrit.

II. L'inscription rapportée a été enlevée pour tout ce qui suit le mot *chez;* après quoi, on lit : *La Vve de F. Chéreau, rue St Jacques aux 2 Piliers d'or.* On voit, d'ailleurs, à la gauche du haut de la composition : *A.* 1.

100. *La Cafarelle.*

On connaît deux états de cette planche.

I. L'état décrit.

II. Les mots *et excudit*, après le nom de Morin, ont été enlevés. On voit à la gauche du haut : *A.* 3.

101. *La vieille Femme assise.*

On connaît deux états de cette planche.

I. L'état décrit.

II. Les mots *et exc.*, après le nom de Morin, ont été enlevés. On voit à la gauche du haut : *A.* 2.

107. *Les Moissonneurs.*

On connaît quatre états de cette planche :

1. Avant des traits d'éraillure que l'on voit au-dessus et autour du groupe d'arbres et de maisons qui se trouve à gauche.
2. Avec ces traits apparents.
3. Ces traits ont été grossièrement effacés.
4. On lit au bas de la planche : *A Paris chés la Vve de F. Chereau rue St Jacques aux 2 Piliers d'or.*

PIÈCE NON DÉCRITE.

Frontispice de livre.

Cartouche ovale ; en haut, une tête de chérubin ; dans le

milieu du cartouche, on lit : PARAPHRASE DES PSEAVMES DE DAVID, *par* ANTOINE GODEAV, *éuesque de Grasse et de Vence.* A PARIS *chez la veufue Jean Camusat Et Pierre le Petit, Imp. ord. du Roy, rue Sainct Jacques à la toison d'or,* 1649. *Auec priuil. du Roy.* Pièce anonyme.

H. 0,123. L. 0,068.

NANTEUIL (Robert). Tome IV, p. 35.

2. *Sainte famille.*

On connaît deux états de cette planche :

1. Avant l'inscription sur la pierre (Catalogue de la vente de J. Marshall : Londres, juin 1864, n° 1203).

2. L'état décrit.

3. *Le Sauveur en pied.*

Cette planche a été gravée pour être tirée en tête d'un feuillet in-folio, imprimé en caractères typographiques et entouré d'une vignette et de filets de fonte. Cette vignette offre une lacune au haut là où devait tomber le bas de la planche gravée. L'impression est à deux colonnes, celle de gauche commence et finit ainsi : « TEMPORIBVS OCTAVIANI AVGVSTI. cum ex......» « Orate pro Domino Guillelmo Moet hujus loci Archi-Priore, qui hanc Tabulam et Epistolas dipingi fecit anno Dni 1650. Et pro D. S. W. qui easdem excudi curavit. 1651. » La colonne de droite commence par « QVONIAM ANTIQVI MORIS APVD ROmanas erat........ » et finit par : « & Sixto Senensi *lib.* 2. Bibliot. Sanctæ, qui ipsas Epistolas et Archiuis Vaticanæ se excripsisse dicit. »

Ce placard, destiné à être affiché, a les dimensions suivantes : H. 0,455. L. 0,295.

4. *Buste du Christ.*

On connaît quatre états de cette planche :

1. L'état décrit par M. Robert-Dumesnil comme étant le premier.

2. L'état décrit par M. Robert-Dumesnil comme étant le second.

3. L'inscription *Respice...* a été grattée et a été reprise en caractères plus fins. On ne voit plus de tailles au-dessous de l'*m* du mot *faciem*. La date est toujours 1653.

4. L'état décrit par M. Robert-Dumesnil comme étant le troisième.

5. *Buste de la Vierge.*

On connaît quatre états de cette planche :

1. La banderole placée au bas de l'ovale ne contient pas d'inscription, mais un écusson armorié accompagné par deux lions passants.

2. Le premier état décrit par M. Robert-Dumesnil.

3. Le deuxième état décrit.

4. Le troisième état décrit.

26. *Auvry (Claude), évêque de Coutances.*

On connaît trois états de cette planche :

1. L'état décrit comme étant le premier.

2. L'état décrit comme étant le second.

3. L'année 1660 a été remplacée par 1672.

29. *Barberin (Antoine).*

On connaît trois états de cette planche :

1. L'état décrit par M. Robert-Dumesnil.

2. L'état décrit par M. Robert-Dumesnil.

3. Le portrait réduit à l'ovale est imprimé dans un passe-partout formé d'un cadre orné, au haut, de trois abeilles et enrichi, sur les côtés, de bouquets de fleurs et de boutons; cette bordure est posée sur un socle.

Dim. de l'ovale : H. 0,219. L. 0,173.

30. *Barberin (Antoine).*

Ce portrait surmonte quelquefois une thèse dédiée à A. Barberin.

31. *Beaumanoir de Lavardin (Philibert-Emmanuel), évêque du Mans.*

On connaît trois états de cette planche :

1. Le premier état décrit.

2. La tablette de la console est indiquée par trois lignes horizontales; l'écusson est héraldiquement gravé; chaque angle est garni d'un double monogramme. La signature du graveur est toujours suivie de la date 1651.

3. Cette date a été convertie en 1654.

38. *Benoise (Charles).*

On rencontre des épreuves de ce portrait au bas desquelles on trouve une planche accessoire, sur laquelle on lit le nom, l'âge et les qualités du personnage.

34. *Le Bouthillier (Victor).*

On connaît trois états de cette planche :

I. L'état décrit.

II. L'année 1651 a été enlevée.

III. On lit sur la bordure : VICTOR LE BOVTHILLIER TVRONENSIVM ARCHIEPISCOPVS ~ .

58. *Castelnau (Jacques marquis de), maréchal de France.*

On connaît deux états de cette planche :

1. Avant toutes lettres.

2. L'état décrit. L'errata du tome IV du *Peintre-graveur français* rectifie une faute d'impression qui s'est glissée dans la date qui accompagne le nom du graveur. C'est 1658 qu'il faut lire, et non pas 1656.

68. *Clermont-Tonnerre (François de).*

On connaît quatre états de cette planche :

1. Le premier état décrit.

2. Le personnage ne porte pas encore la croix pastorale; mais il se trouve deux points à une petite distance de celui qui suit le crochet. (Catalogue du chevalier J. Camberlyn, nº 2,356.)

3. Le deuxième état décrit.

4. Le troisième état décrit.

94. *Faure (Charles), abbé et premier supérieur, général de Sainte-Geneviève.*

On connaît deux états de cette planche :

1. L'état décrit.

2. La tablette est teintée de tailles perpendiculaires, et le fond de points obliques.

97. *Fouquet (Basile).*

On connaît deux états de cette planche :

I. L'état décrit.

II. La date 1658 a été remplacée par 1660.

103. *Gillier* (*Madame de*).

On connaît deux états de cette planche :

1. Avant beaucoup de travaux dans la tête ; entre autres, la partie inférieure de l'œil droit forme une sorte de poche disparue dans l'état suivant ; le contour de l'épaule gauche a été diminué extérieurement, de telle sorte qu'une des mèches des cheveux qui touchent ce contour dans cet état est distante environ de 2 millimètres dans le second état.

2. L'état décrit.

118. *La Meilleraye* (*Ch. de la Porte, duc de*).

On connaît deux états de cette planche :

I. Avant le crochet après le point qui suit l'année 1662.

II. Avec ce crochet. C'est l'état décrit.

121. *Lamoignon* (*Guillaume de*).

On connaît quatre états de cette planche :

1. Avant les mots *Nanteuil ad viuum*..... 1676, et avant la dédicace *Offerebat Antonius*..... Catalogue de la vente de M. H. de L. (His de Lassalle), n° 1089.

Les trois états suivants sont conformes à la description de M. Robert-Dumesnil.

132. *Letellier* (*Michel*).

On connaît deux états de cette planche :

1. Avant le crochet qui suit la date (Catalogue de M. J. Marshall, n° 1332).

2. L'état décrit.

137. *Letellier* (*Michel*).

On connaît trois états de cette planche :

1. Le premier état décrit.

2. Le second état décrit.

3. A la suite du privilége, la date 1676 remplace la date 1674. La dédicace de J. A. Bazin de Bezons est remplacée par celle-ci : *Offerebat Petrus Ayrault deuotissimus cliens.*

144. *Ligny (Dominique de).*

On connaît deux états de cette planche :

1. L'état décrit.

2. Avec des tailles obliques au-dessous du sourcil gauche et au-dessus du sourcil droit.

153. *Louis XIV.*

On connaît quatre états de cette planche :

I. Avec 1662. ~ et avant la virgule qui suit le mot *amans* du septième vers.

II. Avec cette virgule, mais à la suite du crochet placé après l'année 1662, il n'y a que deux traits, tandis qu'il y en a trois dans l'état suivant.

III. L'état décrit comme étant le premier.

IV. L'état décrit comme étant le second.

157. *Louis XIV.*

On connaît huit états de cette planche :

Les six premiers sont conformes à la description donnée par M. Robert-Dumesnil.

7. L'année qui suit le privilége a été changée : au lieu de 1666, on lit 1668 ; en outre, par-dessus les fleurs de lis qui sont en haut, on voit une banderole sur laquelle on lit : QUEM SI FATA VIRVM SERVENT.

8. L'état décrit par M. Robert-Dumesnil comme étant le septième.

160. *Louis XIV.*

On connaît six états de cette planche :

Les trois premiers états sont conformes à la description de M. Robert-Dumesnil.

4. La dédicace enlevée. Après le mot *Regis*, on voit 1670.

5. Avec 1670. ~

6. Avec 1671. ~

161. *Louis XIV.*

M. Robert-Dumesnil a remplacé la description qu'il avait donnée de ce portrait par celle-ci :

Morceau dit à la *peau* ou *aux pattes de lion*, offrant le buste, fort comme nature, du Roi, dirigé à gauche et regardant de face, couvert de son armure, sur laquelle passe l'écharpe blanche, qui cache en partie le cordon bleu. Il est dans une bordure de feuilles de laurier posée contre une peau de lion dont les deux pattes de devant, ornées d'une fleur de lis, tombent dans les angles du haut. Les pattes de derrière se voient dans les angles du bas, et la queue de l'animal flotte dans le milieu du bas et descend dans la marge. Cette bordure est au-dessus d'un écusson, espèce de bouclier renfermant les conclusions de la thèse dont nous allons parler. A mi-hauteur, de chaque côté, on remarque deux médaillons emblématiques portant, celui de gauche, INCRESCVNT OBICE VIRES, et celui de droite, SOMNVM ABRVPISSE DOLEBIT. Ils sont unis par une banderole contenant cette dédicace : OFFEREBAT HVMILLIM[s] SVBDITVS IAC. NICOLAVS COLBERT ABBAS. Dans les angles du bas sont deux autres médaillons portant, celui de gauche, cette devise : MVSARVM MARTISQVE DECVS, et l'autre celle-ci : FRVSTRA ALIVM QVÆRAS. Sur la partie circulaire du bouclier on lit : *Has Theses Deo Duce et Auspice Deipara tueri conabitur* IACOBVS NICOLAVS COLBERT ABBAS BECCENSIS, etc. *Arbiter erit* LVD. NOEL. *Phræ Prof. Regius die* 4° *Augusti* 1672. Morceau de deux planches qui s'assemblent en se superposant.

H. 1,095. L. 0,592.

On connaît quatre états de cette planche :

I et II. Tels qu'ils sont décrits.

III. Le signe est presque disparu. Au delà près de l'angle droit on lit 17, très-finement tracé.

IV. Près de l'angle droit on lit 25. B. très-finement tracé.

166. *Maisons (René de Longueil, marquis de).*

On connaît sept états de cette planche :

1. L'état décrit comme étant le premier.
2. L'état décrit comme étant le second.
3. Avec 1661. ~
4. Avec 1661. ~ '''
5. Avec 1662. ~ '''
6. Avec 1667. ~ ''''

168. *Maridat de Serrières.*

Ce portrait a été gravé pour décorer le livre ci-après : *Tractatus de pileo ceterisque capitis tegminibus. Lugduni* 1655, *in*-4°.

177. *Mazarin (Jules).*

On connaît trois états de cette planche :

1. Avant la devise *Dat formas adimitque.*
2. Le premier état décrit.

3. Le second état décrit.

Ce portrait, en cet état, décore l'ouvrage intitulé : LA POMPEVSE ET MAGNIFIQVE CÉRÉMONIE DV SACRE DV ROY LOVIS XIV. *In-folio*, *Paris*. EDME MARTIN. M.DC.LV.

187. *Mazarin* (*Jules*), *cardinal*.

On connaît trois états de cette planche :

1. L'état décrit comme étant le premier.

2. L'état décrit comme étant le second.

3. Sur la surface du socle, on lit, au-dessus de *Grati animi*, etc. : *Totius Europæ dignus pacis arbiter*.

189. *Mercœur* (*L. de Vendome, duc de*).

On connaît deux états de cette planche :

I. L'état décrit.

II. L'inscription *R. Nantueil delineabat et sculpebat* 1649 a été enlevée. On lit sur la face de la console de support : *Ludovicus Borbonius Vindocinus Par Franciæ Gothalaniæ prorex, Henrici Magni Regis nepos dignissimus.*

190. *Mesgrigny* (*Jean de*), *premier président au parlement de Provence*.

L'inscription qui se lit sur la bordure, dans le second état de cette planche, est celle-ci : JOANNES MARCHIO DE MESGRIGNY COMES CONSISTORIANVS AQVENSIS SENATVS PROTOPRÆSES. *Æt*. 48. 1652.

192. *Mesmes* (*Jean-Antoine de*).

On connait cinq états de cette planche :

1. Le premier état décrit.

2. Le deuxième état décrit.
3. Le troisième état décrit.
4. L'année 1662 a été convertie en 1667.
5. Le quatrième état décrit par M. Robert-Dumesnil.

195. *Molé (Édouard).*

On connaît deux états de cette planche :
I. Le fond extérieur n'est pas marbré.
II. L'état décrit.

198. *Nemours (Henri de Savoie, duc de).*

On connaît quatre états de cette planche :
1. Le premier état décrit.
2. Le listel et la plate-bande de la bordure ne sont plus ombrés ; la date 1651 subsiste.
3. L'état décrit comme étant le second.
4. L'état décrit comme étant le troisième.

202. *Nesmond (François), évêque de Bayeux.*

Remplacer la note placée au bas de la page relative à ce portrait par celle-ci : « On rencontre des épreuves du quatrième état de ce portrait au bas desquelles sont imprimés en caractères typographiques les vers suivants :

Si le fameux Nantueil manque dans ses ouvrages,
Il n'en doit point estre chagrin ;
C'est un mortel qui a peint ce visage,
Et ce visage est tout divin.

204. *Neuville (Ferdinand de).*

Le catalogue de la vente de M. J. Marshall (Londres, juin 1864) mentionne, sous le numéro 1,394, une épreuve de ce portrait « avant quelques travaux sur le côté droit de la tête et des cheveux. »

212. *Péréfixe (Hardouin de).*

On connaît quatre états de cette planche :

Les trois premiers états sont conformes à la description de M. Robert-Dumesnil.

4. Les armes, surmontées d'une double croix dans les états précédents, le sont ici d'une crosse et d'une mitre.

214. *Péréfixe (Hardouin de).*

On connaît cinq états de cette planche :

1. L'état décrit comme étant le premier.
2. Avant la barre placée devant la lettre R ; mais, à la suite de la date 1665, on voit : .. ~ ,,
3. L'état décrit comme étant le second.
4. L'état décrit comme étant le troisième.
5. L'état décrit comme étant le quatrième.

217. *Retz (Jean-François-Paul de Gondi, cardinal de).*

On connaît trois états de cette planche :

1. Le premier état décrit.
2. Le second état décrit.
3. L'adresse de Jean Roger se voit au bas de la planche. (Catalogue Archinto, de Milan, n° 358.)

220. *Sarrasin (Jean-François).*

Le département des estampes de la bibliothèque impériale de Paris possède de ce portrait une épreuve de la plus grande rareté; la tête est à peine tracée, et les cheveux sont indiqués très-sommairement; les vêtements, au contraire, sont fort avancés.

224. *Séguier de Saint-Brisson (Pierre).*

Ce portrait se trouve dans *les Métamorphoses d'Ovide* de la traduction de Pierre Duryer, de l'Académie française. Paris, Antoine de Sommaville. M.DC.LX; in-folio.

226. *Steenberghen (Jean-Baptiste van).*

On connaît cinq états de cette planche :

1. Les angles de la planche sont aigus. (Collection Dutuit.)

Les quatre autres états sont conformes à la description donnée par M. Robert-Dumesnil.

232. *Turenne (Henri de la Tour d'Auvergne, vicomte de...), maréchal de France.*

On connaît cinq états de cette planche :

1. Avant toutes lettres et avant divers travaux. (Collection Dutuit.)

Les autres états sont conformes à la description de M. Robert-Dumesnil.

233. *Turenne (H. de la Tour d'Auvergne, vicomte de).*

Le département des estampes de la bibliothèque impériale de Paris acquit en 1853, à la vente de M. Thorel, une épreuve exceptionnelle de cette planche; elle est avant toutes lettres; l'ovale seul est tracé, et les angles sont blancs.

APPENDICE 1. — *Bonzi (Pierre de).*

On connaît quatorze états de cette planche :

Les treize premiers sont décrits par M. Robert-Dumesnil.

14. Avec quatre points à la suite de la lettre B. (Catalogue du chevalier J. Camberlyn, n° 2546.)

APPENDICE 6. — *Louvois (F. M. Le Tellier, marquis de).*

On connaît dix états de cette planche :

Les cinq premiers états conformes à la description de M. Robert-Dumesnil.

6. La lettre A enlevée et remplacée par.... B.
7. L'état décrit comme étant le sixième.
8. On lit à la place où étaient les lettres indiquées précédemment : C....
9. A cette même place, on lit : D...
10. A cette même place, on lit : E.

Pièce inconnue à M. Robert-Dumesnil.

Michel Letellier.

Michel Letellier, ministre d'État, représenté en buste fort comme nature, dans une bordure ovale, tronquée du haut et des deux côtés ; il est vu presque de face, légèrement tourné à gauche. Au bas on lit, sur une banderole : MICHAEL LE TELLIER GALLIARUM CANCELLARIUS, en deux lignes, et de chaque côté de la bordure, à gauche : *Nanteuil ad viuum pinxit et sculp.*, à droite : *Chez Edelinck rue St-Jacques au séraphin auec priuilège.*

Cette estampe, décrite dans le Catalogue de M. le ch^er Camberlyn (Paris. Novembre 1865, n° 2436), quoique lourdement gravée, nous paraît être incontestablement de Robert Nanteuil. Il n'en est pas de même des autres planches décrites dans le même catalogue sous les numéros suivants :

2456 bis. Louis XIV, représenté en pied et en costume romain, tenant de la main droite le bâton de commandement; à gauche, on voit deux figures allégoriques, et au bas de ce même côté, dans la marge, des vers à la louange du Roi. Au-dessous du trait carré, on lit, à droite, *à Paris, chez Limosin, rue de Gèvre*, et du côté opposé : *Nantueil sculp.* Les mots *Nanteuil sculp.* furent gravés bien longtemps après le portrait du Roi, et la gravure ne rappelle, en aucune façon, le travail de l'illustre artiste.

2551. Ferdinand de Neufville, évêque de Chartres, en buste fort comme nature. Morceau anonyme.

Copie maladroite et agrandie du charmant portrait de F. de Neufville, gravé par R. Nanteuil, et décrit par Robert-Dumesnil sous le n° 20. On lit au haut, sur une banderole, le nom et les titres du personnage, et au bas : *Offerebat F. R. Cadiou, Mantanus, Ord. ff. Prædicatorum*, 1677.

2552. Jules Paul de Lionne, abbé de Marmoutier et prieur de Saint-Martin-des-Champs, en buste fort comme nature. Pièce anonyme.

Copie agrandie du portrait gravé par Nanteuil et décrite par Robert-Dumesnil sous le n° 147.

NATOIRE (Charles). Tome III, p. 316.

3. *Jésus en Croix.*

La description de cette estampe, ayant été faite par M. Robert-Dumesnil d'après une contre-épreuve du premier état, doit être remplacée par celle-ci :

Notre-Seigneur attaché à l'arbre de la croix, au milieu de

l'estampe, a rendu le dernier soupir, ce que contemplent avec affliction un ange et des chérubins voltigeant au haut. La Madeleine en pleurs, agenouillée et vue de face à droite, étend une main et embrasse de l'autre le pied de la croix en levant les yeux vers le Rédempteur. Dans le lointain, à gauche, un bourreau emporte une échelle. Composition cintrée du haut.

H. 0,520 dont 0,045 de marge. L. 0,327.

On connaît quatre états de cette planche :

I. A l'eau-forte pure et avant toute lettre : les travaux dans le ciel au-dessous du bras gauche du Christ n'existent pas encore.

2. Encore à l'eau-forte pure, mais avec ces travaux.

3. On lit dans la marge, savoir, à gauche : *Inventé, peint et gravé par C. Natoire,* et à droite : *terminé par B. Audran.* Au centre : *Consummatum est.* St Jean, ch. 19, 30, et tout au bas : *A Paris, chez Huquier, vis-à-vis le grand Chatelet, avec privilège du Roy.*

4. Avec l'inscription du 3e état, mais l'adresse de Huquier a été effacée.

PIÈCE NON DÉCRITE.

Tête de vieillard vue de trois quarts et dirigée à droite. On lit à la gauche du bas, à l'intérieur du trait carré : *C. Natoire.*

H. 0,129. L. 0,101.

OUDRY (Jean-Baptiste). Tome II, p. 188.

2. *Le Chevreuil forcé.*

On connaît quatre états de cette planche :

1. A l'eau-forte pure.

Les trois autres états sont décrits par M. Robert-Dumesnil, et il suffit de les reculer d'un rang.

4. *Le Loup aux abois.*

On connaît quatre états de cette planche :

1. A l'eau-forte pure.

Les trois autres états sont décrits par M. Robert-Dumesnil, et il suffit de les reculer d'un rang.

6. *Les Pêcheurs.*

On connaît trois états de cette planche :

1. Avant la lettre.
2. Avec la lettre.
3. On lit dans le haut des nuages : VEUE DU PORT DE DIEPPE, et dans la marge, au-dessous de l'inscription, à gauche : *A Paris, chez Gautrot, quay de la Mégisserie, à la ville de Rome.*

PIÈCES NON DÉCRITES.

1. *Le Banquet des chats.*

Trois chats sont à table, servis par un quatrième qui apporte un plat de la droite en sautant d'une maisonnette sur le toit de laquelle s'élance un autre chat. Au milieu du devant sont trois rats qui se régalent des miettes du festin. Entre eux on lit : *Oudry inv. et sculp.*

L. 0,180. H. 0,144.

2. *La Danse des chats.*

Deux chats dansent au son de la flûte et du tambourin sur lequel frappe un singe monté sur un tonneau. A gauche, au premier plan, un chien aboie. Planche anonyme.

Dim. de la planche : L. 0,177. H. 0, 144.

3. *Concert de chats.*

Un perroquet au milieu bat la mesure, monté sur un livre de musique, aux côtés duquel sont deux chats; à gauche un chat joue de la flûte, et à droite un autre joue du violon. On lit à la gauche du bas : *Oudry inv. et sculp.*

H. 0,350. L. 0,171.

PADER (Hilaire). Tome VIII, p. 260.

PIÈCE NON DÉCRITE.

Quatre philosophes en buste. L'un d'eux, placé à gauche, a sur la tête un bonnet fourré. Estampe à l'eau-forte sans nom ni marque.

Catalogue de la vente de M. R. D. (Robert-Dumesnil) (11, 12 et 13 mars 1856, n° 195).

PARROCEL (Charles). Tome II, p. 207.

PIÈCES NON DÉCRITES.

1. Un soldat cuirassé montre à un cavalier un mur sur lequel on lit : *Dix-neuf planches de différentes études de soldats dessinés et gravés par Ch. Parossel, peintre du Roy, à Paris, chez Jean*, et dans la marge : *C. Parossel pinx. sculp.*

2. Un homme écrivant, près de lui un sablier. Cette pièce semble être, comme la précédente, le titre d'une suite.

3. Études de mains. Trois études sur la même feuille. On lit au bas, à gauche : *Dessiné et gravé par Parrocel.*
H. 0,219. L. 0,159.

4. Études de deux mains et d'un œil vu de face sur la même feuille. On lit à la droite du bas : *Dessiné et gravé par Parrocel.*

H. 0,197. L. 0,136.

PARROCEL (Joseph). Tome III, p. 252.

1. *Fête du premier dimanche de l'Avent.*

On connaît quatre états de cette planche :
1. Avant le texte imprimé au dos.
2. Avec le texte, mais avant les contre-tailles sur le bas du nuage le plus rapproché de la Vierge et sur la manche de la Vierge.
3. L'état décrit par M. Robert-Dumesnil comme étant le deuxième.

4. L'état décrit comme étant le troisième.

14-15. Ces deux pièces, dont M. Robert-Dumesnil ne connaissait pas l'application, devaient faire partie du missel décrit sous les nos **1-8** ; elles ne furent pas employées et ont été remplacées dans l'ouvrage en question par quatre grandes estampes gravées au burin par d'autres artistes. Ces pièces faisaient partie d'une suite de quatre planches dont M. Robert-Dumesnil n'a vu que deux.

14. *L'Enfant Jésus adoré par les anges.*

On connaît deux états de cette planche :

1. A l'eau-forte pure.

2. L'état décrit. Les nuages qui se voient derrière la Vierge et l'enfant Jésus sont recouverts de tailles et l'effet de la planche est ainsi singulièrement amélioré.

La Pentecôte (pièce non décrite).

Composition de vingt et un personnages. Au milieu se voit la Vierge assise. On lit au bas, vers le milieu : *I. Parrossel in. et f.*

L. 0,158. H. 0,090.

Nous n'avons pas rencontré l'*Assomption* qui devait compléter cette série des quatre grandes fêtes de l'année, mais nous en avons vu le dessin possédé par M. Prosper de Baudicour qui conserve également les dessins de Jos. Parrocel pour les trois autressujets décrits.

Les Mystères de la Vie de N. S. Jésus-Christ.

Nous décrivons ici la suite complète à l'eau-forte pure que M. Robert-Dumesnil n'avait pas vue en entier et les états que nous indiquerons se rapportent uniquement aux estampes non reprises encore au burin.

1. *Les mystères de la vie de N_{re} Seigneur* IESVS-CHRIST. *Je suis la lumière du monde, etc., St Jean, chap. 8, vers. 12. à Paris chez Audran, Parrocel in. et fe. C.P.R.*

2. *Conception de Nostre Seigneur* IESVS-CHRIST. *St Luc, chap.* I, *Joseph Parrocel in. et f. C.P.R.*

On connaît deux états de cette planche :

1. Avant que les rayons se voient derrière la Vierge.
2. Ces rayons apparaissent très-visiblement.

3. *La saincte Vierge visite saincte Élizabeth. S. Luc, chap.* Ier. *P. in. fe. C.P.R.*

On connaît deux états de cette planche :

1. Avant les contre-tailles sur tout le ciel et sur le bâtiment à droite.
2. Avec ces contre-tailles.

4. *Dieu reuele à St Joseph la naissance de* IESVS-CHRIST. *S. Mat., ch.* I, *Jos. Par. in. et fe. C.P.R.*

On connaît deux états de cette planche :

1. Avant les ombres renforcées sur la draperie que l'on voit au-dessus du lit et derrière le dos de la Vierge.
2. Avec ces ombres.

5. *La Ste Vierge et St Joseph vont de Galilée à Bethléem. S. Luc, chap.* 2, *Jos. Parrocel in. et f. C.P.R.*

On connaît deux états de cette planche :

1. Avant les ombres renforcées sur la joue et sur la jambe gauche de saint Joseph.
2. Avec ces ombres.

6. *La Ste Vierge et St Joseph ne trouvent pas à loger. S. Luc. chap.* 2. *Jos. Par. in. et f. C. P.R.*

On connaît deux états de cette planche :

1. Avant les ombres renforcées sur la cuisse de la balayeuse et sur le terrain.

2. Avec ces ombres.

7. *La Ste Vierge et St Joseph se retirent dans vne estable. S. Luc, chap. 2. J. Parrocel In. et f. C.P.R.*

8. *Naissance humaine de Nre Seigr* IESVS-CHRIST. *S. Luc, ch. 2. J. P. in. et f. C.P.R.*

On connaît deux états de cette planche :

1. Avant les contre-tailles transversales sur les vêtements de la Vierge et de saint Joseph.

2. Avec ces contre-tailles.

9. *Dieu reuèle aux bergers la naissance de* IESVS-C. *S. Luc, ch. 2. C.P.R. Jos. Par. in. et f.*

On connaît deux états de cette planche :

1. Avant les contre-tailles sur le terrain un peu élevé au second plan sur lequel le berger placé à droite appuie la main.

2. Avec ces contre-tailles.

10. *Les bergers adorent* IESVS-CHRIST. *S. Luc, ch. 2, J. Par. in. et f. C.P.R.*

On connaît deux états de cette planche :

1. Avant que la raie verticale qui descend du pied droit de la Vierge ait été effacée.

2. Cette raie n'existe plus.

11. *Les mages viennent d'Orient pour adorer* IESVS-CHRIST. *S. Math., chap. 2.*

On connaît deux états de cette planche :

1. Avant les tailles horizontales sur la tête du cheval qui se voit au second plan auprès du chameau.

2. Avec ces tailles.

12. *Circoncision de N^re-Seigneur* IESVS-CHRIST. *S. Luc, ch. 2, Jos. Parrocel in. et fe. C.P.R.*

13. *Les mages se prosternent en terre et adorent* IESVS-C. *S. Math., ch. 2, à Paris chez Audran. Jos. Par. in. et f. C.P.R.*

14. *Présentation de* IESVS-CHRIST *au temple. S. Luc, ch. 2, J. Parros. in. et f. C.P.R.*

15. *Vn ange advertit Sainct Joseph de s'enfuir en Égypte. S. Math., ch. 2, Parros. in. et f. C.P.R.*

16. *Fuite de* IESVS-CHRIST *en Égypte. S. Math., ch. 2, J. P. in. et f.*

17. *Massacre des enfans de Bethléem. S. Math., ch. 2. Parros. in. et f, C.P.R.*

18. *L'Ange dit à St Joseph : Allez en la terre d'Israël. S. Math., ch. 2, J. Parro. in. et f. C.P.R.*

19. IESVS *revient d'Égypte en la terre d'Israël. S. Math., ch. 2, Parros. in. et f. C.P.R.*

20. IESVS *agé de douze ans va en Jérusalem. S. Luc, ch. 2, I. Parr. In. et f. C.P.R.*

21. *La Ste Vierge et St Joseph cherchent* IESVS-CH. *S. Luc, ch. 2, Parros. In. et f. C.P.R.*

22. IESVS-CHRIST *est trouvé parmy les docteurs. S. Luc, chap. 2, Parro. in. et fe. C.P.R.*

23. IESVS-CHRIST *revient avec sa mère en Nazareth. S. Luc, chap. 2, Parros. in. et f. C.P.R.*

24. *Vie humble et cachée de Nostre Seigneur* IESVS-CHRIST. *S. Luc, chap. 2, Parrosel in. et f. C.P.R.*

25. *St Jean prêche et annonce* IES?-CHRIST. *Marc, chap. 1, Parrocel f.*

26. I. C. *vient pour estre baptizé de St Jean qui s'en reconnoist indigne. Matth., chap. 4, J. Paro. f.*

27. IESVS-CHRIST *est baptizé par Sainct Jean. S. Marc, chap. 1, I. Par. in. et f. C.P.R.*

28. IESVS-CHRIST *au desert jeusne et est tenté. St Math., ch. 4, I. Par. in. et f.*

29. IESVS-CHRIST *est tenté sur la montagne. St Math., ch. 4, J. Par. in. et f. C.P.R.*

30. IESVS-CHRIST *est tenté sur le haut du temple. S. Matth., chap. 4.*

31. IESVS-CHRIST *au désert est auec les bestes. S. Marc, chap. 1, Jos. Parrocel f. C.P.R.*

32. IESVS-CHRIST *au désert est seruy par les anges. S. Mat., ch. 4, Jos. Par. in. et f. C.P.R.*

33. *Saint Jean montre* IESVS-CHRIST, *l'agneau de Dieu. S. Jean, chap. 1.*

34. IESVS-CHRIST *assiste aux noces à Cana en Galilée. S. Jean, chap. 2.*

35. *Entretient de* IESVS-CH. *auec la Samaritaine. S. Jean, chap. 4.*

36. *Les Samaritains de Sichar prient* IES ?-CH. *de demeurer chez eux, et le reconnoissent pour le Sauveur du monde. S. Jean, chap. 4, Jo. Parrocel f. C.P.R.*

37. IESVS-CHRIST *assis sur une barque enseigne le peuple. S. Luc, ch. 5, à Paris chez Audran, rue St-Jacques, aux 2 pilliers d'or, et chez l'auteur, sur le quay de l'Horloge du Palais au diamant.*

38. IESVS-CHRIST *délivre un possédé à Capharnaum. S. Luc, ch. 4, J. Parrocel in. et Fe. C.P.R.*

39. IESVS-CHRIST *guérit la belle-mère de St Pierre. S. Luc, ch. 4, J. P. in. et f. C.P.R.*

40. I. C. *guérit plusieurs malades, imposant les mains sur chacun d'eux. S^t. Luc, ch. 4, J. Parrossel in. et fe. C.P.R.*

41. IESVS-CHRIST *de grand matin prie seul dans un lieu désert. S. Marc, ch. 1, J. Parros. in. et fe. C.P.R.*

42. IESVS-CHRIST *préche par toute la Galilée. S^t. Marc, ch. 1, J. Parros. in. et fe. C.P.R.*

43. IESVS-CHRIST *appaise une tempéte. St Marc, ch. 4, J. Parros. in. et fe. C.P.R.*

44. Iesvs-Christ *déliure deux possédéz. St Matth., ch.* 8, *J. Parros. in. et fe. C.P.R.*
45. Iesvs-Christ *guérit un paralitique. S. Luc, ch.* 5, *J. Parros. in. et fe. C.P.R.*
46. *Jaïre, prince de la Synagogue, se prosterne aux piés de* Iesvs-Chr^t. *St Marc, ch.* 5, *J. Parros. in. et fe. C.P.R.*
47. Iesvs-Christ *guérit une femme du flux de sang. St Marc, ch.* 5, *J. Parros. in. et fe. C.P.R.*
48. Iesvs-Christ *ressuscite la fille de Jaïre. St Marc, ch.* 5, *J. Parros. in. et fe. C.P.R.*
49. I. C. *guérit un homme malade depuis trante-huit ans. S. Jean, ch.* 5, *J. Parrocel in. et fe. A Paris chez Audran, et chez l'auteur C.P.R.*
50. Iesvs-Christ *passe une nuit en prière. St Matt., ch.* 5.
51. Iesvs-Christ *guérit le seruiteur d'un centenier. S. Luc, ch.* 7.
52. Iesvs-Christ *ressucite un mort. S. Luc, ch.* 7.
53. *Conuersion d'une pécheresse. S. Luc, ch.* 7.
54. I. C. *nourit cimq mille hommes de cimq pains et de deux poissons. S. Matt., ch.* 14.
55. Iesvs-Christ *marche sur l'eau e y fait marcher S. Pierre. S. Matt., ch.* 14.
56. Iesvs-Christ *est transfiguré sur une montagne. S. Matt., ch.* 9.
57. Iesvs-Christ *guérit un possédé lunatique et muet. S. Marc, ch.* 9.
58. Iesvs-Christ *guérit un homme sourd e muet. S. Matt., ch.* 15.
59 *La Cananée aux pieds de* Iesvs-Christ. *S. Marc, ch.* 7.
60. *Entretien de* Iesvs-Christ *auec Nicodème. S. Jean, ch.* 3.

A la description donnée par M. Robert-Dumesnil de la suite des *mystères* et des *miracles* de Jésus-Christ, nous ajouterons les observations suivantes qui ne se rapportent, bien entendu, cette fois, qu'aux épreuves terminées au burin ; la liste qui précède donnant l'ordre primitif de la publication de ces estampes.

31. *Fuite de Jésus-Christ en Égypte.*

Cette planche est nouvelle et entièrement différente de celle que nous avons mentionnée plus haut sous le nº **16**.

35. *J. C. vient demeurer à Nazareth.*

Cette planche ne se trouve pas dans la suite à l'eau-forte pure.

41. *Venez à moi, vous tous qui êtes travaillez et chargez.*

On connaît trois états de cette planche qui ne se trouvait pas dans la suite primitive :

1. A l'eau-forte pure.
2. La planche est terminée, mais avant l'adresse d'Audran.
3. Avec cette adresse.

43. *J. C. vient pour estre baptizé de saint Jean.*

On connaît deux états de cette planche :

1. Avant le nom de Parrocel.
2. Avec ce nom.

47. *Jésus-Christ jeûne et est tenté.*

Planche tout à fait différente de celle qui fait partie de la suite primitive, estampe que M. Robert-Dumesnil a décrite sous le n° 81 comme appartenant, selon lui, à une suite inconnue.

49. *Jésus-Christ est tenté sur la montagne.*

Cette estampe ne faisait pas partie de la suite primitive.

On connaît deux états de cette planche :

1. Le rocher derrière le bras de Satan est blanc.
2. Ce rocher est couvert de travaux qui changent absolument l'effet.

56. *Jésus-Christ assis sur une barque enseigne le peuple.*

Le dernier état de cette planche porte cette adresse : *A Paris chez Audran, rue St-Jacques, à la ville de Paris.*

64. *Jésus-Christ guérit un paralitique.*

On connaît deux états de cette planche :

1. Avant le nom de Parrocel.
2. Avec ce nom.

68. *Jésus-Christ guérit un homme malade depuis trante ans.*

On connaît deux états de cette planche :

1. Le n° 49 est maintenu et l'adresse est ainsi : *A Paris, chez Audran et chez l'auteur C. P. R.*
2. Le n° 49 est changé en 28 et l'adresse est ainsi modifiée : *A Paris, chez Audran, rue St-Jacques, à la ville de Paris.*

77. *Jésus-Christ est transfiguré sur une montagne.*

On connaît deux états de cette planche :

1. Avant le nom de Parrocel au-dessous du trait carré à gauche et avant l'ancien numéro 56.

2. Avec ce nom.

79. *Si vous ne devenez comme des petits enfants, vous n'entrerez point dans le Royaume des cieux.*

Cette planche n'existait pas dans la suite primitive.

80. *Jésus-Christ ressuscite le Lazare.*

Cette planche n'existait pas dans la suite primitive.

PIÈCES NON DÉCRITES.

1. *La Cène.*

J. C. debout tient de la main gauche le calice ; les Apôtres en extase étendent les bras ou s'inclinent. On lit au bas : *La Cène de Nôtre Seigneur I. C. S. joan c.* 13.

L. 0,182. H. 0,147.

2. *Le lavement des pieds.*

J. C., agenouillé à la droite de l'estampe, lave les pieds d'un apôtre assis, derrière lequel se voient les autres apôtres. On lit à la droite du bas : *J. Pa. in. et f. C. P. R.* et dans la marge : IESVS-CHRIST *lave les pieds à ses apostres. S. Jean, ch.* 13.

L. 0,181. H. 0,138.

3. *Jésus-Christ au jardin des Oliviers.*

Jésus-Christ, prosterné, est en prières ; un ange se voit à gauche, devant lui ; il tient à la main un calice. On lit au bas de la planche : *La prière de Jesus au jardin des Olives. Math.*, 26.

L. 0,181. H. 0,146.

4. Trois cavaliers, pièce sans marque attribuée à cet artiste.

Catalogue de la vente de M. R. D. (Robert-Dumesnil), 11 mars 1856, p. 29, nos 198 et 200.

5. Un cavalier, l'épée à la main, dirigé à droite et portant ses regards du côté opposé. On lit dans la marge, à gauche : *Parrocel fecit.*

H. 0,200. L. 0,152.

Catalogue de la vente de M. V*** de Lille (Robert-Dumesnil), 21 février 1842, p. 9, no 45 bis.

PARROCEL (Pierre). Tome II, p. 172.

PIÈCES NON DÉCRITES.

1. *Un ange annonce à Zacharie la naissance de saint Jean-Baptiste.*

L'ange, sur des nuages à gauche, apparaît sur un autel devant les degrés duquel est agenouillé Zacharie. On lit à gauche, sur le dernier de ces degrés : *Pet. Parrocel in.*

H. 0,248. L. 0,162.

2. *Sainte Famille.*

La sainte Vierge, assise au milieu, donne le sein à l'enfant Jésus ; au fond, saint Joseph appuyé sur un socle ; sur le devant, deux anges dans l'eau jouent avec un cygne ou présentent un vase à la Vierge. On lit sur une pierre qui baigne dans l'eau : *P. Parrocel In. et sculp.*

H. 0,243. L. 0,174.

3. *La Charité.*

Une femme assise sur un monticule donne le sein à deux enfants; l'un d'eux se retourne et regarde le spectateur. On lit à la droite du bas : *Parrocel inventor.*

L. 0,141. H. 0,083.

4. *La Charité.*

Reproduction en contre-partie de l'estampe précédente; celle-ci est gravée au burin et on lit à la gauche du bas : P. P.

L. 0,141. H. 0,077.

5. *La sainte Messe.*

Le prêtre, à l'autel, à droite, en est à l'élévation; à gauche de l'estampe, se voit un roi, agenouillé sur un prie-dieu, ayant sa couronne placée sur un coussin devant lui; sur une des marches de l'autel, on lit : *P. Parrocel in et f.*; ces deux derniers mots sont très-difficiles à déchiffrer.

L. 0,162. H. 0,070.

6. *Diane.*

Diane, debout, avec un croissant sur la tête, marche vers la droite. Pièce anonyme gravée au burin.

H. 0,062. L. 0,027.

7. *Les trois Grâces et l'Amour.*

Deux femmes nues, debout, se tiennent enlacées; une troisième assise, Vénus, les regarde et attire l'Amour à ses côtés; celui-ci tient son arc dans la main droite. On lit au-dessous du trait carré, à la droite du bas : *P. Parrocel invenit et f.*

Dim. de la planche : H. 0,161. L. 0,113.

8. *Vertumne et Pomone.*

Vertumne, déguisé en vieille femme, cherche à séduire Pomone, assise à côté de lui; derrière eux, à droite, se voit l'Amour debout. On lit au-dessus du trait carré, vers la gauche : *P. Parrocel iverit et f.*

Dim. de la planche: L. 0,159. H. 073.

9. *Bacchante et Cupidon.*

A gauche, une bacchante est couchée, tenant contre elle l'Amour, également endormi; des faunes et des satyres passent à la gauche de l'estampe et regardent ce groupe. On lit au bas de la planche : *P. Parrocel ivven. et f.*

L. 0,156. H. 0,069.

10. *Bacchus enfant.*

Bacchus enfant boit dans une bouteille que lui présente un jeune faune. Pièce anonyme gravée au burin.

H. 0,059. L. 0,031.

11. *Bacchanale.*

Trois enfants dans un paysage : l'un d'eux, couché au premier plan, boit dans une coupe; un autre boit dans un vase, et un troisième, aux pieds de bouc, joue avec des fruits. On lit, à la droite du bas, au-dessous du trait carré : *P. Parrocel.*

Dim. de la planche : L. 0,094. H. 0,076.

12. *Bacchante.*

Une bacchante assise donne à boire à un enfant à cheval

sur son genou droit; derrière elle, un autre enfant endormi. On lit au bas, au-dessous du trait carré : *parrocel.*

Dim. de la planche : H. 0,081. L. 0,077.

13. *Un jeune bacchant endormi et une bacchante jouant du tambour.*

On connaît deux états de cette planche :

1. A l'eau-forte.
2. La planche est terminée au burin.

14. *Perspective de la seconde machine représentant Jupiter, les Parques, Mercure et des dieux marins.* Titre : *Magnorum soboles...*

Cette pièce fait partie d'une suite de décorations dont le nombre nous est inconnu.

Catalogue de la vente de M. R. D. (Robert-Dumesnil), 26 novembre 1855, p. 34-35, nos 156-157.

15. *Deux Amours.*

Deux Amours debout, l'un à côté de l'autre, tiennent à la main leur arc. On voit, à la droite du bas, la lettre *P.* Planche gravée au burin.

H. 0,056. L. 0,041.

16. *Concert champêtre.*

Un homme assis au milieu joue de la guitare et chante; à droite, se voit une femme qui lit dans un cahier de musique. On lit, à la gauche du bas, sur une pierre : *P. Parrocel.*

L. 0,107. H. 0,079.

17. *Joueurs de boules.*

A la gauche, se voient des jeunes gens qui jouent aux

boules ; trois femmes assises et ayant sur elles des enfants les regardent ; au fond, on voit un enfant monté sur un âne. On lit, à la droite du bas, au-dessous du trait carré : *P. Parrocel invenit.*

L. 0,165. H. 0,108.

18. *Homme et Femmes du peuple.*

Composition de neuf figures ; au milieu, un homme derrière lequel se voient quatre femmes ; à droite, trois femmes ; une d'elles porte dans son bras un enfant. On lit au bas à gauche : *Parrocel fecit.*

Dim. de cette planche : L. 0,169. H. 0,115.

19. *Danse villageoise.*

Un homme assis au milieu joue de la cornemuse et fait danser un homme et une femme que l'on voit devant lui à droite ; derrière lui, se voient des femmes et des enfants occupés à boire. Au premier plan, un chien couché. Composition de dix-neuf figures. On lit au-dessous du trait carré, au bas : *p. parrocel invenit et f.*

Dim. de la planche : L. 0,187. H. 0,122.

20. *Danse villageoise.*

Composition de 21 figures. Deux musiciens, l'un jouant du violon, l'autre de la flûte, font danser quatre villageois qui se tiennent par la main. On lit au bas, dans la marge : *P. Parrocel invenit et f.*

Dim. de la planche : L. 0,184. H. 0,110.

21. *Assemblée de buveurs.*

Composition de dix-huit figures ; au milieu, un homme

assis donne à boire à une petite fille placée devant lui ; au premier plan, à droite, se voient une chèvre couchée et un mouton. On lit au-dessous du trait carré, à gauche : *P. Parrocel invenit et f.*

Dim. de la planche : L. 0,169. H. 0,111.

Il existe de cette estampe une copie peu exacte en contre-partie, plusieurs figures ont été supprimées, mais il est impossible cependant de ne pas reconnaître la composition. On lit au bas de cette estampe gravée d'une pointe grossière et maladroite : *Parrocel deli.*

Dim. de cette copie : L. 0,179. H. 0,106.

22. *La Moisson.*

Composition de sept figures. Une femme à demi nue et couronnée, assise sur des gerbes de blé, attire à elle un enfant placé à sa gauche et tient un autre enfant appuyé sur son genou ; sur le premier plan, à gauche, se voit un enfant endormi. On lit dans la marge à droite, au-dessous du trait carré : *Parrocel invenit et f.*

L. 0,157. H. 0,145.

23. *Episode d'un combat.*

Trois soldats à cheval et cuirassés déchargent leurs armes sur un roi en armure, coiffé d'un casque couronné, qui s'enfuit vers la droite de l'estampe. On lit au bas, vers la droite, la lettre *P.*

Dim. de la planche : L. 0,162. H. 0,072.

24. *Le Matelot.*

Un jeune matelot debout, coiffé d'un bonnet de laine, est

appuyé sur un petit tertre. On lit au bas de la planche : *p. parrocel f.*

Dim. de la planche : H. 0,146. L. 0,058.

25. *Vieillard.*

Vieillard assis à gauche, ayant entre les jambes un bâton; à ses côtés, se voit un pot de grès. On lit au bas : *p. parrocel fecit.*

H. 0,112. L. 0,074.

26. *Enfants dansant.*

A droite, trois enfants dansent en se tenant par la main; à gauche, se voient trois autres enfants jouant de la flûte, du tambourin et de la viole; derrière ces trois derniers, se voit un quatrième enfant qui mord dans un fruit. On lit au bas de la planche : *p. parrocel inuenit et f.*

Dim. de la planche : L. 0,153. H. 0,103.

27. *L'Enfant qui pisse.*

Petit enfant vu de profil, la tête tournée du côté du spectateur. Pièce anonyme gravée au burin.

H. 0,061. L. 0,026.

28. *Costume.*

Femme debout dans la campagne ; elle est vue presque de face et pose sa main droite sur un monticule placé à gauche de l'estampe. On lit au bas, au-dessous du trait carré : *parroel fecit.*

Dim. de la planche : H. 0,168. L. 0,111.

29. *Italienne.*

Vieille femme coiffée à l'italienne, assise dans un bois et

s'appuyant sur un bâton. On lit au-dessous du trait carré : *parrocel fecit.*

Dim. de la planche : H. 0,137. L. 0,074.

30-31. *Deux costumes gravés au burin.*

30. Jeune femme assise, vue de face, tenant à la main une feuille de papier. Pièce anonyme.

H. 0,137. L. 0,077.

31. Jeune femme assise, vue de face, occupée à tricoter ; à sa droite, on voit un enfant qui joue avec son coton. Pièce anonyme.

H. 0,148. L. 0,091.

32. *Bœuf.*

Bœuf couché et tourné vers la droite. On lit à la droite du bas : *parrocel.*

L. 0,146. H. 0,097.

33. *Le cheval fondu.*
34. *Un homme avec un enfant dans ses bras.*

Ces deux dernières planches sont ainsi désignées dans le catalogue de la vente de M. R. D. (Robert-Dumesnil), 26 novembre 1855, p. 35, nos 158-159.

PERRIER (François). Tome VI, p. 159.

1 et 2. *Saintes Familles.*

Nous avons vu chez M. Prosper de Baudicour deux reproductions identiques des planches décrites sous ces numéros; la seule différence consistait en ce que ces planches étaient en contre-partie, mais les inscriptions et les dates étaient les mêmes, et la gravure rappelait tellement la manière de François Perrier, que nous ne serions pas éloigné de croire que l'artiste, mécontent de la morsure de ces deux planches, se fût astreint lui-même à les recommencer.

1. *Sainte Famille.*

On connaît trois états de cette planche :

1. Avant l'adresse de *Leblon.*
2. L'état décrit comme étant le premier.
3. L'état décrit comme étant le second.

3. *Sainte Famille.*

On connaît deux états de cette planche :

1. L'état décrit.
2. Au lieu des mots : *Cum priuilegio Regis,* on lit : *Typis P. Mariette via Iacobœa sub insigne spei.*

5. *La Fuite en Égypte.*

On connaît trois états de cette planche :

1. Avant les mots de *Blondus excudit* et avant le mot *Christianissimi* à la suite de *Regis.*
2. L'état décrit comme étant le premier.
3. L'état décrit comme étant le second.

8. *Le Martyre de saint Jean-Baptiste.*

On connaît quatre états de cette planche :

1. L'état décrit.
2. L'état décrit.

3. L'état décrit.
4. On lit au-dessous du distique : *A Paris, chez M. Poisson, cloître St-Honoré, maison de la maîtrise, au fond du jardin.*

11. *Le Temps rognant les ailes de l'Amour.*

On connaît deux états de cette planche :
1. Avant les tailles verticales sur le tronc d'arbre à gauche; dans cet état le fond est complétement blanc.
2. L'état décrit.

12. *Portrait de Simon Vouet.*

On reconnaît les anciennes épreuves de ce portrait à ce qu'on n'aperçoit aucune tache ni sur la paupière droite, ni sur le sourcil gauche, ni sur l'œil, ni sur le nez, ni sur la bouche, taches que produisit l'oxydation de la planche. On ne voit pas non plus une raie transversale vers la moitié du chambranle, à droite.

PERRIER (Guillaume). Tome III, p. 39.

1. *Sainte Famille.*

On connaît deux états de cette planche :
1. On lit, outre le monogramme de l'artiste et la date indiquée, au milieu de l'estampe : *G. Perrier junior in. fecit, 1647.*
2. Cette inscription effacée. C'est l'état décrit.

3. *Portrait de Lazare Meysonnier.*

On connaît deux états de cette planche :

1. Avant la bouteille et la flamme sur le parquet. (Catalogue de la vente de M. R. D. (Robert-Dumesnil), 11 mars 1856, p. 29, nº 201).

2. L'état décrit.

4. *Pièce emblématique.*

On connaît deux états de cette planche :

1. L'état décrit.

2. Un rasoir, un moxa et une fiole se voient à côté du bonnet du docteur. On lit sur la queue de la robe du personnage : *Æt.* 33. Au côté droit de l'estampe, on lit de bas en haut, à mi-hauteur : S. RAPHAEL. D'ailleurs, sur le fond à gauche, une figure semble se diriger vers le lit du malade.

PIÈCES NON DÉCRITES.

1. La Vierge, assise à droite, tient l'enfant Jésus assis sur sa jambe droite. Petite estampe dans un octogone. Pièce anonyme.

H. 0,082. L. 0,071.

2. *Les Anges expliquant à la sainte Vierge le mystère de la croix.*

La sainte Vierge, assise à gauche, au pied d'un arc de triomphe, et tenant sur ses genoux l'enfant Jésus, regarde une croix que deux petits anges supportent au ciel, et écoute l'explication que lui font du mystère caché sous cet emblème deux grands anges debout à son côté ; un de ces anges apparaît sous l'arc de triomphe. Un groupe de trois petits anges se remarque à la droite du bas. Le fond représente un parterre. On lit dans la marge : *Ecce Venio In Capite libri scriptum est de me vt facerem vo luntatem tuam. Deus meus Volui. P.* 39.

H. 0,246 dont 0,018 de marge. L. 0,175.

On connaît deux états de cette planche :

I. A l'eau-forte pure. Le fond à gauche n'a pas mordu ; il laisse voir une assez grande place blanche ; d'ailleurs aucune inscription ne se trouve dans la marge.

II. Fini et retouché partout au burin. C'est l'état décrit.

3. Dame pieuse debout et vue de face en avant d'un soubassement sur lequel elle s'appuie de la main droite. Elle tient de la main gauche un cierge allumé que le démon, accroupi à la droite du bas, cherche à souffler. Un ange gardien plane à la droite du haut et semble s'opposer aux desseins du malin esprit. On lit à la droite du bas : *Gp. f.* 1643.

H. 0,256 dont 0,012 de marge. L. 0,183.

PERRISSIN et TORTOREL. Tome VI, p. 42.

Nous donnons ici une nouvelle description des planches qui composent l'ouvrage de Perrissin et Tortorel. Nous avons noté, dans les pièces qui nous ont passé sous les yeux, toutes les différences que nous avons rencontrées. Quelques-unes peu importantes, presque insignifiantes même, nous ont cependant paru utiles à consigner, parce qu'elles témoignent d'un tirage différent et, qui plus est, d'une édition nouvelle. Après avoir examiné avec attention un assez grand nombre d'exemplaires, nous sommes fort embarrassé pour dire quelles sont les épreuves véritablement originales et pour renseigner sur la façon dont furent publiées ces planches. Tous les sujets n'ont pas été également gravés sur cuivre et sur bois. De certaines compositions on ne connaît pas de planches sur bois, tandis que d'autres, *la Mort de Henri II* par exemple, on ne connaît pas de planches sur métal. Faut-il conclure de là que l'ouvrage ne fut pas constitué tout d'abord, et que chaque estampe parut primitivement à l'état d'estampe isolée? L'absence de numéros sur un certain nombre d'épreuves semblerait autoriser une semblable hypothèse; mais alors à quoi sert le titre? Aurait-il été gravé postérieurement et les numéros mis plus tard? La chose est possible, mais nullement prouvée.

Aucun des exemplaires que nous avons eus entre les mains n'est complétement semblable : tous, ils contiennent des estampes accompagnées de textes imprimés en caractères différents, des planches sur cuivre à côté de planches sur bois, alors même que le sujet a été gravé dans les deux genres, des épreuves mauvaises à côté d'épreuves qui semblent toutes premières; enfin nous pensons qu'il serait très-difficile de retrouver, parmi les exemplaires qui circulent, deux exemplaires absolument identiques, donnant un renseignement certain sur l'état de publication de cet ouvrage.

En l'absence de ce renseignement, nous avons cherché à nous former une opinion : nous appuyant sur les épreuves qui nous paraissaient les meilleures, nous sommes tenté d'admettre que les planches sur cuivre ou sur bois accompagnées d'un texte français imprimé en assez gros caractères, les plus gros caractères employés d'ailleurs, furent les premières qui virent le jour. Perrissin et Tortorel, dont les signatures ou les monogrammes apparaissent indistinctement sur les planches en question, n'auraient été, selon nous, que les dessinateurs, confiant à des graveurs le soin de multiplier leurs dessins, et ceux-ci, employant, selon leurs aptitudes, le métal ou le bois, auraient mis au jour ces planches qui offrent, au point de vue de l'art, un assez mince intérêt, mais que recommande hautement leur valeur historique.

1. *Titre.*

a. — Cuivre. Texte français. *Premier volume, contenant quarante tableaux ov histoires.....*

b. — Cuivre. Texte allemand. *Der erste tail.....*

2. *Avis au lecteur.*

Même planche que pour le titre.

a. — Cuivre. Texte français, caractères italiques. *Au lecteur. Cognossant le désir...;* la huitième ligne commence ainsi : *ces. Que s'il advient...*

b. — Cuivre. Texte français, caractères italiques. *Au lecteur. Cognoissant le désir...* la huitième ligne commence ainsi : *rences. Que s'il advient...*

c. — Cuivre. Texte italien. *Avis al lectore...*

3. *La Mercuriale tenue aux Augustins à Paris le X de Iuin* 1559 *la ou le Roy Henry II fust en personne.*

a. — Cuivre. Texte français. Planche signée TP, au-dessous les vers suivants :

Le Roy fut au milieu de sa cour assemblée
Pour auiser au faict de la Religion
Esperant que la force et persecution
Rendroient finalement l'Euangile accablée
Lors du bourg remostra que toute force humaine
Contre Dieu et sa loy ne peut estre que vaine
Mais pour auoir bien dit on l'envoye en prison
Donnant lieu à la force et non à la raison.

Dans cette planche que nous n'avons rencontrée qu'une seule fois, et qui a été gravée à nouveau (voir le n° suivant), le Roi est assis à la droite du fond et les personnages sont dans des dimensions relativement assez grandes.

4. *La Mercurialle tenue aux Augustins à Paris le* 10 *de Iuin* 1559 *ou le Roy Henry* 2 *y fut en personne.*

a. — Cuivre. Texte français, avec l'inscription rapportée ci-dessus.

b. — Cuivre. Texte français. On lit au haut *le* 10 *Iuin* 1559 au lieu de *le* 10 *de Iuin* 1559.

c. — Cuivre. Texte français en plus petits caractères que dans les deux états ci-dessus mentionnés, puis on lit *La Mercuriale* au lieu de *La Mercurialle.*

d. — Cuivre. — Texte allemand. *Der Parlements...*

5. *Le Tournoy ou le Roy Henri II fut blessé à mort le dernier de Iuin* 1559.

a. — Cuivre. Texte français. Avec l'inscription rapportée ci-dessus.

b. — Cuivre. Texte français. On lit au haut, à la suite de l'inscription rapportée, le chiffre 3.

c. — Cuivre. Texte français. Au lieu de : *ou le Roi Henri II*, on lit : *ou le roi Henri* 2.

d. — Cuivre. Texte allemand. *Der Turnier...*

e. — Bois. Texte français. Le chiffre 3 suit l'inscription du haut. Au dos de cette planche on trouve quelquefois *le Massacre à Vassy* gravé sur bois.

Seconde composition sur le même sujet; les figures sont plus grandes, la scène est moins vaste.

f. — Bois. Texte français. On lit au haut : *Le Tournoy ou le Roy Henry II...*

g. — Bois. Texte français. On lit au haut : *Le Tournoy ou le Roy Henri II...*

Au dos de cette planche on trouve quelquefois *Orléans assiégé*, gravure sur cuivre, et *le duc de Guise blessé*, gravure sur bois.

h. — Bois. Texte latin.

6. *La mort du Roy Henry deuxieme aux Tournelles à Paris le X Iuillet* 1559.

a. — Bois. Texte français avec l'inscription rapportée ci-dessus : le texte qui est au-dessous de la composition est en deux colonnes ; la première contient trois lignes, la seconde en contient quatre.

b. — Bois. Texte français. Le texte qui est au-dessous de la composition est en deux colonnes. Chaque colonne contient quatre lignes.

c. — Bois. Texte français. Texte au bas en deux colonnes de quatre lignes chacune. On lit au haut, à la suite du titre, le chiffre 4.
d. — Bois. Texte français. Dans l'inscription qui est au bas en deux colonnes de quatre lignes chacune, on lit *Roine*, au lieu de *Royne*, que l'on lisait dans les épreuves mentionnées ci-dessus.
c. — Bois. Texte latin. *Obitus Regis...*
d. — Bois. Texte allemand. *Berschiedung Konig...*

7. *Anne du Bourg conseiller du Parlement de Paris bruslé à S. Jean en Grèue le* 21 *décembre* 1559.

a. — Bois. Texte français, avec l'inscription rapportée ci-dessus.
b. — Bois. Texte français. A la suite de l'inscription on li le chiffre 5.
c. — Bois. Texte français. Dans le texte qui est au bas, la troisième ligne commence par : *qu'à la chemise*, tandis qu'elle commençait précédemment par : *jusqu'à la chemise.*
d. — Bois. Texte allemand. *Des von Bourgrachsher...*

8. *L'entreprinse d'Amboise descouuerte les* 13, 14 *et* 15 *de Mars* 1560.

a. — Bois. Texte français. On lit le chiffre 6 à la suite de l'inscription rapportée ci-dessus.
b. — Bois. Texte allemand. *Der anschlage zue Amboise...*
c. — Cuivre. Texte français. *L'entreprise d'Amboise...*
d. — Cuivre. Texte latin. *Descriptio Cognatus...*
c. — Cuivre. Texte latin : *Descriptio Conatus...*

9. *L'exécution d'Amboise faite le* 15 *mars* 1560.

a. — Bois. Texte français. On lit le chiffre 7 à la suite de l'inscription rapportée ci-dessus.

b. — Bois. Texte français. Le zéro de la date 1560 n'est pas du même corps que les autres lettres qui la composent, et on lit 1560 tandis que précédemment on lisait 1560.

c. — Bois. Texte latin. *Supplicium coniuratorum...*

d. — Bois. Texte allemand. *Peinlich richtung...*

10. *L'Assemblée des trois estats tenus à Orléans au mois de Januier* 1561.

a. — Cuivre. Texte français. Les caractères de l'inscription rapportée ci-dessus sont assez forts.

b. — Cuivre. Texte français. Les caractères de l'inscription sont moins forts, on lit le chiffre 9 au haut, à droite, et le mot *assemblée,* imprimé dans la première planche *Affemblée*, se lit dans celle-ci *afsemblee.*

c. — Cuivre. Texte allemand. *Versamlunge...*

11. *Le colloque tenu à Poissy le* 9 *septembre* 1561.

a. — Cuivre. Texte français, avec l'inscription rapportée ci-dessus. Planche signée TP.

b. — Cuivre. Texte latin. Planche signée TP. *Colloquium Poissiaci...*

Seconde planche du même sujet, signée *I. tortorel fecit.*

Le colloque tenu à Poissy le 9 *décembre* 1561.

c. — Cuivre. Texte français avec l'inscription rapportée ci-dessus. Le *p.* du mot *Poissy* n'est pas majuscule.

d. — Cuivre. Texte français. Le *p* du mot *Poissy* est majuscule.

e. — Cuivre. Texte français. Le *p* du mot *Poissy* est majuscule, mais à la suite de l'inscription on lit le chiffre 8.
f. — Cuivre. Texte allemand. *Das gesprech zu Poissy...*

12. *Le Massacre faict à Cahors en Querci le XIX Nouemb.* 1561.

a. — Bois. Texte français. Avec l'inscription rapportée ci-dessus.
b. — Bois. Texte français. A la suite de l'inscription rapportée ci-dessus on lit le numéro 10.
c. — Bois. Texte allemand. *Der mord und todschleg...*
d. — Cuivre. Texte français.
e. — Cuivre. Texte latin. *Internecio Cahorti...*

13. *Le Massacre fait à Vassy, le premier iour de Mars* 1562.

a. — Bois. Texte français. Avec l'inscription rapportée ci-dessus.
b. — Bois. Texte français. A la suite de l'inscription rapportée ci-dessus on lit le nº 11.
c. — Bois. Texte latin. *Crudelitas patrata...*
d. — Bois. Texte allemand. *Die grueliche wurgeren...*

14. *Le Massacre fait à Sens en Bourgongne par la populace au mois d'Auril* 1562 *auant qu'ō prinst les armes.*

a. — Cuivre. Texte français. Avec l'inscription rapportée ci-dessus.
b. — Cuivre. Texte français. Les caractères de l'inscription sont ici beaucoup plus petits que dans l'épreuve précédente. Il y a, outre cela, quelques différences dans l'inscription dont la fin se lit ainsi : *auant qu'on print les armes.*

c. — Cuivre. Texte français. Mêmes caractères et même rédaction que dans la planche précédente. Seulement, à la suite de l'inscription rapportée plus haut, on lit le n° 12.

d. — Cuivre. Texte allemand. *Virgeren zu Sens...*

15. *La prinse de Vallence en Dauphiné ou fut tué le S. de la Motte Gondrin le* 25 *Auril* 1562.

a. — Cuivre. Texte français. Avec l'inscription rapportée cidessus. Dans la légende qui est au bas on lit : A. *le logis du seigneur de la Motte Gondrin*, etc.

b. — Cuivre. Texte français. Avec l'inscription rapportée cidessus. Dans la légende qui est au bas on lit : A. *Logis du seigneur de la Motte-Gondrin...* Il y a de nombreuses différences de rédaction dans ces légendes.

c. — Cuivre. Texte français. L'inscription, placée au haut de la planche, imprimée en caractères moins forts que dans les épreuves précédemment décrites, a été ainsi modifiée : *La prinse de Valence en Dauphiné, ou M. de la Motte-gondrin gouuerneur d'icelle fut tué le* 25 *d'Auril* 1562. A la suite de cette inscription se trouve le n° 13.

d. — Cuivre. Texte latin. *Valentia vrbs Delphinatus...*

e. — Cuivre. Texte allemand. *Die Groberung der stat...*

16. *Le Massacre fait à Tours au mois de Juillet* 1562.

a. — Bois. Texte français. Avec l'inscription rapportée ci-dessus. La légende qui est au bas commence ainsi : *La populace de Tours s'eslèue contre ceux de la Religion...*

b. — Bois. Texte français. L'inscription précédente est remplacée par celle-ci : *Le massacre fait à Tours par la populace au mois de Juillet* 1562. La légende qui est au bas commence ainsi : A. *La ville de Tours.* B. *Le pot de ladite ville...*

c. — Bois. Texte français. Avec l'inscription rapportée dans le paragraphe précédent. La légende qui est au bas commence ainsi : A. *La ville de Tours.* B. *Le pont de ladite ville.* Il y a encore dans cette légende beaucoup d'autres variantes.

d. — Bois. Texte français. Dans les mêmes conditions exactement que l'épreuve décrite précédemment. Seulement, à la suite de l'inscription supérieure, on lit le nº 14.

e. — Bois. Texte allemand. *Word und wurgungbegangen...*

17. *La Prinse de la ville de Montbrison au pays de Forest au mois de Iuillet* 1562.

a. — Bois. Texte français. Avec l'inscription rapportée ci-dessus. La quatrième ligne de la première colonne de la légende commence ainsi : *dedans la ville à l'endroist...*

b. — Bois. Texte français. L'inscription rapportée ci-dessus est remplacée par celle-ci : *La Prinse de la ville de Montbrison au pays de Forest, au mois de Iullet* 1562. La quatrième ligne de la première colonne de la légende commence ainsi : *dedens la ville à l'endroit...*

c. — Bois. Texte français. Exactement dans les mêmes conditions que l'épreuve précédemment décrite. Seulement, à la suite de l'inscription supérieure, on lit le nº 15.

d. — Bois. Texte allemand. *Eroberung der stat Montbrison...*

e. — Cuivre. Texte français. L'inscription supérieure exactement conforme à celle que nous rapportons plus haut et au bas une légende commençant ainsi : *Le Baron des Adrets et M. de Ponsenat...*

18. *La deffaite de S. Gilles en Languedoc, au mois de septembre* 1562.

a. — Cuivre. Texte français. Avec l'inscription rapportée ci-dessus. La seconde ligne de la première colonne de la légende commence ainsi : *de Suze.*

b. — Cuivre. Texte français. La seconde ligne de la première colonne de la légende commence ainsi : *M. de Suse.*

c. — Cuivre. Texte français. A la suite de l'inscription rapportée ci-dessus on lit le n° 16. La seconde ligne de la première colonne de la légende commence ainsi : *M. de Suse.*

d. — Cuivre. Texte français. L'inscription supérieure commence ainsi : *la desfaite...* la seconde ligne de la première colonne de la légende commence ainsi : *-mariue et M. de Suze.*

19. *L'ordonnance des deux Armées de la Bataille de Dreux, donnée le* 19 *Decemb.* 1562.

a. — Cuivre. Texte français. Avec l'inscription rapportée ci-dessus. La troisième ligne de la première colonne de la légende commence ainsi : *gné de Monsieur...*

b. — Cuivre. Texte français. Dans l'inscription qui est au haut de la planche on lit *armées* au lieu de *Armées.* La troisième ligne de la première colonne de la légende commence ainsi : *pagné du prince.*

c. — Cuivre. Texte français. L'inscription supérieure est imprimée en caractères beaucoup plus fins ; à la suite on lit le n° 17 et le nom du mois est imprimé *Décembre* au lieu de *Décemb.;* dans la légende qui est au bas, à la quatrième colonne, le renvoi Y. *Enfans perdus* est imprimé en dehors de la justification.

d. — Cuivre. Texte français. Épreuve exactement conforme à celle qui est décrite ci-dessus. La seule différence que nous ayons constatée consiste en ce que le renvoi Y. *Enfans perdus*, à la quatrième colonne de la légende, a été réintégré à sa place dans la justification.

e. — Cuivre. Texte latin. *Ordo vtriusque.....*

f. — Cuivre. Texte allemand. *Anordnung baider.....*

20. *La première charge de la Bataille de Dreux, là ou M. le Connestable fut prins, le* 19 *decembre* 1562.

a. — Bois. Texte français. Avec l'inscription rapportée ci-dessus. La seconde ligne de la première colonne de la légende commence ainsi : *Et d'Auarel se iettat...*

b. — Bois. Texte français. L'inscription rapportée plus haut a été imprimée en caractères moins forts et est suivie du numéro 18. La seconde ligne de la première colonne de la légende commence ainsi : *S. de Mouy et d'Auarel...*

c. — Bois. Texte français. L'inscription commence ainsi : *La I charge de la bataille...* la seconde ligne de la première colonne de la légende commence comme plus haut : *Et d'Auarel...*

d. — Bois. Texte français. Épreuve exactement conforme à celle qui est décrite précédemment ; seulement on lit, à la suite de l'inscription placée au haut, le n° 18.

e. — Bois. Texte allemand. *Der erste angrief...*

f. — Cuivre. Texte latin. *Irruptio prima...*

21. *La deuxième charge de la Bataille de Dreux, ou M. le P. de Condé poursuit la victoire le* 19 *Dec̄b.* 1562.

a. — Cuivre. Texte français. Avec l'inscription rapportée ci-dessus.

b. — Cuivre. Texte français. L'inscription qui est au haut commence par ces mots : *La ii charge de la bataille...*

c. — Cuivre. Texte français. Les caractères de l'inscription qui est au haut sont beaucoup plus petits que dans les épreuves ci-dessus mentionnées ; le nom du mois est imprimé en toutes lettres *Decembre.*

d. — Cuivre. Texte français. Épreuve exactement conforme à celle qui est précédemment mentionnée ; on lit seulement, à la suite de l'inscription, le n° 19.

e. — Cuivre. Texte français. L'inscription est en caractères assez petits ; au lieu de commencer par *La deuxiesme charge* comme dans l'épreuve précédente, celle-ci commence par *La II charge ;* le nom du mois est imprimé *Décembr.* et le n° 19 termine l'inscription.

f. — Cuivre. Texte latin. *Irruptio secunda, apud Druydas...*

g. — Cuivre. Texte allemand. *Das ander tressen...*

22. *La troisième charge de la bataille de Dreux, ou M. le prince de Condé fut prins le* 19 *Decembre* 1562.

a. — Bois. Texte français. Avec l'inscription rapportée ci-dessus.

b. — Bois. Texte français. L'inscription commence ainsi : *La III charge.* La seconde ligne de la première colonne de la légende commence par ces mots : *reschal S. André...*

c. — Bois. Texte français. Épreuve exactement conforme à celle qui est décrite précédemment ; seulement, à la suite de l'inscription, on lit le n° 20.

d. — Bois. Texte français. Épreuve avec l'inscription : *La III charge* avec le n° 20 ; mais la seconde ligne de la première colonne de la légende commence ainsi : *Et M. le Mareschal S. André.*

Toutes ces planches sur bois portent à gauche, au bas, le monogramme IDG (Jean de Gourmont?).

e. — Cuivre. Texte français. Dans l'inscription le nom du mois est écrit ainsi : *decebre.* La seconde ligne de la première colonne de la légende commence ainsi : *reschal S. André.* Le nom de Perissin ne se trouve pas sur la planche.

f. — Cuivre. Texte français. Dans l'inscription le nom du mois est écrit ainsi : *Decemb.* La seconde ligne de la première colonne de la légende commence ainsi : *chal S. André.* Le nom de *Perrissim* suivi du mot *fecit* se voit à la gauche du bas.

g. — Cuivre. Texte latin. *Irruptio tertia, quæ facta...*

h. — Cuivre. Texte allemand. *Der tritte einbruch...*

23. *La quatrième charge de la Bataille de Dreux, ou M. le mareschal S. André fut tué le* 19 *Décemb.* 1562.

a. — Cuivre. Texte français. Avec l'inscription rapportée ci-dessus. La seconde ligne de la première colonne de la légende commence ainsi : *Guise qui ne combatirent point.*

b. — Cuivre. Texte français, avec l'inscription rapportée ci-dessus. La seconde ligne de la première colonne de la légende commence ainsi : *qui ne combatirent point.*

c. — Cuivre. Texte français. L'inscription commence ainsi : *la IIII charge...* La seconde ligne de la première colonne de la légende commence ainsi : *M. de Guise qui...* Le nº 21 suit l'inscription du haut.

d. — Cuivre. Texte latin. *Irruptio quarta...*

e. — Cuivre. Texte allemand. *Das vierte tressen...*

24. *La Retraite de la Bataille de Dreux le* 19 *Decemb.* 1562.

a. — Cuivre. Texte français. Avec l'inscription rapportée ci-dessus. La cinquième ligne de la légende est imprimée ainsi : *le grand vallon.*

b. — Cuivre. Texte français. Avec la même inscription. La cinquième ligne de la légende est imprimée ainsi : *le grand Vallon.*

c. — Cuivre. Texte français. Avec la même inscription ; seulement le second mot est imprimé *retraite* au lieu de *Retraite ;* puis la cinquième ligne de la légende est ainsi : *Le grand Valon.*

d. — Cuivre. Texte français. Avec la même inscription. Le second mot est également *retraite.* La cinquième ligne de la légende est : *le grand vallon.*

e. — Cuivre. Texte français. L'inscription est en plus petit caractère et le nom du mois est imprimé *Decembr.;* le n° 22 suit cette inscription. La cinquième ligne de la légende est : *le grand vallond.*

f. — Cuivre. Texte français. L'inscription est conforme à celle qui est décrite précédemment, avec cette seule différence que le nom du mois est imprimé *Décembre.* La cinquième ligne est : *le grand vallon.*

Au verso de cette planche se trouve imprimée quelquefois la planche sur bois du Tournoy ou Henri II fut blessé.

g. — Cuivre. Texte allemand. *Abzug von der Schlacht...*

25. *Orléans assiégé au mois de Ianuier* 1563.

a. — Cuivre. Texte français. Avec l'inscription rapportée ci-dessus. La seconde ligne de la première colonne de la légende se lit ainsi : B. *Les Tournelles prinses par M. de Guise.*

b. — Cuivre. Texte français. Avec la même inscription. La seconde ligne de la première colonne de la légende se lit ainsi : B. *Les Tournelles prinses par monsieur de Guise.*

c. — Cuivre. Texte français. L'inscription du haut est imprimée en caractères beaucoup moins forts et est suivie du N° 23.

d. — Cuivre. Texte allemand. *Die belegerung...*

26. *Le Duc de Guise est blessé à mort le* 18 *de Feurier* 1563.

a. — Bois. Texte français. Avec l'inscription rapportée ci-dessus.

b. — Bois. Texte français. A la suite de l'inscription rapportée ci-dessus on voit le N° 24. La première colonne de la légende à six lignes et la sixième est ainsi : *paule où estoyent trois balles dont il mourut peu de...*

c. — Bois. Texte français. L'inscription est conforme à celle qui est rapportée plus haut; elle est accompagnée du N° 24; mais la sixième ligne de la légende est ainsi : *du Meray d'vn coup de pistole en l'espaule...*

d. — Bois. Texte français. La légende rapportée plus haut a subi cette petite modification : *Le Duc de Guise est blessé à mort le* 18 *feurier* 1563. La sixième ligne de la première colonne de la légende est ainsi : *en l'espaulle ou estoyēt trois balles dōt il mourut peu...*

e. — Cuivre. Texte latin. *Dux Guisianus...*

f. — Cuivre. Texte allemand. *Herzog von Guise...*

27. *La paix faite en l'isle aux boeufz près d'Orléans, le* 13 *Mars* 1563.

a. — Cuivre. Texte français. Avec l'inscription rapportée ci-dessus. La légende qui est au bas est en deux colonnes de cinq lignes chacune.

b. — Cuivre. Texte français. L'inscription du haut a subi la petite modification suivante : *La Paix faite en l'isle aux bœufz près Orléans le* 13 *mars* 1563. La légende qui est au bas est en deux colonnes de six lignes chacune. A la quatrième ligne le nom d'Andelot est imprimé avec un petit *a*.

c. — Cuivre. Texte français. Même inscription et même légende que sur l'épreuve précédente; seulement le nom d'Andelot est imprimé avec un grand A.

d. — Cuivre. Texte français. L'inscription du haut imprimée en plus petits caractères est celle-ci : *La paix faite en l'Isle aux bœufs près Orléans, le* 13 *de mars* 1563.

e. — Cuivre. Texte français. L'inscription du haut : *La Paix faite en l'isle aux bœufz près Orléans, le* 13 *mars* 1563, est suivie du n° 26.

f. — Cuivre. Texte latin. *Pax inita in insula...*

g. — Cuivre. Texte allemand. *Der Fride wird ben Orléans...*

28. *L'exécution du Sieur Iean Poltrot dit du Meray à Paris le* 18 *de Mars* 1563.

a. — Bois. Texte français. Avec l'inscription rapportée ci-dessus. La seconde ligne de la légende qui est au bas commence par ces mots : *de Guise deuant Orléans...*

b. — Bois. Texte français. L'inscription du haut est celle-ci : *L'exécution du S. Iean Poltrot dict du Meray à Paris le* 18 *de Mars* 1563 ; à la suite se voit le n° 25. La seconde ligne de la légende qui est au bas commence par ces mots : *deuant Orléans : est tiré...*

c. — Cuivre. Texte français. L'inscription est celle qui se trouve sur la seconde épreuve sur bois. La légende du bas commence ainsi : *Le S. Jean Poltrot...*

d. — Cuivre. Texte français, même inscription au haut. La légende du bas commence ainsi : *Le seigneur Iean Poltrot...*

e. — Cuivre. Texte français, même inscription au haut. La légende du bas commence ainsi : *O spectacle hideux ! cruelle ingratitude.*

f. — Cuivre. Texte latin. *Supplicium I. Poltroti...*
g. — Cuivre. Texte allemand. *Richtung des Neran...*

29. *Le Massacre fait à Nismes en Languedoc le* 1 *d'Octobre* 1567 *en la nuict.*

a. — Cuivre. Texte français. Avec l'inscription rapportée ci-dessus. La cinquième ligne de la première colonne de la légende est : *frère grégoire.*
b. — Cuivre. Texte français. Dans l'inscription du haut on lit *D'octobre* au lieu de *d'Octobre.* La cinquième ligne de la première colonne de la légende est : *re « Grégoire. »*
c. — Cuivre. Texte français. L'inscription rapportée plus haut en plus petits caractères. La cinquième ligne de la première colonne de la légende est : *son frère Grégoire.*
d. — Cuivre. Texte français. Epreuve conforme à l'épreuve précédemment décrite ; seulement le n° 28 suit l'inscription du haut.
e. — Cuivre. Texte latin. *Strages facta noctu, Nemasi...*
f. — Cuivre. Texte latin. *Strages facta noctu Nemansi...*
g. — Cuivre. Texte allemand. *Burgung und mord...*

30. *La Bataille de Sainct Denis, donnée la veille S. Martin,* 1567.

a. — Bois. Texte français. Avec l'inscription rapportée ci-dessus. A la sixième ligne de la première colonne de la légende on lit : E. *M. de Bouchauanes.*
b. — Bois. Texte français. Avec la même inscription. A la sixième ligne de la première colonne de la légende on lit : E. *M. de Pouchauanes.*
c. — Bois. Texte français. A la suite de la même inscription on lit le n° 27.

d. — Bois. Texte allemand. *Die schlacht vor San Denis...*
e. — Bois. Texte allemand. *Die schlacht vor Sant Denis...*

31. *La rencontre des deux armées Francoises à Congnac près de Gannat en Auuergne, le 6 Ianuier 1568.*

a. — Bois. Texte français. Avec l'inscription rapportée ci-dessus. La cinquième ligne de la troisième colonne de la légende commence ainsi : *capitaine la Besonière...*
b. — Bois. Texte français. Avec l'inscription rapportée plus haut. La cinquième ligne de la troisième colonne de la légende commence ainsi : *pitaine de la Besonière...*
c. — Bois. Texte français. Avec l'inscription rapportée plus haut. La cinquième ligne de la troisième colonne de la légende commence ainsi : *le capitaine de la besonière...*
d. — Bois. Texte français. A la suite de l'inscription rapportée plus haut on lit le n° 29. La cinquième ligne de la troisième colonne de la légende commence ainsi : *pitaine de la Besonière.*
e. — Bois. Texte français. A la suite de l'inscription rapportée plus haut on lit le n° 29. La cinquième ligne de la troisième colonne de la légende commence ainsi : *Capitaine de la besonière...*
f. — Bois. Texte allemand. *Antreffung baider...*
g. — Cuivre. Texte français. Avec cette inscription : *La rencontre des deux armees francoises à Congnac pres de Gannat en auuergne le 6 Ianuier 1568.*

32. *La Ville de Chartres assiégée et batue par M. le prince de Condé au mois de Mars 1568.*

a. — Cuivre. Texte français. Avec l'inscription rapportée ci-dessus en caractères assez forts. La seconde ligne de la première colonne de la légende se lit ainsi : *stant pour aller...*

b. — Cuivre. Texte français. A la suite de l'inscription rapportée ci-dessus en caractères moins forts on lit le nº 30. La seconde ligne de la première colonne de la légende se lit ainsi : *prestant pour aller...*

c. — Cuivre. Texte français. L'inscription est celle-ci : *la ville de Chartres assiégée et batue par Monsieur le Prince de Condé au mois de mars* 1568, puis le nº 30. Il y a un grand A au mot *Allemans*, dans la troisième ligne de la première colonne de la légende.

d. — Cuivre. Texte français. L'inscription est en caractères assez petits et le mot est imprimé *Monsieur* et non *Monsienr* comme dans l'épreuve précédente. La seconde ligne de la première colonne de la légende commence ainsi : *s'apprestant pour aller...*

e. — Cuivre. Texte français. Épreuve conforme à la précédente; seulement, à la suite de l'inscription, on lit le nº 30.

f. — Cuivre. Texte allemand. *Die stat Chartres...*

33. *L'ordonnance des deux armées Francoises entre Cognac et Chasteau-neuf, le* 13 *Mars* 1569.

a. — Cuivre. Texte français. Avec l'inscription rapportée ci-dessus, en caractères assez forts. La légende est imprimée sur quatre colonnes et va jusqu'à la lettre X.

b. — Cuivre. Texte français. Avec cette inscription en caractères assez forts : *La rencontre des deux armees Francoises entre Coignac et Chasteau-neuf, le* 13 *mars* 1569, titre de la planche suivante. La légende qui est au bas, imprimée sur trois colonnes, ne va que jusqu'à la lettre O.

c. — Cuivre. Texte français. L'inscription précédente, imprimée en caractères plus fins, est suivie du n° 31. La légende n'est encore imprimée que sur trois colonnes et ne va que jusqu'à la lettre O.

d. — Cuivre. Texte allemand : *Begegnung baider*... Le mot *Cognac* est imprimé correctement.

e. — Cuivre. Texte allemand : *Begegnung baider*... Le mot *Cognac* est imprimé *Cog nac.*

34. *La rencontre des deux armées Francoises entre Cognac et Chasteauneuf*, *le* 13 *Mars* 1569.

a. — Bois. Texte français. Avec l'inscription rapportée ci-dessus. A la sixième ligne de la deuxième colonne de la légende, on lit : *M. le Prince.*

b. — Bois. Texte français. Avec l'inscription rapportée ci-dessus. A la sixième ligne de la deuxième colonne de la légende, on lit : *mõsieur le Prince.*

c. — Bois. Texte français. Avec cette inscription : *La rencontre des deux armees Francoises entre Congnac et Chasteauneuf le* 13 *mars* 1569. A la sixième ligne de deuxième colonne de la légende, on lit : *m. le Prince.*

d. — Bois. Texte français. A la suite de la même inscription, on lit le n° 32. La légende est la même que dans l'épreuve précédente.

e. — Bois. Texte français. A la suite de l'inscription dans laquelle Cognac est imprimé *Cognac* et non *Congnac*, on lit le n° 32. A la sixième ligne de la deuxième colonne de la légende, on lit : *mõsieur le Prince.*

f. — Bois. Texte latin. *Occursus vtriusque.....*

g. — Bois. Texte allemand. *Begegnung und tressenbalde...*

35. *La rencontre des deux armees à la Roche en Lymosin ou le S. Strossy fut prins le* 25 *Iuing* 1569.

a. — Cuivre. Texte français. Avec l'inscription rapportée ci-dessus. Le dernier mot de la septième ligne de la première colonne de la légende est imprimé : *l'auan-garde.*

b. — Cuivre. Texte français. Avec la même inscription. Le dernier mot de la septième ligne de la première colonne de la légende est imprimé : *l'auant garde.*

c. — Cuivre. Texte français. L'inscription rapportée plus haut est imprimée en caractères beaucoup plus petits, et on lit *à la roche* au lieu de *à la Roche* dans l'inscription.

d. — Cuivre. Texte français. Épreuve dans les mêmes conditions que l'épreuve précédente; seulement, à la suite de l'inscription qui est au haut, on lit le nº 33.

e. — Cuivre. Texte allemand. *Antreffung baider.....*

36. *Poityers assiégé par M. les Princes le* 24 *de Iuilet, et tout Aoust iusques au* 7. *de septembre* 1569.

a. — Cuivre. Texte français. Avec l'inscription rapportée ci-dessus. Le dernier mot de la septième ligne de la première colonne de la légende est *pont.*

b. — Cuivre. Texte français. Voici l'inscription imprimée en caractères moins forts et suivie du nº 34. *Poitiers assiégé par M. les Princes le* 24 *de Iuillet* 1569, *et tout Aoust, iusques au* 7 *de septembre suiuant.* Le dernier mot de la septième ligne de la première colonne de la légende est *pō.*

c. — Cuivre. Texte français. Avec la même inscription que sur l'épreuve précédente. Le dernier mot de la septième ligne de la première colonne de la légende est *pot.*

d. — Cuivre. Texte allemand. *Poityers von den Fursten.....*

37. *L'ordonnance des deux armées près de Moncontour le 3 Octob.* 1569.

a. — Cuivre. Texte français. Avec l'inscription rapportée ci-dessus.

b. — Cuivre. Texte français. L'inscription commence par : *L'Ordonnance.*

c. — Cuivre. Texte français. L'inscription est la même, mais elle est imprimée en caractères beaucoup plus fins.

d. — Cuivre. Texte français. Cette inscription imprimée en caractères très-fins est suivie du n° 35.

e. — Cuivre. Texte latin. *Ordo duorum exercituum.....*

f. — Cuivre. Texte allemand. *Anstellung baider hehr.....*

38. *La desroute du camp de M. les Princes et la desfaite des Lansquenets, à Moncontour le* 3 *Octob.* 1569.

a — Cuivre. Texte français. Avec l'inscription rapportée ci-dessus. La cinquième ligne de la première colonne de la légende se lit ainsi : C. *Prinse de Monsieur d'Acier.*

b. — Cuivre. Texte français. Avec l'inscription rapportée ci-dessus. La cinquième ligne de la première colonne de la légende se lit ainsi : C. *Prinse de M. d'Acier.*

c. — Cuivre. Texte français. Dans l'inscription imprimée en caractères beaucoup plus petits que dans les épreuves précédentes le mot défaite est imprimé *desfaicte.* La cinquième ligne de la première colonne de la légende se lit ainsi : C. *Prinse de M. d'Acier.* Le nº 39 suit l'inscription placée au haut.

d. — Cuivre. Texte français. Dans l'inscription imprimée encore en caractères petits le mot défaite est imprimé : *desfaite.* Il n'y a pas de numéro à la suite de cette inscription, et chaque colonne de la légende n'a plus que quatre lignes au lieu de cinq qu'elle avait dans les épreuves précédentes.

e. — Cuivre. Texte latin. *Disparsio exercitus.....*

f. — Cuivre. Texte allemand. *Trennung des hehrs.....*

39. *Sainct Iean d'Angely assiégé par le Roy Charles* 9 *le* 14 *Octob.* 1569 *iusques au* 2 *Décembre* 1569.

a. — Bois. Texte français. Avec l'inscription rapportée ci-dessus. Le dernier mot de la sixième ligne de la seconde colonne de la légende est *mourût.*

b. — Bois. Texte français. A la suite de l'inscription rapportée ci-dessus, on lit le nº 37. La sixième ligne de la seconde colonne de la légende finit ainsi : *dôt il mou.*

c. — Bois. Texte français. L'inscription est ainsi changée : *S. Iean d'Angely assiégé par le roy Charles IX depuis le* 14 *d'Octobre iusques au* 2 *de Décembre* 1569. Elle est, outre cela, imprimée en plus petit texte que dans les épreuves précédentes. La légende du bas est différemment disposée.

f. — Bois. Texte allemand. *S. Jean d'Angeli durch.....*

40. *La surprinse de la ville de Nismes en Languedoc par ceux de la religion le* 15 *de Nouembre* 1569 *en la nuit.*

a. — Cuivre. Texte français. A la suite de l'inscription rapportée ci-dessus, on lit le nº 38.

b. — Cuivre. Texte français. L'inscription rapportée plus haut a été remplacée par celle-ci : *La surprinse de la ville de Nismes en Languedoc par ceux de la Religion le* 15 *de Nouembre* 1569 *en la nuit.* Les caractères sont beaucoup moins forts, et il n'y a pas de numéro à la suite de cette inscription. La disposition de la légende a été également changée.

c. — Cuivre. Texte allemand. *Unuerscene einnehmūg.....*

41. *L'entreprinse de Bourges en Berri descouuerte sur ceux de la Religion le* 21 *de Decembre* 1569.

a. — Cuivre. Texte français. Avec l'inscription rapportée ci-dessus.

b. — Cuivre. Texte français. A la suite de cette même inscription imprimée en caractères plus fins, on lit le nº 39.

c. — Cuivre. Texte français. Cette même inscription est imprimée en caractères plus fins encore. Le mot *ceux* est imprimé *ceulx*, et il n'y a pas de numéro à la suite de cette inscription.

d. — Cuivre. Texte allemand. *Anschlag Bourges.....*

42. *La rencontre des* 2 *armées francoyse faicte au passage de la riuière du rosne en dauphine le* 28 *Mars* 1570.

a. — Cuivre. Texte français. Avec l'inscription rapportée plus haut. La deuxième ligne de la première colonne de la légende commence ainsi : *Dauphiné auec* 50 *lances.....*

b. — Cuivre. Texte français. L'inscription rapportée plus haut a été remplacée par celle-ci : *La rencontre des* 2 *armées francoises faite au passage de la riuière du rosne en Dauphiné le* 28 *de Mars* 1570. La deuxième ligne de la première colonne de la légende commence ainsi : *phiné auec 50 lances.....*

c. — Cuivre. Texte français. L'inscription est imprimée en caractères plus petits. Le mot *Dauphiné* est imprimé *d'Auphiné.* Le n° 40 suit l'inscription.

d. — Cuivre. Texte français. L'inscription est imprimée avec les mêmes caractères que dans l'épreuve précédente et est également suivie du n° 40 ; mais le mot *Dauphiné* est imprimé *Dauphiné.*

PESNE (Jean). Tome III, p. 113.

7. *La Vierge et l'enfant Jésus.*

On connaît quatre états de cette planche :

1. L'état décrit.
2. L'état décrit.
3. Avec les retouches indiquées pour l'état suivant, mais le nom du peintre n'a pas été enlevé.
4. L'état décrit par M. Robert-Dumesnil comme étant le troisième.

12. *Le Ravissement de saint Paul.*

On connaît cinq états de cette planche :

I. Avant les mots *Leblond exc.*, au bas dans la mar geau dessous de la dédicace à Monsieur de Chantelou.

II. Avec cette adresse dans la marge, mais avant les mots : *Le Blond ex. C. P. R.* sur les nuages.

III. On lit sur le ciel, à un pouce du trait carré du bas :

Le Blond exc. C.P.R. et au bas du milieu de la marge : *Le Blond exc.*

IV. Retouché. L'adresse de *Le Blond* sur le ciel a été enlevée; avec de l'attention on en reconnaît les traces. D'ailleurs le petit nuage qui se voit immédiatement au-dessous de celui qui enveloppe l'avant-bras gauche du saint, blanc dans les Ier, IIe et IIIe états, a été teinté dans celui-ci.

V. Le bord de la planche a été bossué entre les deux phrases *auec Priuil. du Roy* et *Le Blond exc.*; ce qui a détruit la continuité de la vive arête dans l'empreinte de la planche sur les épreuves de cet état. On conçoit que cette remarque n'est sensible que sur les épreuves pourvues du témoin du cuivre.

13. *La Charité romaine.*

On connaît trois états de cette planche :

I. Avant l'inscription : *Hinc pater hinc natus* dans la marge du bas.

II. L'état décrit comme étant le premier.

III. L'état décrit comme étant le second.

14. *L'Évanouissement d'Esther.*

Dans les épreuves du IIIe état qui portent cette adresse : *à Paris chez Vallet graveur du Roy rue St. Iacques au Buste de Louis* 14 *deuant St Yues. Auec priuilège.* On ne lit plus dans la marge, à la suite du nom de Pesne, les mots : *et ex. cum. Pri. Re.*

15. *L'Adoration des Bergers.* M. Robert-Dumesnil a modifié ainsi la description qu'il avait donnée précédemment de cette estampe :

.... On lit sur la terrasse, à droite : *Hallier excudit*, et dans la marge, à gauche, en deux petites lignes : *N. Poussin pinxit, J. Pesne delin. et sculp.*; à droite, en trois petites lignes : *A Paris, chez Hallier sur le petit pont proche le petit Chatelet, auec Priuil. du Roy*; et au centre, en une grande ligne : *Inuenerunt Mariam et Joseph et Infantem positum in præsepio, luc, cap.* 2.

H. 0,414. L. 0,558.

On connaît trois états de cette planche :

I. L'état décrit.

II. La planche est beaucoup plus travaillée dans toutes les demi-teintes et les ombres fortes. Par exemple, la barrière à gauche a été teintée de triples et de quadruples tailles, et le mur bordant la droite a été ombré, de haut en bas, de tailles perpendiculaires ; le sac derrière la Vierge et les museaux de l'âne et du bœuf, légèrement teintés dans le Ier état, l'ont été dans celui-ci par des contre-tailles. En outre, les mots : *Hallier excudit* ont été enlevés et on lit sur la terrasse vers la gauche : *N. Poussin pinx.* et à droite : *à Paris chez Est. Gantrel rue St-Iacq., à l'jmage St-Maur.* Les inscriptions placées à gauche et au centre de la marge ont été respectées; celle de droite a été enlevée. Au-dessous du verset transcrit dans la marge, on lit : *Gantrel* tracé à la pointe.

III. On aperçoit encore des traces de l'adresse de Hallier sur la terrasse à droite. L'inscription : *Inuenerunt*, etc., subsiste toujours et on lit dans la marge à gauche : *N. Poussin pinxit. J. Pesne delin. et sculp.* , et à droite : *A Paris chez la veuve van Merle à la ville d'Anvers auec Priuilège du Roy.*

16. *La grande sainte Famille servie par les Anges.*

On connaît quatre états de cette planche :

I. Avant toutes lettres. La marge ne renferme aucune inscription.

II. L'état décrit comme étant le premier.

III. L'état décrit comme étant le second.

IV. L'état décrit comme étant le troisième.

17. *La Samaritaine.*

On connaît six états de cette planche :

I. Avant la lettre.

II. On lit dans la marge, à gauche : *N. Poussin pinxit.* et à droite : *J. Pesne delineavit et sculpsit cum Priuil. Regis.*

III. On lit au milieu de la marge : *Dicit ei Jesus*, etc., suivi de ces mots : *Ex Musœo domini de Chantelou Parisiis.*

IV. On lit sur la terrasse, à gauche : *Malbouré ex. jn aula Albretiana* et à droite : *prope Stum Hilarium.*

V. On lit sur la terrasse, à gauche : *N. Poussin pinxit. J. Pesne sculpsit. C. P. R.* et à droite : *Malbouré ex. cour d'Albret proche St Hilaire.*

VI. La planche réduite à la dimension de la composition, la marge ayant été coupée. En cet état l'adresse de *Malbouré* a été enlevée, et on lit sur la terrasse, à gauche : *N. Poussin pinxit. J. Pesne sculpsit C.P.R.*

18. *Le Christ mort étendu près du sépulcre.*

M. Robert-Dumesnil a modifié ainsi la description qu'il avait donnée de cette estampe.

.... On lit dans la marge, à gauche : *N. Poussin pinxit.* et à droite : *J. Pesne sculpsit et ex. cum Priuil. Regis.*

On connaît sept états de cette planche :

I. L'état décrit.

II. On lit au milieu de la marge : *Dolebunt super eum vt doleri solet in morte primogeneti.* Zach., c. 12, v. 10.

III. Avec les initiales *J. P.* sur la terrasse, à gauche, sur une petite butte, au-dessous d'un pan du linceul.

IV. Le titre *Dolebunt super eum,* etc., enlevé. Les épreuves de cet état sont retouchées presque partout.

V. Sur la face du socle sur lequel est posée une cuvette, on voit l'écusson armorié de M. *de Maboul* qui devint évêque d'Alais. Cet écusson fut gravé lorsque cette estampe devint la partie supérieure d'une thèse.

VI. Cet écusson enlevé et les travaux repris. On lit dans la marge, à droite, au-dessous des noms du graveur : *Malboure excudit, cour d'Albret près Saint-Hilaire.*

VII. A la suite du nom du peintre, à gauche dans la marge, on lit : *Jean Pesne sculp.* Les inscriptions qui se voyaient dans le VIe état, à droite dans la marge, ont été enlevées et remplacées par celle-ci : *Ad Chalcographum academicum.*

29. *Le Testament d'Eudamidas.*

On connaît quatre états de cette planche :

I. Avec des différences dans l'inscription qui se lit sur la feuille du Testament tenu par le notaire assis et avant de très-nombreux travaux. (Collection de Mr Prosper de Baudicour.)

II. Le premier état décrit.

III. Le second état décrit.

IV. Le troisième état décrit.

48. *Terme en Cariatide.*

On connaît deux états de cette planche :

I. Avant l'adresse d'Audran.

II. L'état décrit.

49. *Terme en Cariatide.*

On connaît deux états de cette planche :

I. Avant l'adresse d'Audran.

II. L'état décrit.

52. *Frontispice du* livre à dessiner.

On connaît trois états de cette planche :

I. Ce frontispice ne porte pas d'adresse. On lit seulement dans la marge : *Auec priuil.*

II. On lit dans cette même marge : *Chez. N. Langlois ruë St Iacques. Auec priuilège.*

III. On lit enfin dans cette même marge : *Chez N. Langlois rüe St Jacques à la Victoire. — Avec Privil.*

95. *Sainte Famille.*

M. Robert-Dumesnil a remplacé la description qu'il avait donnée de cette estampe par celle-ci :

La Vierge, debout vers le milieu de l'estampe et dirigée à droite, tient devant elle l'enfant Jésus et pose la main sur la tête du petit saint Jean qui s'approche du Sauveur pour l'embrasser. Saint Joseph, vu à la droite du fond, marche de ce côté et se retourne vers le spectateur. Dans la marge, à gauche : *Raphaël pinxit* et à droite : *J. Pesne sculpsit cum priuil. Regis.*

H. 0,458 dont 0,011 de marge. L. 0,326.

On connaît six états de cette planche :

I. Avant la draperie sur la nudité de l'enfant Jésus.

II. Avec cette draperie.

III. On lit au-dessous du nom du peintre : *Malbouré excudit.*

IV. Cette adresse enlevée ; avec de l'attention on en reconnaît des traces.

V. On lit au milieu de la marge : *Le tableau est conservé dans le cabinet de Mgr. le duc d'Orléans*, et un peu au-dessous du niveau de cette inscription, à gauche : *A Paris chez Vanheck.*

VI. L'inscription *Le tableau*, etc., et l'adresse de *Vanheck* ont été enlevées. Cet état se reconnaît d'ailleurs à maintes éraillures sur le ciel.

97. *Portrait de Fr. Langlois, dit Ciartres.*

On connaît quatre états de cette planche :

1. Les noms des artistes sont seuls gravés, et la marge inférieure n'a pas été nettoyée.
2. Sans autre inscription que dans l'état précédent, mais la marge a été nettoyée.
3. L'état décrit par M. Robert-Dumesnil comme étant le second.
4. Les noms et l'adresse sont effacés. Cet état se distingue du premier en ce que quelques raies transversales qui se trouvaient sur la main gauche et sur la cornemuse dans le premier état ont disparu complétement dans celui-ci.

PIÈCES NON DÉCRITES.

1. *Chapelas (Léonard), docteur de Sorbonne.*

En demi-corps et tourné à gauche, il regarde de face, dans une bordure ovale armoriée au bas et sur laquelle on lit : LEONARDVS CHAPELAS DOCTOR SORBONICVS PROTHONOTARIVS ECCLESIÆ S^TI IACOBI A MACELLO PASTOR. A gauche, sur la console de support : *J. Pesne pinxit et sculpsit.*

H. 0,337. L. 0,256.

2. *Damascène (R. P. Jean), Recollet (Le Bret de son nom).*

En buste, de 3/4, dirigé à gauche, il regarde de face ; son

capuchon est fort renversé en arrière. Il est dans une bordure ovale formée de palmes et de branches de laurier. Les angles, teintés de tailles horizontales, sont chargés d'un monogramme formé des lettres *J. D. L. B.* Pièce anonyme dans la marge de laquelle on lit :

On veut que ce portrait te puisse éterniser;
Mais que peut sur le temps l'art pour te fere viure;
Ce que tu vaus, est plus que l'airain et le cuiure;
Ta vertu, seulement, doit t'immortaliser.

On connaît trois états de cette planche :

I. Avant certains travaux dans l'œil gauche et avant les points qui modèlent la lèvre inférieure.

II. Avec ces travaux ; c'est l'état décrit.

III. On lit dans la marge, aux côtés des deux premiers vers : LE R. PERE, IEAN DAMACENE.

3. *Statue antique de la jeune chasseresse dans la salle des bains à Versailles.* Figure pour un livre de proportion.

4. *Statue de Jupiter tenant la foudre.* A ses pieds, à droite, son aigle. Il est dans une niche en pierre.

Ces deux dernières pièces sont mentionnées dans le catalogue de la vente de M. R.-D. (20 et 21 avril 1854, n°s 146 et 147) (acquises par M. de la Salle).

PICOU (Robert). Tome VI, p. 154.

7. *Jésus-Christ livré à ses ennemis.*

On connaît cinq états de cette planche :

1. Le premier état décrit par M. Robert-Dumesnil.
2. Le deuxième état décrit.
3. Le troisième état décrit.

4. L'adresse de Mariette a été effacée et on lit à la place : *Ciartres formis;* cette adresse existait déjà dans le premier état.

5. On lit à la suite de *Ciartres formis* les mots *cum priui-legio.*

PICQUOT (Henri). Tome VI, p. 240.

2. *La sainte Vierge donnant le sein à l'enfant Jésus.*

On connaît deux états de cette planche :

1. L'état décrit.
2. L'adresse de *Guerineau* a été effacée.

PINSON (Nicolas). Tome V, p. 315.

1. *Le Christ mort.*

Le Christ mort est étendu en travers de l'estampe ; il est entouré des saintes femmes et de saint Jean ; la Madeleine lui embrasse la main droite ; à la gauche du fond, on voit un paysage. On lit au bas, vers la droite : *N. P. in.* et dans la marge : *Illmo ac R^mo Domino Comiti, et Abbati Philiberto Hyacinto Filippe. Admodum Illmo Domino Inter tuæ illustris Domus pias tabellas ut fixisti pro tua humanitate pietatis meæ imaginem, nunc sculptam amanter, et benignè ut soles excipe. Dominationis uestræ admodum Ill^is.*

Addictissimus seruus.

Nicolaus Pinsonus ex Valentia in Gallia.

Dim. de la planche : L. 0,270. H. 0,221.

PIÈCE NON DÉCRITE.

Constantin, d'après Jules Romain.

Constantin debout sur le devant de sa tente, à la droite de l'estampe, harangue ses soldats avant le combat. On lit au bas dans la marge : *Iulius Rom. Inuent. — N. Pinson del. et scul.*

L. 0,300. H. 0,277.

On connaît deux états de cette planche :

1. L'état décrit.

2. La planche a été rognée par le bas et la marge qui contenait l'inscription n'existe plus.

PRÉVOST (Nicolas). Tome III, p. 38.

PIÈCES NON DÉCRITES.

1. *Judith venant de trancher la tête d'Holopherne.*

En avant d'une draperie tendue au fond de l'estampe on voit Judith en demi-figure presque de face, s'appuyant sur son épée et retournant la tête à droite; de ce côté, la servante met dans un sac la tête d'Holopherne. On lit au bas : *N. Préuost in.*

H. 0,192. L. 0,154.

2. *La sainte Vierge, l'enfant Jésus et saint Jean.*

La sainte Vierge, assise à droite et dirigée du côté opposé, tient debout à son côté l'enfant Jésus à qui le petit saint Jean offre des fruits. Pièce anonyme.

L. 0,155. H. 0,117.

3. *La sainte Vierge, l'enfant Jésus et saint Jean.*

La sainte Vierge, assise dans un paysage, est vue de face; elle tient de la main droite l'enfant Jésus, debout devant elle, et semble, de la main gauche, bénir saint Jean, agenouillé, qui embrasse le bras du Christ. On lit au bas de la planche, au-dessous du trait carré : *S^a Maria. N. Preuost In.*

H. 0,204. L. 0,152.

4. *La Vierge et l'enfant Jésus.*

La sainte Vierge, en demi-figure et tournée à gauche, retourne la tête et regarde en bas. Elle tient dans ses bras l'enfant Jésus qui a passé son bras gauche sur l'épaule de sa Mère et pose sa main droite sur sa ceinture. Un voile voltige derrière la tête de la Vierge. Pièce anonyme.

H. 0,125. L. 0,108.

5. *La sainte Vierge.*

La Vierge, assise par terre à gauche et tournée du côté opposé, est appuyée sur un rocher; elle tient sur ses genoux l'enfant Jésus, qui pose la tête sur son sein. Pièce anonyme.

L. 0,165. H. 0,130.

6. *La sainte Vierge.*

La sainte Vierge, en demi-figure, assise en avant de deux rideaux entr'ouverts, tient sur ses genoux son divin fils étendu sur le dos et élevant ses bras pour se jeter au cou de sa Mère. Pièce anonyme.

H. 0,192. L. 0,150.

7. *Saint Jean.*

Saint Jean, à mi-corps, couvert d'une draperie laissant voir à nu son cou, son épaule gauche et une partie de sa poitrine, est dirigé à gauche ; il tient de ses deux mains sa petite croix ornée d'une banderole, sur laquelle on lit, en lettres retournées : Ecce Agnus. Pièce anonyme.

H. 0,155. L. 0,123.

8. *Sainte Madeleine dans le désert.*

Sainte Madeleine, assise à gauche sur un rocher, médite sur une tête de mort ; elle se retourne à la vue d'une croix que deux anges maintiennent ; deux autres chérubins se voient à la droite du haut. Pièce anonyme.

H. 0,200. L. 0,138.

9. *Sainte Madeleine.*

Sainte Madeleine est couchée en travers de l'estampe, la tête à droite et les pieds à gauche ; elle lit dans un grand livre qu'elle tient de ses deux mains ; derrière ce livre se voit une tête de mort. Pièce anonyme.

L. 0,208. L. 0,159.

10. *La Foi.*

La Foi est représentée sous les traits d'une femme assise de face et appuyée à gauche sur un socle ; elle pose la main gauche sur son cœur, et tient, de l'autre, un calice sur lequel elle médite. Pièce anonyme.

H. 0,135. L. 0,087.

11. *L'Espérance.*

L'Espérance est représentée sous les traits d'une femme assise à droite et dirigée vers la gauche, tenant sur sa main droite un oiseau qui voltige, et soutenant une ancre avec sa main gauche. Pièce anonyme.

H. 0,140. L. 0,090.

12. *La Charité.*

La Charité est représentée sous les traits d'une femme assise de face, la tête ornée d'un voile qui voltige derrière et entourée de trois enfants : l'un, debout derrière elle, regarde le spectateur et lui sourit; les deux autres se disputent pour savoir à qui sera le plus près d'elle. Pièce anonyme.

H. 0,138. L. 0,090.

13. *Vénus et Cupidon.*

Vénus, assise à gauche, auprès d'un arbre, est caressée par Cupidon dont elle a saisi le bras gauche armé d'une flèche. Pièce anonyme.

H. 0,140. L. 0,105.

14. *Vénus et l'Amour.*

Vénus, à peu près nue, assise, vue de face à la droite du devant, paraît gourmander l'Amour, qui a jeté son carquois à terre; il a conservé son arc et une flèche qu'il tient à la main. Pièce anonyme.

H. 0,138. L. 0,105.

RABASSE (Jean). Tome VII, p. 165.

1. *Judith.*

M. Robert-Dumesnil n'avait probablement jamais rencontré une épreuve complète de cette estampe, car il n'a pas fait mention de l'inscription ci-dessous renfermée dans la marge inférieure : Jvdic.

RABEL. Tom. VIII, p. 118.

60. *Jeanne d'Albret.*

On lit sur la bordure ovale qui encadre le portrait : Jana Elebreta, et non Elebretana.

PIÈCES NON DÉCRITES.

1. *Le Couronnement de la Vierge.*

La Vierge, assise à gauche et les mains jointes sur la poitrine, est couronnée par Dieu, placé en face d'elle; le Saint-Esprit, sous la forme d'une colombe, plane au-dessus de leur tête. On lit à la gauche du bas : *Rabel excu.*

H. 0,160. L. 0,114.

On connaît deux états de cette planche :

1. L'état décrit.

2. On voit, au dos de l'estampe, du texte et le commencement du psaume 128.

2. Un évêque, assis sur un nuage à côté d'un saint

(saint Jean?), reçoit d'un aigle placé devant lui la crosse épiscopale. Pièce anonyme.

L. 0,160. H. 0,132.

3. Un évêque converse avec un saint étendu sur des nuages, auquel un ange présente une table. On lit au bas : *Cum gratia Priuilegio Regi.* | *Io Rabell Bellouacus excu lutetiæ Parisiis.*

L. 0,160. H. 0,132.

Ces deux estampes, qui font probablement partie d'une suite, rappellent beaucoup les planches décrites par M. Robert-Dumesnil dans l'œuvre d'Antoine Garnier sous les nos 39-42.

4. *Jean de Valois.*

En buste, coiffé d'un casque entouré de la couronne de fer, de 3/4 à droite, et regardant du même côté, dans une bordure ovale sur laquelle on lit : IOANNES VALESIVS I. D. G. FRANCORVM REX ; puis, au-dessous de l'ovale : *Rabel excu.*

H. 0,091. L. 0,070.

RIVALZ (Antoine). Tom. I, p. 271.

PIÈCES NON DÉCRITES.

1. *Martyre de saint Symphorien.*

Le martyr, agenouillé au centre, est tenu par le bourreau ; une femme, debout à droite de l'estampe, semble l'exhorter à mourir ; à gauche, un soldat se voit debout au pied du trône. On lit sur une pierre, à gauche : *M. Rivalz Tolozanus Inu. et Inci. Romæ*, et au bas, dans la marge : *S. Symphorianus M.*

Dim. de la planche : H. 0,270. L. 0,245.

2. *Composition allégorique.*

On voit Apollon, lumineux au centre, qui présente son manteau à une femme nue, la Peinture, amenée vers lui par deux femmes. On lit à droite, au bas, au-dessous d'une palette : *M. Rivalz inuenit et incidit*, gravé à rebours, ainsi que l'inscription suivante, qui se lit dans la marge : *Pictura et sculptura ad Apollonem, expoliatæ profugunt.*

Dim. de la planche : L. 0,215. H. 0,152.

3. *Composition mythologique.*

Dans le haut, Vénus sur son char est traînée par deux colombes; au bas, sur un lit, se voit une femme nue couchée qu'essuie une autre femme. On lit au bas, dans la marge, à droite, gravé à rebours : *M. Riualz sculpsit* 1672. Pièce cintrée par le haut.

L. 0,194. H. 0,121.

4. *Portrait de Germain Lafaille.*

Germanus Lafaillius
Annalium Tolosæ scriptor
Ætatis suæ 84.

Lafaille, la tête couverte d'une grande perruque, a le corps tourné à droite et la tête de face; il feuillette de la main gauche un livre qui repose sur deux autres fermés; ces livres reposent eux-mêmes sur une table, sur le rebord de laquelle on lit : *Apt^us^ Riualz Tolosas Claris^mi^ uiri familiaris ad uiuum del. et incidebat Tolosæ anno* 1702.

H. 0,260. L. 0,189.

Nous empruntons la description ci-dessus à une brochure de M. H. Vienne, intitulée : *Études sur l'école de Toulouse — L'œuvre gravée d'Antoine Rivalz* (1667-1735).

ROBERT DE SERI (P. P. A.). Tom. I, p. 277.

M. Robert-Dumesnil a ainsi modifié le commencement de la notice qu'il consacre à Robert de Seri : « Cet artiste, qui, sur ses estampes, s'est tantôt appelé Robert de Seri et parfois Robert, naquit à Sery-en-Portien le 11 janvier 1686 et mourut à Paris le 29 décembre 1733. D'après son épitaphe, qu'on voyait dans l'église des Capucins du Marais, il puisa les premiers éléments de l'art à Reims, mais il vint à Paris se perfectionner sous Cazes, et fut plus heureux que lui, car il vit l'Italie..... »

4. *Le Banquier.*

M. Robert-Dumesnil renonça à attribuer cette pièce à Robert de Seri.

5. *Les Joueurs de cartes.*

Cette pièce a été retirée par M. Robert-Dumesnil de l'œuvre de Robert de Seri.

7. *Jésus-Christ remettant les clefs à saint Pierre.*

On connaît deux états de cette planche :

1. Avant le camaïeu ; c'est l'état décrit.
2. En camaïeu.

11. *Sainte Prisque baptisée par saint Pierre.*

On connaît deux états de cette planche :

1. Avant le camaïeu ; c'est l'état décrit.
2. En camaïeu.

PIÈCES NON DÉCRITES.

1. Loth, agenouillé, invite les deux anges que l'on voit à gauche à entrer chez lui. On lit au bas : *P. P. A. Robert de Seri f.* 1713, et, dans la marge : *Obsecro, Domini, declinate in domum pueri uestri.*

Dim. de la planche : H. 0,143. L. 0,111.

2. *Portrait de Joseph Villerme, sculpteur.*

Vu à mi-corps et dirigé vers la droite, J. Villerme regarde de face ; il tient dans une main un Christ d'ivoire qu'il est occupé à ciseler. On lit sur le pied de la table devant laquelle il travaille : *P. P. A. Robert de Sery* 1723 ; puis, dans la marge : *Joseph Villerme sculpteur né à St Claude en Franche-Comté, mort à Rome vers l'an* 1720.

H. 0,168. L. 0,139.

On connaît deux états de cette planche :

1. Avant toutes lettres.
2. L'état décrit.

ROUSSEAU (J.). Tom. IV, p. 190.

PIÈCE NON DÉCRITE.

Moïse gardant les moutons de Jéthro.

Paysage. Sur le devant d'une grotte, on voit Moïse menant un troupeau de chèvres. Au premier plan, un homme assis pêche à la ligne. On lit à la gauche du bas :

A Paris chez Morand sur le quay de la Mégisserie, au Cyclope, et, dans la marge : *Moïse qui garde les moutons de Getro.* Planche anonyme.

L. 0,494. H. 0,351.

SAINT-IGNY (Jean de). Tom. VIII, p. 173.

1. *Frontispice du livre de portraiture.*

On connaît trois états de cette planche :

1. Le premier état décrit.
2. Le second état décrit.
3. Au-dessous de l'adresse de François l'Anglois on lit : *Auec priuilége du Roy.*

39. *La Dévideuse.*

On connaît deux états de cette planche :

1. Avant les vers.
2. L'état décrit.

PIÈCES NON DÉCRITES.

1. Dans le *livre de portraiture*, page 17, on voit quatre sphéroïdes dissemblables et un œil. On lit au bas le n° 17, indication de la page sur laquelle cette planche est imprimée.

2. Buste de femme de profil, la tête un peu élevée ; un voile attaché à la coiffure lui tombe sur le dos ; elle a au cou un collier de perles. Pièce anonyme.

H. 0,089. L. 0,074.

3. Buste d'un jeune homme coiffé d'une toque à plumes ;

il est vu de trois quarts et a une collerette autour du cou. Pièce anonyme.

H. 0,087. L. 0,073.

SARRABAT (Isaac). Tom. III, p. 296.

16. *Portrait d'Alexandre Boudan.*

On connaît deux états de cette planche :

1. Avant toutes lettres.
2. L'état décrit.

27. *Portrait de Fr. Rabelais.*

On connaît deux états de cette planche :

1. L'état décrit.
2. On lit dans la marge :

Voi quel fut Rabelais, sans propreté, sans linge,
Son satirique esprit paroit dans son regard ;
Il joignit l'adresse d'un singe,
A la finesse d'un Renard.

Henricil. C. D. B.

I. Sarrabat fecit et excudit.

PIÈCES NON DÉCRITES.

1. *Loth et ses filles.*

Loth est assis, à gauche, à côté d'une de ses filles qui est à demi vêtue ; à la gauche de Loth, se voit son autre fille occupée à presser du raisin au-dessus d'une coupe. Planche anonyme.

L. 0,280. H. 0,239.

2. *La Résurrection, d'après Ant. Coypel.*

Un ange, assis sur le tombeau, montre du doigt Jésus-Christ qui monte au ciel; les soldats, réveillés par le miracle, se voient au premier plan. On lit au bas : *Dédié à haute et puissante Dame Madame Anne de Souvré Marquise de Louvois et de Courtanvaux,*

par son très-humble seruiteur A. Coypel.

A. Coypel in. et pinx. — *I. Sarrabat fecit.*

Dim. de la planche : L. 0,280. H. 0,239.

Cette pièce et les deux suivantes sont mentionnées par M. Robert-Dumesnil dans la notice qui précède le catalogue de l'œuvre d'Isaac Sarrabat, mais, ne les ayant pas rencontrées, il n'avait pu les décrire.

3. *Héraclite.*

En demi-corps et dirigé à droite, ce philosophe pleure à chaudes larmes. On lit dans la marge, à gauche : *Michel Corneille pinxit*; à droite : *Sarrabat sculpsit*, et au centre, au-dessous du nom du personnage, ce quatrain :

Que dis-tu de mes pleurs, critique?
Est-ce un deffaut? Hé bien, parmy mille vertus,
C'est l'unique déffaut que j'eus
Et s'il te manque à toy, c'est peut-estre l'unique.

Puis, au-dessous : *A Paris chez I. Mariette rue St Iacques, aux colonnes d'Hercule avec privilège du Roy.*

H. 0,342 dont 0,033 de marge. L. 0,260.

4. Trois hommes sont à une fenêtre; l'un montre à ses deux compagnons une cruche qu'il tient à la main; un autre allume sa pipe et le troisième rit en tenant son verre à la main. On lit au bas de la planche : *N. V. Haeften pinxit. — I. Sarrabat fecit et excudit. — Se vend à Paris rue St Louis proche le Palais à la Toison d'or.*

Dim. de la planche : H. 0,259. L. 0,193.

5. *Le Combat de la Hogue.*

Vue du célèbre combat de la Hogue entre l'escadre anglaise et l'escadre française commandée par le comte de Tourville. Grande estampe gravée à l'eau-forte. On lit dans la marge du haut : *A Prospect of the last seafight rohere in the french arc Vtterly Routed by thre Englisch and dutch may* 19m 1692, et, dans celle du bas, une légende en trois colonnes qui explique cette estampe. Au-dessous de la colonne de gauche, est écrit : *I. Sarrabat Inuent. et fecit.* A côté de la troisième colonne est l'adresse de *Michel Fauvel.*

L. 0,509. H. 0,377, dont 0,012 de marge en haut, et 0,035 au bas.

6. Trois petits Génies, à droite, supportent un écusson armorié; à gauche, dans le fond, se voit l'église de la Sorbonne. On lit au bas : *Le Clere del. — Sarrabat fecit.*

L. 0,131. H. 0,055.

SAUVAN (Philippe). Tom. VIII, p. 302.

4. *La Croix de mission.*

Nous empruntons à M. Léon Lagrange une nouvelle

description de cette estampe, que M. Robert-Dumesnil n'avait pas rencontrée complète :

« Au milieu, la croix sur un piédestal chantourné dont la face représente le serpent d'airain. Au centre des bras de la croix est un cœur d'où partent des rayons. A la hauteur du piédestal, supportée par des nuages, la ville d'Avignon, à genoux, embrasse la croix ; derrière elle, un ange porte les armes de la ville. Dans le ciel volent des anges enfants qui portent une banderole. Sur terre, à droite, deux jésuites missionnaires ; à gauche, un noble, un artisan, une femme, tous trois à genoux. Au fond, des édifices. » Signée à gauche : *P. Sauvan in. et scul.* ; en légende : *Ad pedes huius s[tæ] Crucis, post celebrem missionem pietate munifica Avenionensium erectæ, ipsa urbs Avenio prouolupta manet. Anno Do[i]* 1734 3° *Kal. Maii.* On lit sur la banderole : HÆC EST VIA QUÆ DUCIT AD VITAM.

H. 0,328. L. 0,226.

PIÈCES NON DÉCRITES.

1. Sur une rampe de pierre, dont le milieu forme piédestal, s'élève la même croix ; de chaque côté, un ange agenouillé, dont l'un tient une banderole ; dans le ciel, deux têtes d'anges ; derrière la rampe, un arbre à gauche, des maisons à droite. Au pied de la croix, au premier plan, les attributs de la passion ; au coin, à droite, *P[hus] Sauvan inci. et scul.* Sur la banderole de l'ange : *Attendite et videte.* Sur la face du piédestal : *in Honorem J[i] C[i] crucifixi fidei xtianæ hoc vexillum erexit pietas Aven[sis] Anno* 1734 *Die* 3 *Maii.* Pièce cintrée par le haut.

H. 0,360. L. 0,216.

2. *Mandrin.*

Mandrin, armé d'un fusil qu'il porte sur l'épaule, décharge

un pistolet qu'il tient de la main droite. On lit au bas :

Par des faits d'un genre nouveau
Mandrin consacra sa mémoire
Sa mort ne ternit pas sa gloire
Il vit au delà du tombeau.

Pièce anonyme.

Dim. de la planche : H. 0,113. L. 0,067.

SCALBERGE (Pierre). Tom. III, p. 1.

26. *Vénus.*

On connaît deux états de cette planche :

1. Avant les mots, *Scola d'Amore*, en haut, et avant l'adresse *de Ciartres.*

2. L'état décrit.

38. *L'Amour en chasse.*

On connaît deux états de cette planche :

1. L'état décrit.

2. On lit, à la droite du bas, le n° 7.

PIÈCES NON DÉCRITES.

1. L'Amour enfant, vu de dos, lève la main droite et appuie la main gauche sur son arc ; il se dirige vers la droite. Pièce anonyme.

H. 0,151. L. 0,098.

2. L'Amour enfant semble indiquer du doigt quelque chose et tient son arc de la main gauche ; il a le pied

gauche sur son carquois et se dirige à gauche. Pièce anonyme.

H. 0,148. L. 0,104.

3. Trois enfants : l'un joue de la flûte, un autre du violon, et le troisième du tambour. Pièce anonyme.

L. 0,120. H. 0,100.

4. Bacchus enfant, assis sur un char, tient une coupe à la main; il est traîné par un bouc que monte un enfant ; celui-ci souffle sur un satyre placé devant lui. Composition de onze figures. Planche anonyme.

L. 0,297. H. 0,097.

5. L'Amour élevant les deux bras; il tient son arc de la main gauche, et se dirige à droite. Pièce anonyme.

H. 0,147. L. 0,101.

6. Un enfant, avec un masque de satyre, que l'on voit à gauche, fait fuir deux autres enfants. On lit au bas : *S. Kloeting exc. delf.*

L. 0,182. H. 0,099.

Cette estampe est décrite ainsi dans le Catalogue de la vente de M. R. D. (Robert-Dumesnil) (11 mars 1856), p. 33, nº 232.

7. Onze enfants; l'un d'eux est à califourchon sur un tonneau d'où il verse du vin à ses camarades. Un autre a enlevé le fosset du tonneau et remplit de son contenu un vase qu'il tient à la main. Pièce anonyme.

L. 0,243. H. 0,164.

Cette pièce est décrite ainsi dans le Catalogue de la vente de M. R. D. (Robert-Dumesnil) (19 novembre 1858), p. 64, nº 235 *bis.*

8. *Plan du Jardin des plantes.*

Jardin dv Roy povr la cvltvre des plantes medecinales a Paris, 1636. Cette inscription se trouve au haut du plan au-dessus du trait carré. La légende des armoiries que l'on voit au haut à gauche est celle-ci : *fortis super enatat vndas;* au-dessous de l'écusson armorié se trouve la légende du plan, la devise qui se voit à la droite du bas est celle-ci : *de bien en mieux*. A la gauche du bas on lit : *Federic Scalberge pict. sculp. et fe. anno* 1636.

L. 0,677. H. 0,475.

SOURCHES (L. F. du Bouchet, Mis de). Tome II, p. 22.

PIÈCES NON DÉCRITES.

1. *Portrait de Mme de Nevelet.*

En buste, dirigée vers la droite, elle tourne la tête à gauche, où elle regarde; ses cheveux, ceints d'un bandeau, sont recouverts d'un voile tombant par derrière. Le fond est ombré; on lit, dans la marge : *A M. Madame de Neuelet*, et, au-dessous, ces vers :

Ce Présent de vous plaire auroit eu le bon-heur
Si ma main eust eu l'auantage
De grauer aussy bien cette petite image
Que la vostre l'est en mon cœur.

Son très humble et très-obéissant seruiteur et neveu
Le Marquis de Sourche.

L. 0,153. H. 0,106.

2. Une bataille. Un général, assis au pied d'un arbre, reçoit des parlementaires ; à gauche, trois personnages et deux chevaux ; à la gauche du bas, on lit : *B. F.*

L. 0,154. H. 0,118.

L'abbé de Marolles, p. 122 de son Catalogue de 1666, cite une carte d'Auvergne, par le s. du Bouchet, maître d'hôtel du Roi, exécutée en 1645.

STELLA (Jacques). Tome VII, p. 158.

1. *Le Sauveur descendu de la croix.*

On connaît deux états de cette planche :

1. Avant toutes lettres et avant les armes dans l'écusson.
2. L'état décrit.

4. *Composition de genre.*

On connaît deux états de cette planche :

1. L'état décrit.
2. Une tache assez apparente se trouve sur la femme qui file.

5. *Cérémonie de la présentation des tributs au grand-duc de Toscane.*

On connaît quatre états de cette planche :

I. L'état décrit.

II. On lit au bas de la marge, à gauche, au lieu de *Con priuilegio* : *Cum priuilegio Regis F. L. D. Ciartres excudit.*

III. Cette adresse a été remplacée par celle-ci : *A Paris chez Nicolas Langlois, rue St Jacques à la Victoire.*

IV. Le nom de Langlois a été remplacé par celui de *Mariette.*

PIÈCE NON DÉCRITE.

Jésus et la Samaritaine.

Jésus est à gauche, auprès du puits; la Samaritaine, à droite, tient un vase de la main gauche et la corde du puits de la main droite. On lit au bas de l'estampe : *I. Stella Inu.* Pièce anonyme, tout à fait dans le goût de Jacq. Stella.

H. 0,133. L. 0,089.

SUBLEYRAS (Pierre). Tome II, p. 255.

2. *Le Serpent d'airain.*

On connaît deux états de cette planche :

1. Avant l'inscription : *Tabula a Petro Subleyras.....*
2. L'état décrit.

3. *La Madeleine aux pieds de Jésus.*

On connaît cinq états de cette planche :

1. A l'eau-forte pure, avant la lettre et avant certains travaux sur les bras et sur la tête de l'homme à genoux et dans beaucoup d'autres endroits.
2. Avant les travaux sur le cou et sur les bras du jeune homme qui est à gauche, auprès du trait carré.
3. Avant le trait échappé entre les mots de l'inscription *Oratori* et *extraordinario.*
4. Avec ce trait échappé. C'est l'état décrit.
5. La date effacée, et on lit à gauche : *Observer que Subleyras n'a fait tirer à Rome que quelques épreuves de cette*

planche qui furent mal imprimées ; en 1787 *on en a fait tirer seulement cent épreuves pour multiplier l'admirable composition du sublime tableau de même grandeur qui appartient actuellement au Roi.*

Cette planche existe aujourd'hui encore, et on voit, dans le commerce, des épreuves modernes tirées sur papier mécanique.

Mariette, dans ses notes manuscrites, dit que Subleyras a inventé et gravé à l'eau-forte, dans des formes ovales et pour être représentées en plafond, les deux pièces suivantes que nous n'avons pu rencontrer :

1° L'Ange annonçant à la sainte Vierge le mystère de l'Incarnation.

2° Saint Joseph éveillé par l'Ange.

TESTELIN (Henri). Tome III, p. 103.

L'édition des *Sentiments des plus habiles peintres* que cite M. Robert-Dumesnil dans la notice qui accompagne le Catalogue de l'œuvre de Henri Testelin a été précédée d'une autre beaucoup plus rare, et dont nous avons rencontré seulement le titre imprimé sur le recto d'une feuille de papier grand in-folio, dont le verso est blanc et ainsi conçu : SENTIMENS | DES PLVS HABILES PEINTRES DV TEMPS, | SVR LA PRATIQVE DE LA PEINTVRE | RECVEILLIS ET MIS EN TABLES DE PRECEPTES | *par* HENRY TESTELIN *Peintre du Roy, Professeur et secrétaire de l'Académie Royale | de Peinture et de sculpture* | A PARIS chez l'auteur en l'hotel de la Manufacture Royale des Gobelins ; | ET | En ladite Academie Royale rue de Richelieu. | M.DC.LXXX.

THÉODORE. Tome I, p. 247.

13. *Le Paysage aux lapins.*

On connaît trois états de cette planche :

1. L'état décrit.

2. Le nom de Simon a été effacé.

3. Avec l'adresse de Crépy au milieu de la marge et la lettre A à l'extrémité droite de cette marge.

14. *L'Orage.*

On connaît trois états de cette planche :

1. L'état décrit.

2. Le nom de Simon a été effacé.

3. On lit dans la marge à droite : *A Paris chez Crépy*. Ces mots sont suivis de la lettre capitale A.

22. *Le Pêcheur à la ligne.*

L'ordre des états doit être rétabli ainsi :

1. Avant la lettre.

2. L'état décrit.

3. La planche porte l'adresse de Crépy.

TORTEBAT (François). Tome III, p. 214.

12. *La Paix.*

On connaît deux états de cette planche :

1. Avant toutes lettres.

2. L'état décrit.

TROY (François de). Tome VII, p. 337.

PIÈCES NON DÉCRITES.

1. *La sainte Vierge.*

Debout au milieu de l'estampe, au-dessus d'un arc-en-ciel et les mains croisées sur sa poitrine, la sainte Vierge, foulant aux pieds un serpent, est vue de face; elle est adorée par les anges; trois se voient à gauche et deux à la droite du bas. On lit au bas, vers la droite : *Troy I. f.*

H. 0,240. L. 0,140.

On rencontre de cette estampe quelques épreuves tirées en rouge.

2. *Portrait du P. Honoré de Cannes.*

En demi-corps et tourné vers la droite, la main gauche posée sur sa poitrine; dans une bordure ovale au bas de laquelle on lit à gauche : *Troy. f.* Les angles sont teintés de tailles horizontales. La marge contient cette inscription

PERE HONORÉ DE CANNES PREDICATEVR.
CAPVCIN ET MISSIONNAIRE APOSTOLIQVE.

H. 0,187 dont 0,032 de marge. L. 0,128.

TROY (Jean-Baptiste-François de). Tome VIII, p. 299.

PIÈCE NON DÉCRITE.

Élie et la veuve de Sarepta.

Élie, debout au milieu de l'estampe, adresse la parole à

une vieille femme agenouillée, occupée à ramasser du bois. Ces deux figures sont dans un paysage. On lit à gauche : *I. F. de Troy. inu. et ex.*

L. 0,370. H. 0,272.

VALENTIN (Moïse). Tome VII, p. 163.

Selon Pierre Jean Mariette, la pièce attribuée, par M. Robert-Dumesnil, à Moïse Valentin serait de Gasnière.

VALLÉE (Alexandre). Tome VIII, p. 140.

5. *Sainte famille.*

On connaît deux états de cette planche :

1. L'état décrit.

2. Au milieu du haut, sur le trait carré, on voit la marque d'un petit trou circulaire.

Cette pièce est une copie, en contre-partie, d'une estampe gravée, en 1589, par Raphael Sadeler d'après Jean de Achen.

11-53. *Sujets emblématiques, allégoriques ou historiques.*

Il y a trois états de cette suite.

1. L'état décrit.

2. Également décrit. — Il est caractérisé par la réduction des planches telle qu'elle est indiquée t. VIII, p. 147. En cet état, les planches décorent l'édition pet. in-4° de 1588, dans laquelle le texte gravé par Vallée a disparu et a été remplacé par des caractères typographiques.

3. Presque toutes les planches ont été retouchées pour servir à l'écoulement de l'édition imprimée, dont il existait un certain nombre d'exemplaires en magasin sur lesquels les planches n'étaient pas encore tirées. Mais, dans le tirage des planches qui eut lieu bien après leur retouche, il a été commis une erreur qui sert à distinguer le troisième état du second.

Voici en quoi consiste cette erreur : la planche n° 64 (*Hypocrisis Odiosa*) a été tirée par inadvertance en tête du quatrain de la page 67 relatant l'amitié d'Oreste et de Pylade; et réciproquement, la planche n° 60 (*Amicus certus in re incerta cernitur*) a été placée à la page 71 en tête d'un quatrain contre l'hypocrisie. On a corrigé cette erreur en faisant imprimer des quatrains se rapportant aux gravures, et on les a collés au bas des deux planches auxquelles ils se rapportent. Les planches des exemplaires contenant ces additions sont retouchées.

59. *Vue des arches de Jouy.*

Cette pièce a été copiée en contre-partie. Elle se distingue de l'original en ce qu'on ne voit pas le nom de *Mozelle* écrit sur le courant du fleuve.

PIÈCES NON DÉCRITES.

1. *Saint Georges combattant le dragon.*

Il est représenté à la gauche de l'estampe, à cheval, de profil, dirigé à droite et perçant de sa lance la gueule du monstre. Ce combat a lieu en avant de ruines occupant toute la partie gauche. Vers le milieu, au second plan, une femme se sauve en étendant ses bras vers la droite.

On lit au bas, à gauche, sur la terrasse : DON IVLIVS | CLOVIVS *inv* | *Faict à Nancy par Alexandre Vallée* 1592.

H. 0,280. L. 0,219.

2. *Saint Paul.*

Il est représenté debout, vu de trois quarts, dirigé à droite, dans une niche. Il tient de la main gauche son épée dont la pointe repose sur un socle, et de la droite il soutient un livre ouvert appuyé sur sa poitrine. Aux quatre angles de la niche, en haut et en bas de deux colonnes, sont les attributs des quatre évangélistes. On lit au bas, dans un cartouche : EVANGELICAE DOCTRINAE, | *Articuli Principales Quinque* | *A Divo Paulo Apostolo enarrati* | *Æreis tabulis ab Alexandro valleo* | *Scalpti et Excusi.*

H. 0,189. L. 0,137.

3. *Vue en relief de la ville de Metz.*

On lit en tête sur une banderole : PORTRAIT DE LA VILLE ET CITÉ DE METZ. A gauche, les armes de France écartelées des prétendues armes anciennes de Lorraine; à droite, celles de Metz. A la droite du bas se trouve une légende explicative indiquant par des chiffres de renvoi l'emplacement des 49 églises de Metz. On lit au bas de cette légende : *Geoffroy de Langres P.* Ce nom semble indiquer celui du dessinateur. Pièce anonyme.

L. 0,500. H. 0,415.

Ce plan a été gravé par Alexandre Vallée pour être joint au *Voyage du Roi à Metz.*

4. *Carte du pays Messin.*

Elle est orientée du couchant en haut. A gauche, sont les armoiries de France écartelées comme il a été dit au numéro précédent; à droite, les armes des d'Épernon surmontant celles de Metz. A la gauche du bas une échelle géographique dans un cartouche, et à droite, dans un autre cartouche, on lit : DESCRIPTION | DV PAYS MESSIN ET | DE SES CONFINS | *Touchant.... de l'industrie de M. Abraham Fabert, l'un des Magistrats du lieu* | 1610. Pièce anonyme.

L. 0,420. H. 0,327.

Cette carte, comme le plan de Metz, fait partie du *Voyage du Roi à Metz.*

5. *Titre de livre.*

Au milieu d'un portique dont le fronton est coupé par un écusson armorié, on lit : *Conceptions* THÉOLOGIQVES SVR TOVS LES DIMANCHES DE L'ANNÉE, *preschées en diuers lieux par* Me PIERRE DE BESSE......... AV PONT A MOVSSON *par Melchior Bernard* 1611. Dans le coin droit du bas on lit : *A. Vallée fe.*

H. 0,145. L. 0,093.

6. *Frontispice du discovrs des choses advenues en Lorraine.*

Frontispice pour l'ouvrage de Nicolas Remy sur la guerre de René II et de Charles de Bourgogne, imprimé à Pont-à-Mousson, par Melchior Bernard, 1605, pet. in-4°.

Ce frontispice entoure le titre imprimé dont on vient de reproduire une partie. A droite on voit la figure de la Force, et à gauche celle de la Prudence; en haut, entre deux Génies tenant une palme et sonnant de la trompette, on voit les armes du Rhingrave Maximilien de Bavière, auquel le livre est dédié. En bas, dans un cartouche, l'adresse de l'imprimeur. On lit aussi dans le bas à droite : *A. Vallée fé.*

H. 0,181. L. 0,120.

7. *Frontispice de l'éloge de Charles III.*

Le corps de Charles III est étendu sur son lit de parade

dans le haut de l'estampe. Les neuf Muses, tenant chacune une couronne, vont la déposer sur ce lit funèbre. Dans le bas, un espace a été ménagé aux dépens des figures pour y inscrire le titre dont voici l'abrégé : CAROLI.... ΜΑΚΑΡΙΣΜΟΣ..... SEV.... CORONÆ.... *Ponte ad Montic. Apud Iac. Garnich Typ.* 1609. Pièce anonyme.

H. 0,199. L. 0,146.

8. *René II, duc de Lorraine.*

Il est représenté en buste, casque en tête, de profil dirigé à droite, dans une bordure ovale enfermée dans un carré dont les angles sont garnis de trophées. On lit autour de l'ovale : RENÉ. II. DVC DE CALABRE. LORRAINE. BAR. GUELDRES. avec cette devise sur une console : VNE POVR TOVT[is]. Pièce anonyme.

H. 0,133. L. 0,101.

Ce portrait décore : 1° le *Discours des choses advenues en Lorraine*, par N. Remy. Pont av Mousson, 1605, vol. pet. in-4° dont le frontispice (n° 6 du supplément) est également gravé par Alexandre Vallée.

2° *La guerre de René II*, Luxembourg, 1742, pet. in-8°, ouvrage anonyme du P. Rolland, cordelier.

VIGNON (Claude). Tom. VII, p. 148.

23. *Le Martyre de sainte Lucie.*

On connaît deux états de cette planche :

1. Avant le nom de Vignon et avant le trait carré.
2. L'état décrit.

24. *Massacre dans une place publique.*

Ce sujet, non expliqué par M. Robert-Dumesnil, représente le massacre ordonné par le second triumvirat de Rome, composé d'Antoine, d'Octave et de Lepide. On voit au fond, à gauche, sur un autel la tête et les mains de Cicéron, victime de ce triumvirat.

PIÈCES NON DÉCRITES.

1. La sainte Vierge accorde le rosaire aux prières de saint Dominique reçu dans le ciel. On lit dans la marge à gauche : *Guido Reni in*[r]. et à droite : *Vignon excud. cum priuilegio.*

H. 0,243 dont 0,013 de marge. L. 0,188.

2. Composition votive. L'enfant Jésus vu de face tient d'une main sa croix ornée d'une bannière, et bénit de l'autre, au-dessus d'une gloire de chérubins ; à ses côtés se voient la sainte Vierge, saint Joseph, saint Joachim et sainte Anne, assis sur des nuages et dont les têtes sont ornées d'auréoles. On lit dans la marge : IESVS MARIA IOSEPH | IOVACHIN ET ANNA | ORA PRO NOBIS.

H. 0,230 dont 0,024 de marge. L. 0,168.

3. La sainte Vierge, tenant dans ses bras l'enfant Jésus, occupe le centre d'une gloire d'anges au milieu de nuages sans fin. On lit dans la marge, savoir : au haut : AVE DOMINA ANGELORVM ; au bas, à gauche, *P. Paul Rubens inuent.*, et à droite *F. L. D. Ciartres excud. C. P. R.*

H. 0,324 dont 0,016 de marge. L. 0,210.

4. L'Amour, agenouillé sur un nuage, sur lequel il s'ac-

coude du bras gauche, paraît prêt à reprendre son vol en levant le bras droit. Pièce anonyme.

H. 0,167. L. 0,063.

Ces quatre pièces sont mentionnées dans le Catalogue de M. R. D. (Robert-Dumesnil) (19 novembre 1858), nos 252-255.

VISSELET (M.). Tom. III, p. 21.

PIÈCES NON DÉCRITES.

1. *Saint Michel.*

Saint-Michel tient une balance à la main et pèse le bien et le mal ; d'un côté, une âme se voit dans le plateau et, de l'autre, le démon s'escrime à faire pencher la balance de son côté. On lit au bas de la planche : SANTVS MICHAEL. Pièce anonyme.

H. de la planche : 0,278. L. 0,170.

2. *Saint Vincent Ferrier.*

Debout, en costume de dominicain, il tient de la main droite une serpette et de la gauche une grappe de raisin. On voit à sa gauche un cep de vigne. On lit au bas, dans la marge : S. VINCENT FERRIER. Pièce anonyme.

H. 0,260. L. 0,155.

3. *César de Bus instruisant les enfants.*

César de Bus est assis dans une chapelle et semble instruire, à gauche, des petites filles et, à droite, des garçons. Sur la demi-coupole que l'on voit au-dessus de la tête du bienheureux on lit : LOVE SOIT LE TRÈS SAINCT SACREMENT DE L'AVTEL. Puis au bas, à gauche : *M. Visselet fecit*, et dans la marge : *Le pourtraict du B. P. César de Bus auquel le pape Paul V donne ses esloges. Homme d'une singulière vertu, autheur et fondateur de l'institud très sainct de la congrégation de la doctrine chrestienne en France.*

H. de la planche : 0,200. L. 0,136.

VOUILLEMONT (Sébastien). Tome IX, p. 184.

PIÈCES NON DÉCRITES.

1. Une sainte debout sur un piédestal armorié couvre de son manteau neuf religieux agenouillés devant elle. On lit au haut dans un cartouche : *Raph. Vanius In. S. V. scul.*

H. 0,136. L. 0,085.

2. *Portrait de François-Augustin Cervignaschi.*

En buste, de 3/4 dirigé à droite, dans une bordure ovale, coupée au bas par une tablette armoriée sur laquelle on lit : FRAN. AVGVSTIN AB ECCLESIA. EX COM. CERVIGNASCHI CI ET EPS. SALVTIAR. HIST. ET CONS. REG. CEL. SAB. ÆT. AN. XLIX. Pièce anonyme.

H. 0,168. L. 0,126.

VUIBERT (Remi). Tome II, p. 9.

1. *La Présentation au temple.*

On connaît quatre états de cette planche :

1. Avant toutes lettres, avant les tailles sur la hanche de

la Vierge et le changement de plis à la manche gauche du grand prêtre.

2. L'état décrit.

3. Réduit des deux côtés et retouché. On lit dans la marge : *Présentation de Jésus au temple*, puis, à gauche : *A Paris chez P. Drevet rue St Jacques.*

4. A droite de l'adresse de P. Drevet on lit le n° 61.

3 à 16. *Figures symboliques peintes par Raphaël au Vatican.*

On connaît cinq états de cette planche.

Les quatre premiers états sont décrits par M. Robert-Dumesnil.

5. Les angles sont arrondis; sur la première planche on voit l'adresse de *Roussel* avec la date 1700.

24. *Diane au bain.*

On connaît trois états de cette planche :

1. Avant les vers; seulement les noms du peintre et de l'éditeur.

2. Le premier état décrit.

3. Le nom de Mariette substitué à celui de Ciartres.

28. *L'ensevelissement de Notre-Seigneur.*

On connaît deux états de cette planche :

1. L'état décrit.

2. Retouché et la marge coupée. On lit sur la terrasse, à gauche : *Poussin inven. Roussel excud. cum privilegio Regis.*

29. *Saint André.*

On connaît deux états de cette planche :

1. L'état décrit.

2. On lit au-dessous de l'inscription rapportée : *A Paris chez Nicolas Langlois rue St Iacques à la Victoire.*

M. Robert-Dumesnil retire de l'œuvre de Remi Vuibert cette estampe qu'il décrit dans l'œuvre de François Perrier (tome VI, p. 171, n° 19).

PIÈCES NON DÉCRITES.

1. *L'Adoration des Bergers.*

Vue de l'intérieur de l'étable de Bethléem. L'étoile brille au haut et éclaire le sujet sur lequel planent deux anges. Saint Joseph, agenouillé à gauche, lève le voile qui recouvrait le nouveau-né et l'offre à l'adoration de la sainte Vierge et des bergers. Les initiales R. V. se voient sur une pierre à droite vers le bas. On lit à la gauche du bas : *Raphael Urbain pinxit.* et dans la marge : *Venerunt pastores et inuenerunt Mariam et Joseph et infantem jacentem in præsepi. Luc.* 2.

H. 0,290 dont 0,009 de marge. L. 0,200.

2. *Repos dans la fuite en Égypte.*

Beau paysage enrichi d'un amphithéâtre et d'un temple tous deux en ruines, dans lequel se trouve, au milieu de l'estampe, la sainte Vierge assise sur les degrés du temple et tenant l'enfant Jésus dans ses bras. Saint Joseph est debout à côté de l'âne vers la gauche. On lit dans la marge au milieu : *Humiliabitur Assur et sceptrum Ægypti recedet. Zacslan.* 10. A droite : *Remy Vuibert inu. et sculp. Parisiis*, 1639, et à gauche : *Cum Priuil. Regis Christ[mi]*.

L. 0,302. H. 0,262 dont 0,021 de marge.

3. *La Vierge sur les nuées.*

La sainte Vierge est vue jusqu'aux genoux ; elle tient dune main l'enfant Jésus qu'elle couvre d'un pan du voile dont sa tête est parée ; elle semble s'incliner à droite comme pour recevoir les hommages de la terre. On lit dans la marge à droite : *Van Merlen ex.*

H. 0,119 dont 0,007 de marge. L. 0,081.

On connaît deux états de cette planche :

1. L'état décrit.
2. La marge a été coupée.

4. *La Naissance d'Adonis.*

Lucine debout, à droite, préside aux premiers soins donnés à Adonis, qui vient de sortir du sein de Myrrha transformée en arbre à gauche vers le fond. Quatre nymphes environnent le nouveau-né, et l'une d'elles l'embrasse. On lit dans la marge : *Arbor agit rimas,* etc. et au-dessous : *Remy Vuibert inu. et sculp. Parisiis* 1640 | *cum priui. Regis Christ^{mi}.*

L. 0,309. H. 0,263 dont 0,015 de marge.

On connaît trois états de cette planche :

1. L'état décrit. Il est à l'eau-forte pure.
2. Retouché dans toutes ses parties et sa marge diminuée. On lit sur la terrasse, vers le bas, à gauche : *Wibert Jnven. et sculp.* 1649, et à droite : *Steph. Gantrel ex.*

Dans cet état on voit une tête de crocodile à côté d'un fleuve à gauche, ce qui permet de regarder la figure comme celle du fleuve le Nil et de faire de cette composition un *Moïse sauvé des eaux.*

3. L'adresse de Gantrel effacée et remplacée par : *Se vend à Paris chez Roussel graveur rue St Jaq. près les Mathurins.*

5. *Saint Michel.*

L'archange saint Michel, tenant un glaive, foule aux pieds le démon vu en partie à la droite du bas. Dans la marge

SANCTVS MICHAEL ARC. *Guidus Renus Bononien. Pinxit Romæ superior. licentia. Remigius Vuibert sculpsit* 1636.

H. 0,256 dont 16 de marge. L. 0,163.

On connaît deux états de cette planche :

1. L'état décrit.
2. On lit au-dessous du trait carré : *Chez Roussel, graveur rue St Jaq. au Lion d'argent.*

M. Robert-Dumesnil note encore comme pouvant être gravées par Remi Vuibert les pièces suivantes :

D'après Raphaël : *La Vision d'Attila.*

D'après Claude Lorrain : *Le Coucher de soleil.*

— *Le Campo Vaccino*, Reproduction du tableau de Claude le Lorrain qui est exposé au Musée du Louvre et dans le même sens. On lit dans la marge : *Prospect. Forum Romanum vulgo Campo Vacino. Claudio Loreno Inventor. F. L. D. Ciartres excudit.*

L. 0,256. H. 0,190 dont 0,010 de marge.

WATTEAU (Antoine). Tome II, p. 181.

3. *L'Homme appuyé.*

On connaît six états de cette planche.

1. A l'eau-forte pure.
2. Terminé au burin, mais avant toutes lettres.
3. Le second état décrit par M. Robert-Dumesnil.
4. Le troisième état décrit.
5. Le quatrième état décrit.
6. Le cinquième état décrit.

8. *La Troupe italienne.*

On connaît quatre états de cette planche :

1. A l'eau-forte pure et avant la lettre.

2. Les initiales C. P. G. ne s'y voient pas ni le nom de *Gacon* non plus.

3. L'état décrit.

4. Le nom du peintre a été corrigé ainsi : *Watteau* et à la place de l'adresse de Sirois, on lit : *A Paris, chez F. Chereau, rue St Jacques, aux 2 pilliers d'or. C. P. R.*

PIERRE WOEIRIOT DE BOUZEY (1), t. VII, p. 43.

Le nom de cet artiste doit être rectifié ainsi qu'on vient de l'écrire en tête de cette notice, dont l'objet est de compléter celle que M. Robert-Dumesnil a placée en tête de l'œuvre de Woeiriot.

M. Robert-Dumesnil a parfaitement démontré que les lettres D B, dont Woeiriot a fait suivre son nom, ou qu'il a souvent accouplées à son monogramme, ne signifient pas *de Bar*. Elles sont l'abréviation des mots *de Bouzey* et non *de Bonzey,* comme on l'a imprimé par erreur.

Ce nom de Bouzey, écrit quelquefois Bozey quand on le traduit du latin *Bozeus,* est celui d'une famille de l'ancienne chevalerie lorraine, dont la mère de notre artiste, Urbaine de Bouzey, était issue. Nous

(1) Nous avons encore, à l'occasion du Catalogue de l'œuvre de P. Woeiriot, demandé à M. Ed. Meaume, qui s'est occupé spécialement des artistes lorrains, le concours de ses lumières. Il a bien voulu nous fournir la biographie ci-jointe et plusieurs excellentes indications sur les estampes de cet artiste; qu'il veuille bien recevoir ici l'expression de notre gratitude.

croyons qu'il a toujours été porté par son fils, quoiqu'on ne le voie figurer, soit en toutes lettres, soit en monogramme, sur aucune pièce antérieure à 1562. Mais le portrait de l'artiste, gravé par lui-même et placé en tête du *Pinax iconicus*, dont le privilége est de 1555 (n° 1), contient son propre blason écartelé du lion des Bouzey.

Woeiriot était donc noble par sa mère, car le pays où il était né admettait la noblesse utérine, sous l'accomplissement de certaines conditions, et il paraît que la mère du jeune Woeiriot, morte avant 1571, avait obligé ses enfants, par son testament, à porter son nom (Moréri, t. II, p. 207). Il était noble aussi par son père et son grand-père. Ce dernier, orfévre de René II, duc de Lorraine et roi nominal de Sicile, avait été anobli par ce souverain. Ses armoiries existent encore, au-dessus de son tombeau, dans l'église Saint-Christophe de Neufchâteau. Elles sont d'or, à la fasce d'argent accompagnée de trois bagues d'or, au chaton d'argent ou de diamant, posées deux en chef et une en pointe. Ces armes sont précisément celles qui figurent la ligne paternelle dans l'écusson gravé au bas du portrait qui décore le *Pinax iconicus*.

Il est donc incontestable que le grand-père de Woeiriot était orfévre et qu'il a été enterré à Neufchâteau près de sa femme. D'un autre côté, il est certain que Pierre Woeiriot et son frère Claude possédaient, du chef de leur mère, un fief noble à Damblain, dans le bailliage de Bourmont, non loin de

Neufchâteau. Ce fief était celui de *Champjanon* (et non *Champlanon*), où Pierre a terminé la suite de la Bible dédiée à Charles III, et la bataille de Constantin, d'après Raphaël (n° 208). Les archives de Lorraine contiennent les *reprises* de Pierre Woeiriot au duc Charles III pour ce fief, avec sa signature, et c'est à raison de ce même fief, dont il est qualifié seigneur, qu'il fut appelé à figurer dans l'assemblée de la noblesse, lors de la réformation des coutumes du Bassigny, en 1580.

En présence de ces faits, il est tout à fait vraisemblable que Pierre Woeiriot a dû naître soit à Neufchâteau, soit dans les environs, et probablement sur le fief même de Champjanon, situé à Damblain (Vosges).

Fils et petit-fils d'orfévre, il n'est pas étonnant que Pierre ait commencé par exercer cette profession. Le fait est, du reste, reconnu par lui-même dans la préface du *Libro d'Annela d'Orefici*, publié à Lyon, chez Guillaume Roville, en 1561, et dont le seul exemplaire complet, connu jusqu'à ce jour, est en la possession de M. Piot. (*Cabinet de l'amateur*, 1861, p. 22.)

Indépendamment des rectifications relatives au nom de l'artiste, il convient aussi de modifier l'assertion émise à la page 48 du tome VII, de laquelle il résulterait que la croix de Lorraine ne se montrerait jamais seule sur les ouvrages anonymes du maître. Il est rare, en effet, qu'elle ne soit pas accompagnée du monogramme; cependant on la rencontre seule aux nos 286, 299 et 301 du Catalogue de l'œuvre. Nous l'avons retrouvée, également seule, sur le portrait de Boniface (supplément, n° 6). Du reste, cette remarque n'infirme, en quoi que ce soit, la dissertation de M. Robert-Dumesnil, de laquelle il résulte qu'on doit se garder d'attribuer à Pierre Woeiriot toutes les pièces portant la croix de Lorraine.

La date de la naissance de Woeiriot a été fixée, avec raison, à une époque contemporaine de 1532, puisque, sur son portrait publié en 1556, il se dit âgé de 24 ans. Quant à l'époque de sa mort, elle reste inconnue; mais sa vie d'artiste doit être prolongée au delà de 1589, car on retrouve une pièce gravée par lui dans un livre d'heures publié à Metz en 1599. Cette pièce porte son monogramme avec la date de 1596. (Supplément, n° 1.)

Il paraît certain que Woeiriot a visité l'Italie et qu'il a séjourné à Rome. C'est là, croyons-nous, qu'il exécuta ses premières planches (nos 205 à 208). L'une d'elles (n° 206), tombée plus tard entre les mains de Philippe Thomassin, a été retouchée et non copiée par lui. La présence de notre artiste à Rome résulte encore de ce fait qu'il a copié un grand nombre de statues antiques dont la gravure a dû être exécutée en Lorraine avant celle de la bataille de Constantin, copiée également à Rome dans sa jeunesse, et gravée ensuite, beaucoup plus tard, dans sa maison de campagne de Champjanon, à Damblain. Enfin, le petit portrait du pape Pie IV, gravé à

Lyon en 1560, est copié d'après un bassin niellé qui se trouve à la bibliothèque du Vatican, salle du musée chrétien.

On ne connaît aucune pièce de Woeiriot, ayant date certaine, avant l'année 1555, qui fut celle où il grava les planches du *Pinax iconicus* publié l'année suivante. Mais il est certain que ce ne fut pas son début. A partir de cette époque, ses productions se succèdent à Lyon avec rapidité. C'est le bon temps de l'artiste, celui où il grava les ornements, les poignées d'épées et les ouvrages d'orfévrerie; il y resta jusqu'en 1573. Cependant il revint trois fois en Lorraine avant cette époque, car il y grava, en 1562, le portrait de Thierry de Lamothe (nº 291), et, en 1570, celui de Louis de Lamothe (nº 290). En outre, il est certain qu'il était en Lorraine en 1566, puisqu'il reçut, à cette date, un premier payement pour les figures de la Bible, qui furent exécutées beaucoup plus tard, et publiées seulement en 1580. Il retourna à Lyon où se publiait, en 1566, l'édition de Flavius Joseph, contenant ses figures en bois (nºs 381 et suiv.). En 1567 il y grava le portrait de Georgette de Montenay et ses emblèmes parus en 1571 (nºs 299 et suiv.). Il y demeura jusqu'en 1573, date de la publication du *Cavalerizzo* (nº 401), dont le titre est gravé par lui; puis il vint se fixer définitivement en Lorraine, où il travailla jusqu'à sa mort, arrivée postérieurement à 1596.

Suivant M. Renouvier, Woeiriot aurait travaillé à Augsbourg, mais cet auteur n'indique pas la source d'où il a tiré cette indication : nous en avons vainement cherché la justification, ainsi que l'assertion suivant laquelle Woeiriot aurait travaillé à Rome avec Hemskerke. Mais nous croyons très-vraisemblable que l'artiste lorrain a connu et étudié les compositions de Polydore de Carravage. (V. le dessin du Louvre, nº 6106.)

M. Renouvier annonce également que Woeiriot a gravé des médailles. Ici l'indication du savant iconographe se trouve justifiée. Nous avons effectivement rencontré, au cabinet des médailles de la bibliothèque nationale, une pièce très-remarquable, et qui nous paraît être de Woeiriot. Nous n'en connaissons pas d'autre, mais il est probable qu'elle n'est pas la seule. En voici la description :

Face : HENRICVS. II. GALLIARVM REX INVICTISS. PP. dirigé à droite.

Revers : KATHARINA DE MEDICES REGINA FRANCORVM; Sous ce dernier buste, on lit 1555.

Diam. : 0,055 (sans monog. ni marque d'atelier monétaire).

Les archives du Trésor des chartes de Lorraine mentionnent de nombreux payements faits à Pierre Woeiriot, tant pour la Bible que pour les portraits des rois et des ducs d'Austrasie. Nous n'en avons trouvé aucun au nom de son frère Claude, auquel plusieurs personnes ont attribué la gravure des portraits d'une édition des comtes de Milan, de Paul Jove. Rien n'est moins établi, et l'on n'a aucune preuve que Claude Woeiriot ait jamais gravé. Mais on trouve, en 1594 et 1595, deux mentions de payements faits à Pompée Wiriot de Bouzey, graveur en tailles-douces, et qui sont motivés : l'un « pour certains ouvrages de son art qu'il a présentés à son Altesse » (Charles III); l'autre « pour l'aider à s'entretenir et acquitter une partie des dettes qu'il a faites à Nancy, travaillant de son art. »

Si l'existence de cet artiste, qui paraît être de la famille de Woeiriot, est certaine, nous n'avons jamais rencontré aucune pièce qui pût lui être attribuée. C'est probablement le même qui fut peintre, et qui, sous le nom de Bouzey, reçut, en 1609, une somme de 300 livres pour « tableaux fournis à son Altesse. »

Malgré les additions nombreuses que contient ce supplément, nous croyons qu'une partie de l'œuvre de Woeiriot est encore inconnue. Les travaux iconographiques sont surtout une œuvre de patience. Leur seul mérite est de décrire aussi exactement que possible les pièces dont l'existence a été reconnue avec certitude.

On aurait pu grossir considérablement ce supplément en y insérant des pièces analogues à celles dont parle Passavant, p. 157-158 du *Peintre-Graveur*. On comprend que le doute soit permis à l'égard de certaines pièces; mais il ne peut l'être relativement à celles-ci, qui ne sont pas plus de Woeiriot que les innombrables gravures à la croix de Lorraine qu'on attribue, sans aucun fondement, soit à notre maître, soit à Geoffroy Tory.

E. Meaume.

2-19. *Sujets de la Bible* (1).

La dédicace suivante est gravée, en lettres italiques, de la main de Woeiriot.

A Serenissime Prince
Mon-seigneur
Mon-seigneur Le Duc de Lorraine etc.

Mon-seigneur, les amateurs de lantiquité ont apprins d'elle mèsme à consacrer et vouer eus et leurs inventions a quelque grandeur tutélaire, à-fin de se targuer à l'encontre des mesdisans, s'acquerrir quelque bruit et authoriser leurs ouvrages pour durer en la postérité. A leur imitation iose choisir vre Altesse serenissime tutrice et nourrice des bons espris, la suppliant voulloir reçeuoir de mon humilité ces tables aggréables : les traits desquelles i'ay inventés desseignes sculpés et appropriés à L'histoire des saintes lettres; par la suasion Libéralité et moyen que m'en a fait le sieur de Nouean Anthoine Go (autant aimé des vertueux et sçauans que dignement il chérit les vertus et science) et à-fin que ces pourtraits ne feussent muets, l'un de vos secretaires les a fait parler en vers latins et françois, a requeste et priere du dit s. Go si bien que de tout ce que la postérité verra de ces ouvrages elle luy en devra grace et grant-mercy : comme de ma part i'aiousteray ceste obligation à une infinité d'autres que ie tiens de vre altesse Sérenissime si elle reçoit en gré ce qui est du mien; et prieray à iamais Dieu pour sa longue prospérite, à-fin que ie puisse veoir l'espesseur des tenebres qui

(1) Nous plaçons ici une description plus complète des *sujets de la Bible*, en y joignant la description de quelques pièces que M. Robert-Dumesnil n'avait pas connues ou qu'il n'avait rencontrées qu'incomplètes.

me troublent et obscurcissent, disparoistre et s'éuanouir aus rayons de vre altesse Serenissime ; A la quelle ie baise très-humblem. les mains. De Champ-Janon ce premier iour de janvier 1580.

De vre altesse Serenissime
le vassal et serviteur
très humble.

Le bas de la pièce est déchiré. On aperçoit à droite un fragment du monogramme de Woeiriot.

(1). *Le Paradis terrestre.*

Adam et Eve, environnés d'animaux, sont sous des arbres au milieu de l'estampe ; à gauche, sur le second plan, Adam est animé du souffle de vie ; à droite, Adam reçoit d'Ève la pomme fatale ; plus loin, du même côté, Adam et Eve sont chassés du paradis. Pièce anonyme. On lit dans la marge :

Dieu fit ciel terre mer et l'homme à sa semblance,
Auquel femme il donna dedans son paradis,
Et ne leur deffendit qu'un arbre de science,
Mais mangeans de la pomme ils ont été maudis.
Genes., chap. 1. 2. 3.

(2). *Le Meurtre d'Abel.*

On voit au fond de l'estampe Abel et Caïn offrant un sacrifice au Seigneur ; sur le devant, Caïn tue son frère avec un os maxillaire ; sur la terrasse à gauche, le monogramme du maître. On lit dans la marge :

L'homicide Caïn se fâsche se cholére
Et d'un bras carnassier tue assassine Abel,
Empourprant ses deux mains dans le sang de son frère,
Dautant q son hostie aggrée a lcternel.
Genes., chap. 4.

(3). *L'Arche de Noé.*

Noé est à la droite de l'estampe, environné de sa famille et présidant à l'embarcation des animaux. A droite, sur une marche, le monogramme du maître. On lit dans la marge :

Noé fut aduise du temps du grand deluge,
Fit L'arche et s'asseura contre l'effort de l'eau,
Et tant que s'appaisa le courrous du grant iuge,
La semençe il y tint de ce monde noueau.

Genes., chap. 6.

(4). *Le Déluge.*

L'arche se voit au fond de l'estampe; sur le devant, une multitude de personnages cherchent leur salut sur les lieux élevés. Le monogramme du maître se voit sur un rocher à droite. On lit dans la marge :

Dieu tonna dans les Cieus lachant aus eaus la bonde,
Et versa sur la terre un gaschis delugeus,
Pour effacer l'ordure et les peches du monde,
Et preseruer Noë sur les flots orageus.

Genes., chap. 7.

(5). *L'ivresse de Noé.*

M. Robert-Dumesnil a décrit cette pièce sous le n° 2.

(6). *Loth s'enfuyant de Sodome.*

Loth suivi de ses filles quitte Sodome, il se dirige vers la droite conduit par un ange. On voit au bas, sur le terrain un peu à droite, le monogramme de Woeiriot. On lit dans la marge :

Et Lot admonesté de ses hostes les anges
Delaissa son païs pour ny estre brulé

Sa femme regrettant ses désastres estranges
Deuint se retournant vn grant terme sale
Genes., chap. 19.

(7). *Loth et ses filles.*

M. Robert-Dumesnil a décrit cette pièce sous le n° 4.

(8). *Le Sacrifice d'Abraham.*

Isaac est vu à gauche agenouillé sur le bûcher; un ange descendu du ciel arrête le bras d'Abraham prêt à frapper. Le monogramme du maître est sur le terrain au milieu de l'estampe. On lit dans la marge :

Abraham satisfait au mandement celeste
Prest de sacrifier son Isac innocent ;
Mais le voullant occir, l'éternel ladmonste
D'immoler un agneau en lieu de son enfant.
Genes., chap. 22.

Pièce citée par M. Robert-Dumesnil qui ne l'avait pas vue.

(9). *Esaü vend son droit d'aînesse.*

Esaü est debout à la droite de l'estampe et conclut le marché en frappant dans la main de son frère Jacob qui vient de retirer du feu une marmite contenant des lentilles. Le monogramme du maître se lit au bas, près la porte d'entrée. On lit dans la marge :

Esau chasseur goulu ne pour manger et boire
Pour une souppe vent son aisnesse au puis né
Appaisant a son dam sa faim diffamatoire
Il se fait le dernier luy qui estoit aisné.
Genes., chap. 25.

(10). *La Bénédiction de Jacob.*

Isaac est sur son lit à droite, bénissant Jacob qu'il prend pour Esau ; derrière Jacob se tient Rebecca. Le monogramme du maître est à droite sur un carreau. On lit dans la marge ;

La femme songe-mal, pronte habile legere
Cuisine vistement un agneau du bercail
A-fin que le second soit benit de son pere
Auant que le premier retourne du trauail
Genes., chap. 27.

(11). *Joseph vendu par ses frères.*

Cette pièce est décrite par Robert-Dumesnil nº 6, mais sans l'inscription suivante :

Ses frères lont tiré de la fosse effroyable
Pour le vendre et liurer aus marchans passagers
Ont dessaigné sa robe ont feint deil ennuyable
Cachans traitreusement leur faute aux fains dangers
Genes., chap. 37.

(12). *Joseph raconte ses songes à Jacob en présence de ses frères.*

Joseph est au milieu de l'estampe en face de son père et environné de ses frères ; il élève le bras droit vers le ciel où l'on voit la lune et onze étoiles. Le monogramme est sur une pierre à la droite du bas. On lit dans la marge :

Joseph trouble Jacob au récit de ses songes
Dont ses frères faschés se scandalizent fort,
L'appellent vn resveur, vn forgeur de mensonges
Et complottent entre eus secrettement sa mort.
Genes., chap. 37.

(13). *Joseph et Putiphar.*

Putiphar est assise sur son lit à la gauche de l'estampe; elle tient des deux mains le manteau de Joseph qui s'enfuit en se dirigeant vers la droite. Le monogramme est à droite, sur le piédestal d'une colonne. On lit dans la marge :

Joseph garde en fuyant sa chastete viergeale
Mais la femme enragée et de haine et d'amour
Dit qu'il a entrepris sur la couche royale
Dont est mis prisonnier en criminelle tour
Genes., chap. 39.

(14). *Joseph expliquant les songes de Pharaaon.*

Pièce décrite par M. Robert-Dumesnil sous le n° 7, mais sans l'inscription suivante :

Pharaon trauaillé d'un songe prophétique,
Et ne lentendent point; retire de prison
L'e jouuenceau Joseph, lequel soudain explique
Ce qu'est signifié par ceste vision.
Genes., chap. 41.

(15). *Joseph traite ses frères d'espions.*

Pièce décrite par M. Robert-Dumesnil sous le n° 8, mais sans l'inscription suivante :

Ce Joseph reconnoist à l'aire de sa raçe
Ces freres et si feint ne scauoir dou ıls sont,
Fasché de contenançe il les tance et menasse
L'uy laissant Simeon, charges ils s'en reuont
Genes., chap. 42.

(16). *La coupe de Pharaon trouvée dans le sac de Benjamin.*

Pièce décrite par M. Robert-Dumesnil sous le n° 9, mais sans l'inscription suivante :

Ee ensachant leur blé ont encloz une couppe
A l'insçeu dans le sac du petit Ben-iamin,
Joseph pour les rauoir depeché après sa trouppe
Qui les suyt et reprent chargés du saint larcin.
Genes., chap. 44.

(17). *Les frères de Joseph prosternés devant lui.*

Cette planche est décrite par M. Robert-Dumesnil sous le n° 10.

(18). *La Bénédiction de Jacob.*

Cette planche est décrite par M. Robert-Dumesnil sous le n° 11.

(19). *Travaux des Israélites pendant leur captivité.*

Sur le premier plan, on voit des Israélites occupés à la fabrication des briques. Au milieu, un officier égyptien saisit, d'une main, la barbe d'un Israélite et, de l'autre, il s'apprête à lui assener un coup de bâton sur la tête. Sur le second plan, à gauche, un four à briques allumé portant le monogramme du maître. Dans le fond, des constructions s'élèvent. On lit dans la marge :

Les Hebrieus sont contrains au trauail ordinaire,
Sans moyen de donner quelque treue a leur dos,
Portans moullans largille et la bricque fourniere
A-fin que trop aisés ne croissent en repos.
Exod., chap. 1.

(20). *Moïse sauvé des eaux.*

Pièce mentionnée par M. Robert-Dumesnil sous le no 12, en voici la description : A gauche de l'estampe et sur la rive droite du Nil, plusieurs mères viennent de jeter leurs enfants dans les eaux. Sur la rive gauche, on voit Moyse flottant dans son berceau et recueilli par une des suivantes de la fille de Pharaon. Dans le fond, un pont à l'entrée d'une ville. Le monogramme est sur le terrain à gauche. On lit dans la marge :

Le Iyran Pharaon commande que tous masles
Soient iettes dans la mer pour le iouet des eaus
Sa fille segayant pres des ondes fatales
Sauue Moyse au bort maillolté de ionçeaus
Exod., chap. 1. 2.

(21). *Arrivée de Moïse près de ses frères.*

Moïse, parti de chez Jethro, son beau-père, après la vision de l'Horeb, arrive sur un chantier où les Israélites sont occupés à élever des constructions gigantesques, d'après les ordres de Pharaon. Les captifs lèvent les mains au ciel ou les tendent vers le libérateur qui se dirige vers la droite en joignant les mains. Au fond, à gauche, on voit Moïse à genoux devant le buisson ardent ; ses brebis paissent au pied de la montagne, le monogramme de Woeiriot se voit sur le terrain à droite.

Cette pièce a été inexactement décrite par M. Robert-Dumesnil sous le n° 3. L'inscription ci-après n'a pas été rapportée :

Et Moyse gardoit les troppeaus porte-laines,
Ce pendant que les Juifs ses freres tormentes,
Prioient au Souuerain les tirer hors de peines,
Et les rendre au pais en leurs champs souhaittez
Exod., chap. 2. 3.

(22). *Miracles de Moïse.*

Moïse debout change l'eau en sang et la verge qu'il portait en serpent au milieu du peuple assemblé. Le monogramme de Woeiriot se voit vers le haut à gauche, sur une montagne. On lit au bas :

Moyse reuenu soudain les encourage,
Les asseure tesmoin vne verge serpent,
De retourner bien tost aus biens de leur partage
Dont consolés en dieu esperent en priant.
Exod., chap. 3. 4.

(23). *Moyse et Aron faisant des miracles devant Pharaon.*

Pièce décrite par M. Robert-Dumesnil sous le n° 13, mais sans l'inscription suivante :

Pharaon obstine mesprise les miracles
S'endurcit enrage double ses cruautés
Dau-tant que ses sorciers par leurs trompeurs oracles
Contre-faisoient menteurs ces signes imités.
Exod., chap. 5. 7.

(24). *La plaie des Grenouilles.*

Cette planche est décrite par M. Robert-Dumesnil sous le n° 14.

(25). *Les Hommes et les Animaux couverts d'ulcères.*

On voit, à la droite de l'estampe, Moïse et son frère ; au devant d'eux un amas d'hommes et d'animaux sont couverts de pustules qui tombent du ciel. Le monogramme du maître est à droite sur le terrain. — On lit dans la marge :

Dieu fasche marqueta les hommes d'une rongne
Et tout en vn moment deffit les animaus
Dont l'œgypte sentit sur son dos la charongne
Puante infectement de ces paunres trouppeaux
Exod., chap. 9.

(26). *Les Israélites quittent l'Egypte et se retirent avec Moïse dans la terre promise.*

Pièce citée par M. Robert-Dumesnil sous le nº 16, d'après le catalogue Paignon-Dijonval. En voici la description :

Les Israélites, chargés de présents, se disposent à partir ; un grand nombre d'entre eux occupent un défilé qu'on voit à la droite de l'estampe. Le monogramme est sur la terrasse à gauche, au-dessous du pied d'un Israélite. — On lit dans la marge :

Le Roy voyant ainsy l'egypte dépeuplée
Donne treue au labeur des misérables Juifs
Et les renuoyt chargez de richesse emballée
Pour retorrner auec Moyse en leur pais
Exod., Ca. 12.

(27). *Mort des premiers-nés d'Égypte.*

Cette planche est décrite par M. Robert-Dumesnil sous le nº 15.

(28). *L'armée de Pharaon est engloutie dans la mer Rouge.*

Les Hébreux sont sur le rivage à la droite de l'estampe. A gauche, la mer dont les flots se referment sur le char de Pharaon. Le monogramme est à gauche, sur la partie du terrain la plus voisine de la mer. On lit dans la marge :

La mer enmontagna son eau haute rassise
Desseichant les caillous de son seur pauement

Si accorda passage aus bendes de Moyse,
Pour noyer Pharaon dans son froit element
Exod., chap. 13.

(29). *Les cailles et la manne tombant dans le désert.*

Pièce décrite par M. Robert-Dumesnil sous le n° 17, sans l'inscription suivante :

Le Seigneur fit pleuuoir des cailles appresiées
Et la manne à ses Juifz pour appaiser leur faim.
Celluy qui a pour vous les ondes arrestées
Cest le même, Hébrieus qui vous donne ce pain
Exod., chap. 16.

(30). *La Défaite des Amalécites.*

La bataille occupe tout le premier plan de l'estampe ; à droite, sur une montagne du fond, on voit Moïse dont Aaron et Hur maintiennent les mains élevées ; à gauche, le frappement du rocher. Le monogramme est dans l'angle gauche du bas. On lit dans la marge :

L'e roc dans les désers épanche une fontaine
Amalec est deffait d'un petit nombre Hébrieu
Dont le sang ruissellant rougit toute la pleine
En la-quelle est venqueur le peuple eleu de Dieu
Exod., chap. 17.

(31). *Le Veau d'or.*

Cette planche est décrite par M. Robert-Dumesnil sous le n° 18.

32. *Moïse déclare au peuple les ordonnances du Seigneur.*

Pièce décrite par M. Robert-Dumesnil sous le n° 19, sans l'inscription suivante :

Moyse auoit brise par depit les deux tables
Mais il les rapporta commandées de Dieu
Et dit que les Aisnez seroient à Dieu sacrables
Pour arres du contract fait à son peuple hébrieu.
Exod., chap. 34.

(33). *Le Blasphémateur lapidé.*

Le patient est agenouillé au milieu de l'estampe, entouré des Hébreux, qui exécutent sur lui la sentence de Moïse, debout dans le fond, à droite. Le monogramme du maître est au bas de ce même côté. On lit dans la marge :

Sous mystères sacrés le Prophete et le Guide
Des Hébrieus monstre apprent les diuins mandemens,
Et comme Dieu le veult ordonne qu'on lapide
Ces contempteurs qui vont l'éternel blasphemans.
Leuit., chap. 24.

(34). *Samson.*

Samson debout au milieu de l'estampe tient à la main la mâchoire d'âne, instrument de sa victoire sur les Philistins. Le monogramme de Woeiriot se voit au bas d'une roche qui est à la droite du fond. On lit au bas :

Du Philistin la peur et des siens l'asseurance,
Simson ne combat point d'un glaive aigu-trenchant,
Mais d'un os d'asne abbat des haineus l'arrogance,
Puis altéré boit l'eau de cest os ruissellant.
Iuges, chap. 2. 5.

(35). *David et Goliath.*

David, le pied droit sur l'épaule de Goliath renversé, se dispose à lui couper la tête. On voit le monogramme de Woeiriot à la gauche du bas. On lit dans la marge :

Goliath maniant une picque guerriere
S'aiguillonne à courrous et estonne les Iuifs :
Et pour armes Dauid prent sa fronde et sa pierre
Et terrasse d'un coup le chef des ennemis.
I. liv. Samuel 17.

(37). *Judith et Holopherne.*

A la droite de l'estampe, Judith, tenant la tête d'Holopherne dans la main, s'apprête à la déposer dans un sac que lui présente sa suivante. Le monogramme de Woeiriot se voit à la gauche sur le terrain. On lit au bas :

Iudithe vierge homasse et pudique et vaillante
Au dam des ennemis eprouua sa valleur
Décollant Holoferne au soir dedans sa tente
Seule sauua d'effort sa ville et son honneur
Iudith, chap. 13.

20. *La Résurrection.*

Cette pièce n'est pas de Woeiriot, mais de Melchior Meyer; sur la hallebarde placée au-dessous du soldat couché à droite on voit un petit dessin qui ressemble au monogramme de cet artiste.

121-172. *Statues antiques de Rome.*

134 (13) Statue de Rome assise. = *Roma e lapide porpherite capite | tamen brachiis et pedibus æneis. | ibidem.*

165 (44). Statue du Nil. On lit sur la face du socle de support : *Statua Nili ibidem e marmore.*

172 *a* (52). La statue de Pasquin. = *Alexander magno miles uulgo Pasquinus cum sanctum detines Anteades Alphonsi Caraffa Car. Neapolitani.* Le monogramme, surmonté de la croix de Lorraine, est à droite, vers le bas.

206. *La Femme d'Asdrubal se précipitant dans le bûcher.*

On connaît deux états de cette planche :

1. L'état décrit.

2. La planche a été retouchée, dans toutes ses parties, par Philippe Thomassin. C'est ce second état qui a été indiqué à tort comme étant une copie. Lorsque la retouche a été exécutée, probablement après la mort de Woeiriot, la planche était très-usée.

P. J. Mariette pense que cette pièce, ainsi que *Phalaris* (nº 205) et *Phocas devant Heraclius* (nº 207), aurait été gravée d'après Balthazar Peruzzi, de Sienne.

209-272. *Rois et ducs d'Austrasie*

La généalogie de la maison de Lorraine que possédait l'abbé de Marolles, et que M. Robert-Dumesnil a vainement cherchée au cabinet des estampes, n'est pas de Woeiriot.

L'édition de l'ouvrage de Clément de Trèles, publiée à Épinal en 1617, ne contient que de mauvaises copies sur bois des planches originales sur cuivre.

Quant aux éditions de 1591, 1593, 1610 et 1619, il n'y a eu que le titre de changé et quelquefois les liminaires. Le texte imprimé est resté le même. Le tirage des planches avait lieu, au fur et à mesure des besoins, sur l'espace blanc réservé au-dessus de l'impression, au recto de chaque page.

272. *Portrait de Charles III.*

On rencontre des exemplaires de la première édition latine des *Rois et ducs d'Austrasie*, dans lesquels le portrait de Charles III a été recouvert par un autre du même prince, sans toque, et qui se trouve collé sur celui de Woeiriot. Ce portrait est bien de l'artiste qui a gravé celui dont il est question au n° 272; mais la planche n'est pas la même. Il y a donc eu deux planches du portrait de Charles III décoiffé : dans la première, dont les épreuves ont été collées sur le portrait gravé par Woeiriot, le mot BAR est écrit BAB; dans la seconde, toujours tirée avec le texte, et qui est celle dont il est parlé au n° 272, la faute n'existe pas, et on lit BAR. Du reste, ces portraits, qui représentent le prince décoiffé, ne sont pas de Woeiriot.

276. *Bornonius.*

Le vrai nom de ce personnage est *Bournon*, président à la cour des grands jours de Saint-Mihiel (dom Calmet, *Bibliothèque lorraine*, col. 163).

277. *Portrait de Jean Calvin.*

On connaît deux états de cette planche :

1. L'état décrit.

2. L'inscription sur la console *Ludovico Mazurio* a été enlevée. En cet état, ce portrait décore le volume in-folio intitulé : *Calvini institutio Christ. relig. Genovæ.* 1607.

279. *Clément* (*Nicolas*), *poëte.*

Le portrait décrit sous ce numéro n'est pas celui de l'auteur des vers explicatifs imprimés sous les portraits des *Rois et ducs d'Austrasie.* Le personnage représenté est *du Géant* (Clément), en latin *A Gigante* (voir Pelletier, *Dictionnaire des anoblis*, v° Géant, où l'on indique ses qualités). Clément est un nom de baptême.

283. *Du Chastelet* (*Pierre*).

On connaît deux états de cette planche :

1. L'état décrit.

2. Le chiffre 6 se voit dans la marge du bas; en cet état la planche est sans valeur.

Du Géant (*Clément*), voyez *Clément* (*Nicolas*).

284. *Portrait de Gaspard Duiffoprugcar.*

Ce portrait est probablement celui du bourgeois et marchand de Lucerne que *Carloix,* dans le tome V, p. 349, de ses *Mémoires de la vie du maréchal de Vieilleville,* nomme *Gaspard Diffenplugar*, qui donna de bons avis au maréchal lors de son ambassade en Suisse.

On connaît deux états de cette planche :

1. L'état décrit.

2. L'inscription qui est dans le cartouche au-dessous du portrait ne contient plus que trois lignes.

285. *Foës* (*Anuce*), *médecin de Metz.*

Ce portrait se trouve au verso d'un volume contenant un des ouvrages de Foës, dont le titre est : *Oeconomia Hippocratis, alphabeti serie distincta..... Anutio Foesio mediomatrico medico autore. — Francofvrdi apud Andreæ Weechli heredes* 1588.

Le portrait étant daté de 1580, on peut supposer qu'il existe une édition du livre antérieure à 1588.

295. *Charles III, duc de Lorraine.*

On connaît deux états de cette planche :

1. On lit au bas la date 1574.

2. L'état décrit.

296. *Charles III.*

L'inscription sur le fond doit être rétablie ainsi qu'il suit :
Carolus imperii princeps longo ordine reges | Macte animo sequit.

On lit, non sans difficulté, à la droite du bas :

Prim. I. (Primo Ianuarii) 1577.

310-349. *Bagues ou Anneaux.*

On doit consulter, sur ces curieuses petites estampes, le *Cabinet de l'Amateur*, par Eugène Piot. (Paris, 1869, p. 17-23.) Le livre auquel appartiennent ces planches y est décrit avec soin.

PIÈCES NON DÉCRITES.

1. *La sainte Vierge.*

Elle est dirigée, à droite, dans une bordure ovale, autour de laquelle on lit : VIRGO MARIA. Au bas de l'ovale contenant le monogramme ordinaire ⁂, on lit la date de 1596.

H. de l'ovale : 0,079. L. 0,060.
Et de la planche : H. 0,083. L. 0,061.

Cette figure décore le titre d'un livre sur lequel on lit : *Les Hevres de Nostre dame Latin françois, à l'vsage de Rome. — A Metz par Abraham Faber, imprimeur ordinaire et Iuré de ladite ville,* 1599 *in*-8°.

Les figures en bois qui décorent ce volume ne sont pas de Woeiriot.

La pièce qui vient d'être décrite est, vraisemblablement, la dernière qu'ait gravée notre artiste.

2 *Le Mariage de la Vierge.*

M. Renouvier (*Types et manières des maîtres graveurs,* XVIe *siècle, page* 199) attribue ce morceau anonyme à Woeiriot; il le décrit de la manière suivante : « Le grand prêtre unit Marie et Joseph au pied d'un autel où plane le Saint-Esprit entre deux anges lampadaires. » Nous n'avons pas vu cette pièce, dont nous complétons la description d'après les indications du catalogue de P. Vischer, page 28, n° 30. — On lit en haut, dans un cartouche : *Maria indicio frondentis virge desponsator Iosepho a templi pontifice.* Suivant M. Leblanc, qui a rédigé le Catalogue de la vente de Pierre Vischer, Mariette aurait attribué ce morceau à Angelo del Moro.

3. *Le Jugement dernier d'après Michel-Ange.*

Pièce ronde.

On lit dans la partie supérieure : *Optimo Principi* | *D. Carolo Lotharingiæ Duce* | *Michaelis Angeli inventù* | *imitatus.* |

VB

F. S. Q.

Au bas, à droite, la croix de Lorraine.

Diamètre : 0,280.

4. *Pièce allégorique en l'honneur de Charles III, duc de Lorraine.*

Le prince est représenté assis, au sommet d'une montagne, avec un chien couché à ses pieds. Il est entouré d'un troupeau de moutons; au pied, et tout autour de la montagne, une foule de guerriers qui combattent à pied et à cheval. Cette pièce exprime que Charles III a su conserver la paix à son pays au milieu des guerres qui désolaient les contrées environnantes. On lit dans la partie supérieure : ARMA INTER, SAXO DESPCTAT OVILIA PASTOR. Et au bas :

‡

W oseus in. fa.

Pièce ronde.

Diamètre : 0,082.

5. *Barnet (Jean), conseiller du duc de Lorraine Charles III.*

Le buste dirigé, à gauche, dans une bordure ovale terminée, à sa partie inférieure, par un socle armorié entouré de fruits, On lit autour de la bordure : *Ioanni Barneto Pulligniensi, illustriss.[i] ac Potentiss.[i] Cal. Lota. Bar. Gueldræ Ducis, à Consiliis et secretis, suo charis[o] W Bouzeus ‡ sculpebat ætatis suæ* 44.

On lit sur le socle : MAY 1576, et sur la face du socle : SVSCIPE SERVVM | TVVM IN BONVM. | PS. CXIX.

H. 0,136. L. 0,111.

6. *Bonifacius (Jean-Bernard).*

En demi-corps, tête nue et tournée à gauche ; il regarde de face. Accoudé sur une table, il est vêtu d'une robe garnie de fourrure et tient de la main gauche un livre. Dans une forme ovale en hauteur, à l'intérieur de laquelle on lit : IOANNES BERNARDINVS BONIFACIVS ÆTATIS SVÆ ANNO LMDLXVIIS. Deux tablettes d'ornement se voient au bas, l'une au-dessous de l'autre ; dans l'une est écrit :

DESTRVAT EFFIGIEM MOX VT SOLET OMNIA TEMPVS.
IMMORTALEM ANIMAM DESTRVERE HAVD POTERIT.

L'autre contient :

‡

O. T. E. S.

H. 0,142. L. 0,100.

7. *Calvin* (*Jean*).

Ce portrait diffère de celui qui a été décrit sous le n° 277. Le réformateur est dirigé à gauche dans une bordure ovale ornementée par le bas; il tient un livre de la main gauche et paraît appuyer une démonstration théologique en élevant le pouce et l'index de la main droite. On lit autour de l'ovale : IOHAN. CALVINVS VERE THEOLOGVS ECCLESIASTES GENEVEN, et dans le bas, au-dessous d'une main tenant un cœur :

PROMPTÈ ET SINCERÈ.

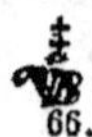

66.

H. 0,120. L. 0,094.

Ce portrait décore le verso d'un livre intitulé : *Recveil | des opvscules | c'est-à-dire, Petits traictez de M. Iean Caluin. Les uns reueus et corrigez sur le latin et les autres translatez nouuellement de Latin en François.*

Genève, Imprimé par Baptiste Pincereul M.D.L.X.VI. pet. in-fol.

8. *Chaudière* (*Claude de*).

Buste vu de trois quarts et tourné à gauche, posé sur un piédouche où est écrit.

TOVT AVEC LE TEMPS.

‡

Ce portrait est dans un cadre adossé à une décoration d'architecture surmontée des armoiries du personnage et ornée, aux côtés, des figures en pied de l'arithmétique et de la géométrie. On lit dans une tablette, au bas :

Cl. de Chaudière géographe
Et fortificateur et aigé. 48.
1574.

H. 0,098. L. 0,090.

9. *Claude de France, duchesse de Lorraine.*

Cette fille de Catherine de Médicis, qui épousa Charles III, duc de Lorraine, est représentée debout dans un médaillon, comme son mari, au portrait duquel (nº 296) ce morceau est destiné à servir de pendant. Elle est vue de trois quarts dirigée à gauche; sa main gauche tient un mouchoir, et la droite un éventail. Le fond est parsemé de doubles *c* accouplés dos à dos et d'insectes aux ailes éployées dont nous n'avons pu déterminer la nature. On lit autour de l'ovale : CLAVDE DE FRANCE DVCHESSE DE LORRAINE. Le monogramme ‡ F se voit à la droite du bas.

Pièce ronde.

Diamètre : 0,082.

10. *Curion (Léon), voyageur.*

Il est représenté en buste, de profil et dirigé à droite, dans une bordure ovale autour de laquelle on lit : LEO CVRIO. C. S. C. ÆTATIS SVÆ LII. A gauche, le monogramme ‡ ; à droite, la date de 1588.

On remarque, au haut de l'estampe, la trace d'un trou qui semble indiquer que la planche a été percée pour être portée comme une médaille.

H. 0,112. L. 0,081.

11. *Salm (Jean, comte de).*

Il est représenté de profil, dirigé à gauche, en buste, sur un piédouche, dans une large bordure d'ornements composés d'armes et d'engins de guerre. Les armoiries de la famille de Salm sont en haut de cette bordure. On lit au bas, sur un cartouche rectangulaire, en deux lignes : SALMENSIS FACIEM COMITIS, VIS SCVLPERE VIVAM? VIRTVTEM ALCIDIS CVM VIRIBVS, EXPRIME PICTOR, et sur le piédouche : *Anno ætatis sue* XLII. Tout au bas de la bordure, sous le cartouche, on lit

15 ‡ W 73

H. 0,235. L. 0,180.

12. *Viglius de Zuichem.*

En demi-corps, tête nue et vêtu d'une robe bordée de fourrure, il est vu de trois quarts, tourné vers la droite et regardant de face dans une bordure ronde sur laquelle on lit : VIGLIVS ZVICHEMVS. V. I. DOCT. PRÆPOSITVS S^TI^ BAVONIVS PRÆSES SECRETI CONSILY ET ORDINIS AVREI. VELLERIS CANCELLARIVS. A° 1567. M. Robert-Dumesnil n'hésite pas à donner à Pierre Woeiriot cette pièce sur l'attribution de laquelle nous ne saurions être aussi affirmatif.

Diamètre : 0,133.

13. *Volmar (Jean-Melchior).*

Buste tourné de profil à gauche, dans un médaillon à l'intérieur duquel on lit pour légende : IO : MELCHIOR VOLMAR. Æ : ANN. XXXIII. Le chiffre ‡ W est sur le fond, à droite.

Diamètre : 0,040.

FIN DU TOME ONZIÈME ET DERNIER.

TABLE GÉNÉRALE

DES

ONZE VOLUMES DU *PEINTRE-GRAVEUR FRANÇAIS.*

FIN DE LA TABLE GÉNÉRALE.

PARIS. — IMPR. DE Mme Ve BOUCHARD-HUZARD, RUE DE L'ÉPERON, 5.

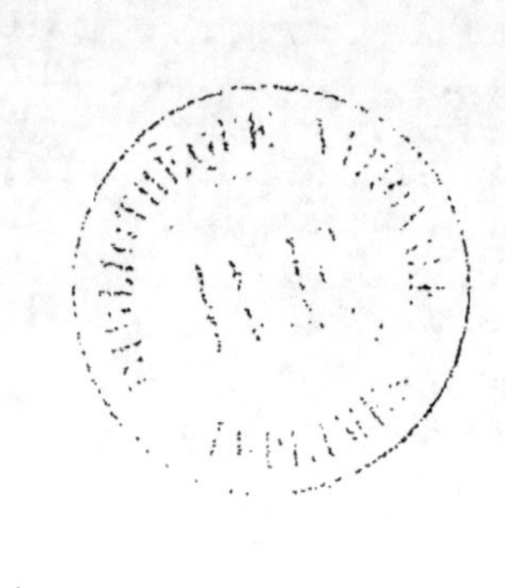

www.ingramcontent.com/pod-product-compliance
Lightning Source LLC
LaVergne TN
LVHW020608110826
845149LV00002B/414